U1016544

国家社会科学基金重大项目
“构建中国特色境外追逃追赃国际合作法律机制研究”（17ZDA136）之成果

中国双边引渡条约评注

胡城军　著

Bilateral Extradition Treaties

WUHAN UNIVERSITY PRESS
武汉大学出版社

图书在版编目(CIP)数据

中国双边引渡条约评注/胡城军著.—武汉：武汉大学出版社,2021.11
ISBN 978-7-307-22619-7

Ⅰ.中…　Ⅱ.胡…　Ⅲ.外交—引渡—双边条约—研究—中国
Ⅳ.D922.144

中国版本图书馆 CIP 数据核字(2021)第 201086 号

责任编辑:胡　荣　　责任校对:汪欣怡　　版式设计:马　佳

出版发行：**武汉大学出版社**　(430072　武昌　珞珈山)
(电子邮箱：cbs22@ whu.edu.cn　网址：www.wdp. com.cn)
印刷:武汉邮科印务有限公司
开本:720×1000　1/16　印张:14.75　字数:265 千字　插页:1
版次:2021 年 11 月第 1 版　2021 年 11 月第 1 次印刷
ISBN 978-7-307-22619-7　定价:49.00 元

版权所有，不得翻印；凡购我社的图书，如有质量问题，请与当地图书销售部门联系调换。

目　　录

第三篇　程　序

引　言

现今我国已经有了中国国内引渡法方面的“解释”或“评注”方面的论著，如胡康生主编的《中华人民共和国引渡法释义》(2001)和黄风著的《〈中华人民共和国引渡法〉评注》(2001)，但是还没有专门针对中国所签双边引渡条约方面的解释和适用等方面的论著。《双边引渡条约规则概览》(2006)仅对我国双边引渡条约的条款进行了梳理和归类，并没有作出评价。黄风教授的《引渡制度》(1997)既涉及国内法，也涉及区域性引渡公约和国际公约，是综合性的制度评价，并没有针对双边引渡条约，特别是中国双边引渡条约。黄教授的《中国引渡制度研究》(1997)已经对当时我国双边引渡条约前几个条款进行了解释和评论，但是该著作大部分针对引渡国内法而言；还有其具有同样特征的著作《引渡制度》(2006)。黄教授主编的《中国境外追逃追赃经验与反思》(2016)已经提及中国双边引渡条约的适用问题，但是没有详细分析。薛淑兰法官著的《引渡司法审查研究》(2008)综合了引渡公约、双边条约和国内法三大法源的司法审查程序，有个别涉及双边引渡条约的内容，但是依然侧重于国内法的司法程序。马德才教授的《国际法中的引渡原则研究》(2015)主要以双边引渡条约为主要研究对象，但是很少涉及中国的引渡条约。总体而言，本书以从上述著作中所获得的知识及启示为基础，将焦点放在中国双边引渡条约上，对它的立法模式、解释、适用和遵守等问题进行研究。

本书总体的写作目标是实现对我国双边引渡条约由感性到理性的认知过程。在我国引渡条约看似平易无奇的背后其实时时隐藏着玄机，并不总是那么能一步到位地看懂看穿，无论从理论上还是实践上都是如此。具体来说，本书有以下写作目标：

本书的写作目的之一是对我国双边引渡条约的条款范式及立法缘由进行解读。对条款范式归类的同时，也演示该类条款的发展历史和轨迹。力求为未来立法的条款范式带来启示。我国现在引渡条约的数量偏少，特别是与发达国家的引渡条约太少，而这些国家往往是追逃追赃的重难点国家。立法缘由是显示条款合理性的重要基础，应重点解读，深入分析。

写作目的之二是对我国双边引渡条约中的疑难条款进行解释。理解正确才能执行到位，否则引渡司法审查和行政审查中的错误无可避免。同时，条约解释是国际法领域比较复杂的基础理论，对我国双边引渡条约的解释必将丰富和发展国际法在该方面的理论成果；且为认识更多国别的双边引渡条约打下坚实基础。另外，我国法院目前受理的引渡案件数量还是太少，法院在此方面积累的经验太少，前瞻性地探讨重要条款的理解问题，对于指导法院适法也具有积极意义。

写作目的之三是将引渡条约中已经显明的条款进行细化和具体化。要具体化到主动引渡和被动引渡两种情形下条约的操作程序以及通过条约引申出来的国内引渡程序，为各国提供切实可行的引渡操作指南。在我国目前追逃追赃的紧迫形势下，就是要熟悉被动引渡下的引渡操作程序，提高引渡的效率。目前我国通过引渡条约成功引渡的案例还是偏少，因此，探讨这些具体步骤仍然具有指导性的前瞻意义。

本书总体上在是条约法的框架下来开展写作，主要涉及条约法中条约的制定、条约的解释、条约的冲突、条约的适用/执行等问题，而在条约解释过程中又会涉及条约的修订、终止、效力等问题。

本书采用的方法。(1)比较法。将中国双边引渡条约的条款范式与其他引渡条约甚至引渡国内法进行比较，对条款查漏补缺。(2)辩证和历史的方法。以历史和发展的眼光来看待引渡条约条款的变化发展规律，为未来的引渡条约的缔结打下基础；并以正反两方面的经验和教训来启示未来的引渡操作程序。(3)案例法(实证法)。法律是实践性很强的学科，需要通过案例来展现法律的客观观察和实地感受，因此无论是立法还是实施都离不开案例的支持，引渡法也是这样，更不用说对中国学者而言引渡法还是比较陌生的领域。本书采用了较多的美国案例，是因为美国引渡案例丰富，且引用的案例大多是来说明引渡中通用的事项或可类比的事项；也基本穷尽中国有关的、与引渡条约有关的案例。(4)逻辑法。首先需对相关概念进行界定，以此了解法律现象的本质特征。本书须界定的概念比较多，如引渡、庇护、遣返、政治犯罪、军事犯罪、时效、人权、人道等。其次采用演绎的方法。本书的重点内容之一是引渡条约的适用，法律适用基本上采用三段论式的演绎推理方式。本书总体的框架“从总论到程序”的布局也遵循演绎的逻辑方法。最后是归纳方法。即通过对复杂条款的逐段分析，来总结该类条款的主要特征。

本书分为总论、实体和程序三部分。总论部分主要阐述与前面列出的三大问题有关的条约、引渡条约的基本理论问题，一般不会涉及比较具体的条约条款，但是仍然与后面引渡条约的解释和适用相呼应，对后面的问题具有引领作用。实体部分和程序部分依照条约的条款顺序排出章节，不是按照通常的“五大章”的章节安排。实体部分主要论述我国双边引渡条约中拒绝性引渡条款或者阻抗引渡条款。该类条款属于引渡条约中的总领性和指导性条款，涉及可以引渡还是不能引渡的重大原则问题。相当于刑法中罪与非罪的判定问题，该类问题在刑法中属于实体部分。该部分理论性较强，力求全面而透彻。本书的程序部分论述我国双边引渡条约中的程序性条款，该类条款是在获得引渡许可的情况下对引渡的具体操作行为，类似于刑事法中的刑诉部分，具有程序法的特征。该部分力求具体而具有可操作性。

第一篇　总　　论

一、引渡、引渡制度和引渡条约

(一)引渡与庇护和遣返

西方文字中的“引渡(extradition)”一词，从词源学上讲，来自短语“extra tradere”，意思是“向外遣送”。① “引渡”在国际法上的一般定义为，国家把当时在其境内的被别国指控为犯罪或判刑的人，应有关国家请求，移交给请求国进行审判或处罚。② 它是国家间的一种特殊刑事司法协助，目的是能使请求国对其指控的犯罪嫌疑人进行审判，以追究他的刑事责任，或对已经依法判为有罪的人执行刑罚。但从引渡条约文本和引渡实践来看，引渡的主要目的是对被请求引渡人进行审判，追究其刑事责任。而国际法上的庇护(asylum)一般是指国家对于因政治原因遭到追诉或迫害而请求避难的外国人，准其入境、居留和给予保护。③

从定义来看，引渡和庇护在方向上是相反的，一是引渡“出去”，一是庇护“进来”；引渡来自一种请求，庇护则不一定。另外，引渡主要受到司法审查，较少受到政治审查的影响；庇护主要受到政治审查，较少受到司法审查，具有较大的行政自由裁量权。④ 但是引渡与庇护也有交叉点，那就是因政治犯罪和政治迫害的不引渡其实就是庇护。

---

① 黄风著:《引渡制度》,法律出版社 1997 年版，第 1 页。

② 参见邵津主编:《国际法》,高等教育出版社、北京大学出版社 2014 年版，第 86 页。

③ 参见邵津主编:《国际法》,高等教育出版社、北京大学出版社 2014 年版，第 89 页。

④ M. Cherif Bassiouni, International Extradition: United States Law and Practice, six edition, Oxford University Press, 2014, p. 206.

引渡与遣返。引渡的法律依据一般是引渡条约，遣返的法律依据一般是移民法；① 引渡一般是双向的，即有请求和被请求；遣返一般是单向的，即单方面遣送。目前我国与无引渡条约国家之间将遣返作为引渡的替代手段的做法，实际上是引渡与遣返的一种混合，即中间既有移民法的审查，也有引渡原则（如双重犯罪原则、死刑犯不引渡原则等）的审查；遣返既含单向性也含双向性等。

（二）引渡制度的构成

引渡制度一般由国内法、双边条约、区域性条约和多边条约所构成。

引渡国内法，有《中华人民共和国引渡法》（2000，以下简称中国《引渡法》）、《比利时引渡法》（1833）、《法国引渡法》（1927）、《大韩民国罪犯引渡法》（1988）、《联邦德国国际刑事协助法》（1982）、《英国引渡法》（2003）、《美国法典》第 209 编——引渡（1848）、《南非引渡法》（1962）、《泰国引渡法》（1979）、《瑞士联邦国际刑事协助法》（1981）等。

引渡双边条约，是国家之间依照平等自愿的原则缔结的双边引渡条约，如《中华人民共和国和泰王国引渡条约》（1993）、《中华人民共和国和法兰西共和国引渡条约》（2007）、《日本和美利坚合众国引渡条约》（1978）、《法国和比利时引渡专约》（1874）、《澳大利亚和奥地利共和国引渡条约》（1973）、《大韩民国和澳大利亚引渡条约》（1990）、《哥伦比亚共和国和委内瑞拉共和国引渡条约》（1985）、《联合国引渡示范条约》（1990）等。引渡双边条约数量众多，我国双边引渡条约有 57 项，美国有 113 项，加拿大有 51 项等。

引渡区域性条约，有《欧洲引渡公约》（1957）、《美洲国家间引渡公约》（1981）、《西非国家经济共同体引渡公约》（1994）、《英联邦内移交逃犯的安排》（1966）等。

目前没有专门的引渡多边条约。引渡多边条约（条款），主要是指在多边条约中的引渡条款，如《联合国反腐败公约》第 44 条、《关于制止危害民用航空安全的非法行为的公约》第 6～8 条、《联合国禁止非法贩运麻醉药品和精神药物公约》第 6 条、《核材料实物保护公约》第 10 条、《反对劫持人质国际公约》第 8～10 条、《制止危及海上航行安全非法行为公约》第 10～11 条等。

---

① 参见贾鸾：《由余振东案看引渡与遣返》，载《中国监察》2006 年第 24 期。

(三)引渡条约概述

我国广义的刑事司法协助条约包括(双边)引渡条约、刑事司法协助条约和移管被判刑人条约三种类型。它们之间的区别在于，引渡条约侧重于移交人员，刑事司法协助条约侧重于移交物品和证据，而移管被判刑人条约相对于引渡条约则侧重于对被请求人执行刑罚，而不是引渡的主要目的——对被请求人的审判。从它们之间的联系来看，引渡条约与刑事司法协助条约都有暂时移交人员的规定，而引渡条约从某种程度上来说则包括移管条约。截至 2019 年 7 月，我国已签署双边引渡条约 57 项(39 项生效)、刑事司法协助条约 45 项(36 项生效)，移管被判刑人条约 14 项(12 项生效)。①

我国所签双边引渡条约，最早的是与泰国的引渡条约，为 1993 年签署，最近签署的是 2019 年与亚美尼亚的引渡条约。在 39 项已经生效的引渡条约中，发达国家缔约国有 5 个，分别是法国、葡萄牙、西班牙、意大利、韩国。在 18 项未生效的条约缔约国中发达国家有 2 个，分别为澳大利亚和比利时。其余缔约国皆为发展中国家。

与所有的引渡条约一样，条约的前半部分为实体部分，后半部分为程序部分。实体部分主要设定引渡的基本条件——可引渡的犯罪以及拒绝引渡条款。拒绝引渡条款又分为强制性拒绝引渡条款(“应当”条款)和任意性拒绝引渡条款(“可以”或“有权决定”条款)。程序部分主要设定了联系途径、文件和材料的提供、临时羁押、引渡逮捕、暂时移交、临时移交、财物的移交、被请求人的移交、情况通报、过境程序、费用、竞争性请求的解决、争端解决、杂项条款等程序性行为。值得讨论的是，笔者将规定在后面这部分的特定性原则划入实体部分，是因为被请求国往往将请求国是否遵守特定性原则作为引渡的条件。

与美国所签双边引渡条约相比，在实体部分，美国现代引渡条约普遍都有“合理根据”(probable cause)条款。这类条款，比如《日本与美利坚合众国引渡条约》第 3 条规定：“只有有充足证据表明：根据被请求方法律有理由怀疑引渡对象已实施据以请求引渡的犯罪，或者引渡对象为请求方法院已判罪之人员

① 《司法协助类条约缔结情况一览表》，载中国外交部网站：https://www.fmprc.gov.cn/web/ziliao_674904/tytj_674911/tyfg_674913/P020190813358427678362.xls，2020 年 12 月 12 日最后访问。

时，才提供引渡。”①该类条款往往成为美国引渡法庭的重点适用对象。也即美国法庭在允许引渡问题上的重点审查内容之一就是合理根据或者据以请求引渡的犯罪证据是否充分。

表 1-1 为《联合国引渡示范条约》《中华人民共和国引渡法》《中华人民共和国和泰王国引渡条约》《中华人民共和国和法兰西共和国引渡条约》在强制性引渡条款和任意性引渡条款方面的比较。

表 1-1

	《联合国引渡示范条约》	《中华人民共和国引渡法》：中国主动引渡情形	《中华人民共和国和泰王国引渡条约》	《中华人民共和国和法兰西共和国引渡条约》
强制性理由	政治犯罪、政治迫害、军法犯罪、已决案件、已获赦免、酷刑问题。	政治犯罪、政治迫害、本国国民、军法犯罪、已决案件、已获赦免、缺席判决问题、酷刑问题。	政治犯罪、政治迫害、军法犯罪、已过时效、已决案件。	政治犯罪、政治迫害、本国国民、军法犯罪、已决案件、时效已过、缺席审判问题、死刑犯问题。
任意性理由	本国国民、决定终止诉讼、死刑犯问题、健康等人道原因。	中国有管辖权的、健康原因。	本国国民、被请求国有管辖权、人道主义的原因、被请求方未决诉讼。	被请求方已经起诉或终止诉讼或承诺起诉、第三国已作出终审判决、人道主义理由。

从表 1-1 中看出，政治犯罪、政治迫害、军法犯罪、已过时效、已决案件等问题的规定普遍为强制性规定，人道主义的理由普遍为任意性规定，但是本国国民、酷刑、终止诉讼、死刑犯问题等则规定不一致，有的为强制性，有的为任意性。表 1-1 中“政治迫害”是指条款中规定的，被请求引渡方有充分理由认为，请求引渡的目的是基于被请求人的种族、性别、宗教、国籍、族裔或者政治见解而对该人进行刑事诉讼或者执行刑罚，或者接受这一请求会使该人的

① 外交部条约法律司编：《引渡法资料选编》，世界知识出版社 1998 年版，第 503 页。

处境因为上述任何原因受到损害。①

二、条约适用的概念

条约的适用是比较容易引起混乱的概念。作为我国条约法领域的代表作——李浩培先生的《条约法概论》在这方面也没有阐述清楚。先看李先生在该书的论述："执行条约就是适用条约。一方面，条约可以由国际机关予以适用……另一方面，在条约当事国国内，立法、司法、行政这三个部门，都有适用条约的职务……"②李先生并没有对"执行条约"和"适用条约"进行界定，即对它们的内涵和外延到底是什么并没有交代，以至于出现了下面两个问题。第一个问题——执行条约与适用条约能否直接等同？"执行"从中文意思来看有"落到实处"之意；其英文表述"enforce(ment)"有"使其发挥效力"之意。而条约的权利或义务由当事方来落到实处或赋予效力是制定条约之本意。国际机关可监督条约的实施，并在缔约当事方发生条约事项的争端时作为第三方进行裁决。此时它可以援引和解释条约，而不是执行条约。

第二个问题——条约的适用是否既指当事方对条约的履行也指第三方对条约的援引？从其论述的"第一方面"来看，"国际机关予以适用"是指作为条约第三方的国际机关援引条约规定。从其论述的"另一方面"来看，国家立法机关的职能是作为条约当事方对条约的转化或纳入，而司法机关和行政机关的职能是作为条约的第三方援引条约。因此，作者在使用"适用条约"的场合，并没有对其"当事方"和"第三方"作出区分，而是将两者混搅在一起，让人无从得其要领。

后来较有影响力的著作《条约在中国的适用之基本理论问题》在对条约适用的概念进行定义时，很简单地叙述为"条约在我国国内的适用"；然后照搬了李先生的概念，即"条约的国内适用就是指条约当事国国内的立法机关、司法机关和行政机关都有适用条约的责任"。③ 同样没有进一步对条约适用的"当事方"和"第三方"作出区分。该书作者可能意识到了这个问题，在其后面的著作中，使用了"司法适用"的表述。④ 而前面所指问题在我国国际法学界

---

① 见《中华人民共和国和法兰西共和国引渡条约》第3(2)款。

② 李浩培著：《条约法概论》，法律出版社2003年版，第312页。

③ 王勇著：《条约在中国的适用之基本理论问题研究》，北京大学出版社2007年版，第3~4页。

④ 参见王勇：《理论与实践双重视角下我国条约司法适用制度研究》，九州出版社2016年版。

可以说普遍存在，在此不再作一一列举。

笔者以为，“条约的执行”与“条约的适用”或“条约的实施”在某种程度上确实可以互换使用，但是一定要对其内涵和外延进行界定，首先特别要区分其所指的“当事方”和“第三方”，并以此作为论述的出发点。本书采用《维也纳条约法公约》中的表述。① 所谓条约的适用，是指条约当事方对条约权利和义务的实现和履行(或执行)。在此意义上，条约适用等同于条约执行。该“条约适用”区别于条约第三方机构(主要是国际性法院或国内法院)在解决条约事项争端中对条约的援引。但该定义并不妨碍诸多作者在其著述中将其定义或指向为法院对条约的援引或引用。前者被称为广义定义，后者被称为狭义定义。

三、条约适用的实现

条约的适用最终是通过国内的某些机关来加以实现的。那么国内有哪些机关可以代表国家来适用条约呢?

首先是国家对外代表机关。这一般由各国国内法来规定。(1)根据我国法律，国家元首、政府首脑、外交部部长和驻外大使应作为我国的对外代表机关。(2)由国家授权的地方政府，如香港特区政府或省政府。(3)在国家危难时期实际控制国家权力的机关或人员，等等。这些机关负责条约的签字、批准、保留、退出以及根据条约作出的请求或同意请求等条约事项。

其次是立法机关。有些条约规定其当事方必须采取适当的立法措施来执行(适用)条约。如《联合国反腐败公约》第三章的条文有很多规定“各缔约国均应当采取必要的立法措施和其他措施，将下列故意实施的行为规定为犯罪……”

再次是司法机关。司法机关在此更多是以国家身份执行条约，而不是以第三方身份解决条约纠纷。此时的角色最典型的是根据条约规定行使司法审查权以及确保审判独立和公正。如《联合国反腐败公约》规定：“考虑到审判机关独立和审判机关在反腐败方面的关键作用，各缔约国均应根据本国法律制度的基本原则并在不影响审判独立的情况下，采取措施加强审判机关工作人员的廉正，并防止出现腐败现象。”②诚然，在行使作为当事方的司法审查权时其实也涉及作为第三方机构的“司法适用”问题。因此，此时的司法机关在角色上有重叠和交叉。

① 该法第三编第二节使用了“条约的适用”的表述。

② 见《联合国反腐败公约》第11(1)款。

最后是行政机关。即行使和执行国家权力的各级政府机关。如《联合国反腐败公约》第58条规定："……为此，缔约国应当考虑设立金融情报机构，由其负责接收、分析和向主管机关转递可疑金融交易的报告。"其中"金融情报机构"就是这样的行政机关。

四、条约的"直接适用"①

它是指国内司法机关直接援引条约作出判决，即前面讲的"司法适用"；在美国也称为条约的"自执行"。它是指法院作为第三方机构对条约的援引。它的反面就是间接适用或非自执行。条约的自执行就是指不经国会的立法就可以由国内法院实施或援引条约；条约的非自执行就是指没有国会的执行性立法就不能由国内法院实施条约。②

判断自执行条约的方法或标准的学说有很多。比较著名的有"四原则说"，即合宪性原则、意图原则、可司法性原则和个人诉权原则。③

合宪性原则是指如果一项条约所规定的事项属于美国宪法授予国会的专属立法范围内的事项，则该条约是非自动执行的。④ 国会参与制定的条约，一般是比较重要的条约，这样的条约常常是由国家或其政治代表来加以执行，无须法院来执行，因此是非自执行的。但是，在现代社会，条约已经越来越多地调整传统上由国家保留的事项，而美国国会又具有广泛的立法权，从而使得大多数条约"先天地"失去自动执行的效力。⑤ 因此该原则在判断条约(非)自执行特征方面，有一定合理性，但不尽然。

意图原则即根据缔约方单方面的意图来判断条约的自执行特征。这种意图常常通过缔约时国家在批准书上作出的声明来表示。例如，美国在批准相关人权公约时往往附加声明，宣称相关人权公约的实质性条款是非自动执行的。一方面，这样的声明受到了美国著名学者的批评，他们认为，附加于人权条约的非自执行声明，是对美国宪法上的条约地位的颠覆，背离美国宪法的精神因而

---

① 参见左海聪：《直接适用条约问题研究》，载《法学研究》2008年第3期。

② Carlos Vazquez, The Four Doctrine of Self-Executing Treaties, American Journal of International Law, 1995, p. 695.

③ Id, pp. 695-723.

④ Id, p. 718.

⑤ 参见万鄂湘主编：《国际法与国内法关系研究》，北京大学出版社2011年版，第164页。

是不合宪的;① 另一方面，这样的声明其实是对条约的解释，既然是条约的解释，就应严格按照《维也纳条约法公约》第31条的规定来加以适用。依照该规定，解释正确，那么声明就具有合理性；否则，就不具有合理性。而有许多学者恰恰就将人权条约解释为可自动执行的。② 因此，意图原则在考察条约自执行时因其主观性、片面性太强而受质疑。

可司法性原则是指考察该条约所规定的义务的性质是否属于可由法院审理的问题，即该条约本身是否确立了“肯定性的和司法上可实施的义务”；反之，如果该条约义务的性质不属于司法上可实施的，则不是自动执行条约。③ 国内的司法机关只解决个人的权利问题而不是国家的政治问题，因此它可能涉及的问题包括诉请的可司法性、诉讼当事人是否有出庭权、诉讼当事人是否有启动诉讼的权利等。在 Frolova 案中，法院列举了以下几个问题来说明这个原则：(1)条约整体的语言和目的；(2)围绕条约执行的情势；(3)条约施加义务的性质；(4)替代实施机制的可能性；(5)允许私人诉权；(6)司法机关解决争端的能力。④

个人诉权原则。意思是指在缺乏授权立法的情况下，只有当条约明示或暗示提供一项个人诉权时，个人才能提请法院实施一项条约条款。个人诉权标准在美国法院有相互矛盾的判决,⑤ 但是在其国家对多边条约“非自执行”或“自执行”的声明中，都采用了个人诉权标准(下述)。

由于自执行条约就是国内法院对条约的直接适用问题，因此，“可司法性原则”是自执行条约的考察重点。同时，个人如果能够在国内法院援引条约，就像援引国内法一样进行诉讼活动，也可证明条约在国内法院的自动适用。因此，“可司法性原则”和“个人诉权原则”是考察自执行条约的根本标准。

---

① 参见万鄂湘主编:《国际法与国内法关系研究》，北京大学出版社 2011 年版，第171页。该页注2详细探讨了非自执行声明的违宪性问题。

② 参见万鄂湘主编:《国际法与国内法关系研究》，北京大学出版社 2011 年版，第164页。

③ 参见万鄂湘主编:《国际法与国内法关系研究》，北京大学出版社 2011 年版，第165页。

④ Carlos Vazquez, The Four Doctrine of Self-Executing Treaties, American Journal of International Law, 1995, pp. 695, 711.

⑤ 参见万鄂湘主编:《国际法与国内法关系研究》，北京大学出版社 2011 年版，第168~169页。Carlos Vazquez, The Four Doctrine of Self-Executing Treaties, American Journal of International Law, 1995, pp. 720-721.

五、引渡条约适用的概念

引渡条约的适用是指引渡条约由国家对条约权利和义务的实施或执行。

国家对外机关的执行。引渡条约或国内法都会作出规定。美国授权其国务院负责引渡事务，具体包括引渡请求的提出或引渡决定的最后作出。我国一般由外交部向外国提出引渡请求，由国务院作出最终的引渡决定。根据《中华人民共和国和哈萨克斯坦共和国引渡条约》第 6 条，哈方负责引渡事务的总机关是其司法部和总检察长。一般来说，引渡事务由一国的外交部或驻外使馆总负责执行。

立法机关的执行。在引渡条约中往往没有立法执行的条款。在实践中也往往是先有引渡国内法，再有引渡条约，看不出根据条约制定国内法的时间脉络。但是从一般与特殊的角度来看，引渡国内法既较忠实地服从引渡条约的原则性规定，也填补和扩充了引渡条约的条款和内容。例如，我国《引渡法》像引渡条约一样有强制性引渡和任意性引渡的规定，但是在引渡程序方面更加具体丰富，有多达 55 个条款，而一般引渡条约最多二十几个条款。英国引渡国内法竟有 227 条，是当今世界条款最多、篇幅最长的引渡立法。① 因此从这个角度来看，引渡国内立法有对引渡条约的扩充立法的意味。

司法机关的执行。条约对此没有明确规定，但是引渡国内法却有这样的规定。中国《引渡法》第三节为“对引渡请求的审查”，赋予了高级人民法院和最高人民法院对外国提出的引渡请求的司法审查职能。最高人民检察院在此方面的职能是鉴别引渡请求中的犯罪是否具备在中国国内追诉的可能性。《英国引渡法》也规定了“初审”“引渡听审”“上诉”的交由司法机关行使的职能。② 如果仔细解读条约文本,③ 其实也可以看到司法机关的暗含职能。引渡条约中经常出现的“被请求国本国法律”及其相关法律术语(包括犯罪、起诉、刑罚、时效、管辖权、逮捕、对方法院判决书等)的查明和确认，非国内司法机关(法院)莫属。因此实际上条约以一种暗含的方式赋予了国内司法机关，主要是被请求国法院的司法审查权。从实践的角度来看，国内法院审查引渡案件比较常

---

① 参见许文琼等译:《英国 2003 年引渡法》，郭理蓉校，黄风审订，中国政法大学出版社 2007 年版。

② 参见许文琼等译:《英国 2003 年引渡法》，郭理蓉校，黄风审订，中国政法大学出版社 2007 年版，第 7~27 页及第 72~104 页。

③ Michael D. Ramsey, A Textual Approach to Treaty Non-Self-Execution, Brigham Young University Law Review, 2015, pp. 1639-1672.

见。我国法院(包括高院和最高院)在本世纪初审理了四起引渡案件,① 美国引渡案例则不计其数。

行政机关的执行。一般由引渡国内法规定。中国《引渡法》第四节“为引渡采取的强制措施”“引渡的执行”赋予了公安机关执行引渡的职能，即对引渡的罪犯采取引渡拘留措施并负责具体的移交事务(包括人员移交和物品移交)。《英国引渡法》第四编“警察权力”规定了经常作为行政机关对引渡罪犯逮捕、搜查、扣押、移交等方面的工作职责。②

六、引渡条约的“直接适用”问题

即引渡条约是否能够自执行的问题，在此，自执行就等同于直接援引。先澄清两个概念。引渡条约的适用(执行)与引渡条约的“直接适用”(自执行)是有区别的。前者的“执行”(enforcement)与后者的“执行”(executive)在表述上就不一样。而在内涵上，前者是指引渡条约由缔约方执行(实施)，后者是指由第三方的(国内)国内法院对条约的援引。正如前述，引渡条约暗含了司法机关的司法审查权，但并不等于说法院可以直接援引条约。国内有论文谈到“引渡条约的直接适用”,③ 实际上是指引渡条约的自执行问题。这两个概念有交叉的部分，因为司法审查权必面临是否直接援引条约的问题。

引渡条约的自执行问题在理论和实践中存在着争议。在美国现代的实践中倾向于将引渡条约认为是自执行的。美国在对含有引渡条款的条约(公约)作出批准时的声明中一般会把引渡条款从“非自执行”的特征中排除出去,④ 这暗含了该公约引渡条款可以在该国自执行。在其一些判例中，也认为，“引渡

① 参见孙淑兰著:《引渡司法审查研究》，中国人民公安大学出版社 2008 年版，第490~509 页。

② 参见孙淑兰著:《引渡司法审查研究》，中国人民公安大学出版社 2008 年版，第147~172 页。

③ 参见高秀东:《论双边引渡条约在我国的优先和直接适用》，载《法治研究》2013年第 12 期。

④ 如美国在对《联合国反腐败公约》作出保留及解释性声明时即把该公约第 44 条(引渡的规定)排除在“非自动执行”的范围之外。它的表述是: The United States declares that the provisions of the Convention(with the exception of Articles 44 and 46) are non-self-executing; None of the provisions of the Convention creates a private right of action. 见 https: //treaties. un. org/Pages/ViewDetails. aspx? src = TREATY&mtdsg_no = XVIII-14&chapter = 18&clang = _en, 2020 年 12 月 2 日最后访问。

条约依其性质来看具有自执行的特征，其并不需要执行性立法的协助就可以实施”。① 李浩培先生认为：“在实践中，例如，需要美国支付金钱的条约、规定关税的条约、需要改变美国现行国内法的条约、处分美国财产的条约、任命政府委员会的条约，都是非自动执行的条约，而引渡条约、规定领事权利的条约、规定最惠国待遇的条约、惩治走私的条约，都是自动执行的条约。”②有美国学者认为，引渡条约属于自执行条约，因为它创设了个人权利，不是纯粹的政治文件。③ 但美国较早的案例则认为，“引渡条约从其特征来看具有非自执行性……”④我国也有学者认为，引渡条约是调整国家间政治关系的条约，应属于非自执行的条约。⑤

从前述引渡条约的执行机关来看，引渡条约可同时由不同的国家机关来执行，实际上也会形成对引渡条约条款的分割，即不同的执行机关就会对应不同的相应条款，这样就使得所谓的司法机关其实不能直接援引条约的所有条款，只能援引与其职能相称的条款。从法律规定和司法实践来看，司法机关也只能发挥其法律属性方面的职能。中国《引渡法》第 16 条规定：“最高人民法院指定的高级人民法院对请求国提出的引渡请求是否符合本法和引渡条约关于引渡条件等规定进行审查并作出裁定。”而规定“引渡条件”的条款一般是强制性和任意性拒绝引渡条款以及有关证明犯罪的证据条款等。根据美国的引渡司法实践，美国法院对引渡请求的审查仅限于：“治安法官是否有管辖权，指控的犯罪是否在条约范围内，以及通过自由的解释，是否有足够的证据确保裁决有合理的根据相信被控告者有罪。”⑥因此也基本是对“引渡条件”的审查。

综上分析，司法机关在进行司法审查时援引所有的条约条款是不可能的，因此如果认为引渡条约整体具有自执行特征，这种说法是不准确的。只能说，引渡条约的部分条款存在自执行特征的可能性。那具体哪些条款具有这样的可能性呢？

我们可根据“可司法性原则”和“个人诉权原则”的根本标准，结合解读条

① United States v. Caro-Quintero, 745 F. Supp. 599, 607 (C. D. Cal. 1990); United States v. Alvarez-Machain, 946 F. 2D 1466 (1991); In re Extradition of McMullen, 769 F. Supp. 1278, 1293(S. D. N. Y. 1991).

② 李浩培著：《条约法概论》，法律出版社 2003 年版，第 321 页。

③ Artemio Rivera, Interpreting Extradition Treaties, Dayton L. Rev, 2018, pp. 4-6.

④ Terlinden v. Ames, 184 U. S. 270, 288(1902).

⑤ 参见左海聪：《直接适用条约问题研究》，载《法学研究》2008 年第 3 期。

⑥ Brauch v. Raiche, 618 F. 2d 843, 1980 U. S. App.

约文本，来进行考察。引渡条约也涉及被引渡人的权利和义务问题,① 即涉及“私权”。这种“私权”包括被请求引渡人的健康权、人身自由权、公平和公正审判权、财产权等。这就意味着个人是可以在法院直接援引条约为自己辩护的，即“创设私人诉权”。在司法实践中，被引渡人诉权的表现为：自我辩护、聘请或指定律师辩护、申诉权或上诉权、人身保护令的实施②，等等。在我国审理的上述四起案件中，都有指定律师辩护。从“可司法性”的角度，引渡条约的强制性和任意性拒绝引渡条款以及有关证明犯罪的证据条款等都属于可司法的条款范畴。以上条款可以为司法机关直接援引，即具有自执行的特征。

在中国《引渡法》生效后正式受理的引渡案件中，我国法院除自觉适用引渡条约中的双重犯罪条款外，其余实质性条款(拒绝引渡条款)并没有得到切实适用，在其判决意见中简略提及或直接忽略。③ 如在2004年林植引渡案中，仅提及中国《引渡法》，只字不提《中国和大韩民国引渡条约》(2002年生效)。在2006年沙宾科夫案中，根据中国《引渡法》和《中国和俄罗斯联邦引渡条约》(1997年生效)进行了双重犯罪的审查，但是在拒绝引渡事项上引用法律错误，且在最后定夺引渡决定时，仅根据中国《引渡法》而不提及条约。这些从另一个层面表明我国条约法在理论和实务方面的不成熟。

七、引渡条约冲突的解决

根据《维也纳条约法公约》第30条,④ 条约冲突的解决规则大概有三种，一是冲突条款规则，二是同为当事国的先后两条约采后法优先规则，三是不完全相同当事国之间采同为当事国的条约的规则。第一个规则对应《维也纳条约

---

① Charles D. Siegal, Individual Rights Under Self-Executing Extradition Treaties-Dr. Alvarez-Machains Case, Loy. L. A. Int'l & Comp. L. J, 1991, pp. 765-798.

② Charles D. Siegal, Individual Rights Under Self-Executing Extradition Treaties-Dr. Alvarez-Machains Case, Loy. L. A. Int'l & Comp. L. J, 1991, p. 720.

③ 见我国法院受理的有条约基础的六份引渡裁定书。引自薛淑兰著：《引渡司法审查研究》，中国人民公安大学出版社2008年版，第494~509页。

④ 公约第30条“关于同一事项先后所订条约之适用”的相关内容：“……二、遇条约订明须不违反先订或后订条约或不得视为与先订或后订条约不合时，该先订或后订条约之规定应居优先。三、遇先订条约全体当事国亦为后订条约当事国但不依第五十九条终止或停止施行先订条约时，先订条约仅于其规定与后订条约规定相合之范围内适用之。四、遇后订条约之当事国不包括先订条约之全体当事国时：(甲)在同为两条约之当事国间，适用第三项之同一规则；(乙)在为两条约之当事国与仅为其中一条约之当事国间彼此之权利与义务依两国均为当事国之条约定之。”

法公约》第 30 条第(2)款。假设 A、B、C、D 均指代条约的缔约国。第二种情形具体又可分为纯粹的“AB/AB”情形以及“ABCD/AB”情形中的“AB/AB”情形，分别对应《维也纳条约法公约》第 30 条第(3)款和第 30 条第(4)款第(1)项。第三种情形主要为“ABD/ACD”中的“AB/AC”情形，对应《维也纳条约法公约》的第 30 条第(4)款第(1)项。下面依次看看这些规则在引渡条约(公约)之间冲突中的适用。

第一个规则——冲突条款的作用。先看双边引渡条约中冲突条款的作用。我国所签双边引渡条约大多有“与其他国际条约的关系”条款规定，如：“本条约不影响缔约双方根据各自参加的其他国际条约所享有的权利和承担的义务”,① “本条约不影响缔约双方根据多边国际公约所承担的义务和享有的权利”,② 以及“本条约不影响双方根据其参加的其他国际条约所享有的权利和承担的义务”③。“不影响”有“并行不悖、互不干扰”的意思，有解决引渡条约与“其他国际条约”冲突的意味，可以解决以上冲突类型中的任何一种。

其次是多边条约中的冲突条款。2001 年生效的《制止恐怖主义爆炸的国际公约》第 9 条第 1 款规定：“第 2 条所述罪行应被视为包括在任何缔约国之间在本公约生效前已有的任何引渡条约中的可引渡罪行。”该条款意思是该公约所规定的恐怖爆炸犯罪应作为该公约生效以前的引渡条约所定义和列举的可引渡的犯罪的类型，是对大多数引渡条约相关规定的补正，可解决条约之间条款“有与无”的冲突。比如，同为该公约当事国的加拿大与奥地利之间于 2000 年生效的双边引渡条约第 3 条在政治犯罪不引渡的规定中仅排除了谋杀外国政要的情形。④ 根据该多边公约的冲突条款的指引，可以将该公约所规定恐怖犯罪作为双边条约可引渡的犯罪类别，不得作为政治罪不引渡的排除情形。

第二个规则——后法优于先法。《中华人民共和国和巴基斯坦伊斯兰共和国引渡条约》(2003 年签署，2008 年生效)第 2 条第 1 款规定：“为本条约的目的，对根据双方法律均构成犯罪并可判处至少一年以上有期徒刑或者更重刑罚的行为，得准予引渡。”而两国同为当事国的《联合国反腐败公约》(2003 年通过，2005 年生效)第 44 条第 1 款规定：“当被请求引渡人在被请求缔约国领域

---

① 见《中华人民共和国和俄罗斯联邦引渡条约》第 20 条。

② 见《中华人民共和国和泰王国引渡条约》第 18 条。

③ 见《中华人民共和国和乌克兰引渡条约》第 20 条。

④ Gary Botting, Canadian Extradition Law Practice, Fifth Edition, LexisNexis Canada Inc., 2015, p. 495.

内时，本条应当适用于根据本公约确立的犯罪，条件是引渡请求所依据的犯罪是按请求缔约国和被请求缔约国本国法律均应当受到处罚的犯罪。”比较可知前者有 1 年或更重刑罚的要求，后者则没有，因此两者构成冲突。鉴于两约在同年通过，可采生效日确定先后约，即前述双边条约为后约。两国引渡条约没有“与其他条约的关系”的冲突条款，因此可以采用“后法优先原则”，即应以中巴双边条约的规定为准。

第三个规则——同为当事国条约为准。比如，《中华人民共和国和法兰西共和国引渡条约》有死刑犯不引渡的规定(第 3 条第 7 款)，但是中国仍为缔约国的《中华人民共和国和柬埔寨王国引渡条约》却没有死刑犯不引渡的规定，根据“同为当事国条约为准”的规则，中国在与法国的引渡相关事项上须适用死刑犯不引渡规则，但是在与柬埔寨的引渡相关事项上则可以不适用死刑犯不引渡的规定，互不干扰和妨碍，中国、法国、柬埔寨都不存在违反条约信守原则和其他条约法规则。

笔者并没有将特别法优先原则列在其中，尽管学界已有这种主张，① 是因为《维也纳条约法公约》并没有对此作出规定，也没有产生明确适用条件的确定性规则，尽管有一些零散的实践活动。

八、引渡条约与引渡国内法冲突的解决

条约与国内法的冲突的解决办法并没有像条约冲突解决那样有非常明确的规则，即规定在《维也纳条约法公约》第 30 条中。从实然的角度来看，各国显然缺乏一套完整和体系化的规则和理论来指导该类冲突的解决，以至于各国的政策也是五花八门，莫衷一是。目前各国在这方面的政策大概受到以下学说的影响。一是国内法优先说，理由是国家主权原则；二是条约优先说，理由是《维也纳条约法公约》第 27 条的规定；三是“同等说”，将国际法(条约)与国内法放在同一个层次，采“后法优于先法”的原则，美国、意大利等国的实践比较典型；四是“区别对待说”，指的是“新颁布的引渡法不否定原有的双边、多边引渡条约、公约”“在引渡法颁布生效后缔结的双边、多边引渡条约、公约……不能与本国引渡法有抵触，如有不一致的条款，在签署该条约、公约

---

① 如[比]约斯特·鲍威林著：《国际公法规则之冲突：WTO 法与其他国际法规则如何联系》，法律出版社 2005 年版，第 437～478 页；廖诗评：《国际法中的特别法优先原则》，载《法学研究》2010 年第 2 期。

时，应当声明保留……”等。①笔者将从应然的角度来看条约与国内法冲突的解决问题。假定所有以下的讨论都是在“同一事项”的前提下所作的。

(一)条约与国内法冲突的应然解决方法

笔者以为，鉴于国际法(条约)与国内法在调整对象、法律渊源等方面的不同，它们其实处于完全不同的法律体系，因此如果认为它们处于“同等地位”，与事实不符，由此产生的后法优于先法的原则首先被排除。上述第四种说法感觉在讲立法问题，而不是司法问题，而冲突的解决主要是从司法的角度来进行的，所以也被排除。以下主要从条约法的角度来设计条约与国内法冲突解决方法的体系。

1. 一致性解释原则

该原则从一般意义上来讲，是体系性解释方法之一种，是指对某一规则的解释应参照本体系或其他体系的其他规则而定；而在国内法与国际法关系的情境下，是指将国内法纳入国际法的体系中，将国内法解释成与国际法(条约)相一致，二者并不构成冲突。②该原则始于1804年美国联邦最高法院审判的Murray v. Charming Betsy一案，以将美国的成文法解释成与其国际义务一致。③该原则总体来说是一元论下国际法(条约)优先思想的结果。该原则将国内法解释成国际法(条约)没有冲突，所以宜将该方法的适用置于首位。

2. 冲突条款的适用

冲突条款，顾名思义就是条约或法律中专门设置来解决条约或法律冲突的条款，因此如果有冲突首先想到是否有冲突条款。正如前文所述，在《维也纳条约法公约》中将冲突条款列为解决条约冲突的首要位置，足可见冲突条款的重要性。与此相类似，条约与国内法的冲突情形也应如此。有两种类型的冲突条款，一是条约中设定的，二是国内法中设定的。第一种的效力是非常强的，因为缔约方约定的结果，此时以国内法优先，并不违反条约优先原则。第二种尽管是缔约一方单方面约定的，但是它是对管辖权的一种谦让——让给条约去

---

① 相关学说的列举可见于黄风著：《引渡制度》，法律出版社1997年版，第33~38页；薛淑兰著：《引渡司法审查制度研究》，中国人民公安大学出版社2008年版，第72~74页。

② 参见彭岳：《一致性解释原则在国际贸易行政案件中的适用》，载《法学研究》2019年第1期。

③ 参见张国斌：《“解释一致”方法在国际条约适用中的实践及其启示》，载《法律方法》2016年第1期。

实施，同时也符合条约优先原则，因此，效力也是很强的。

3. 一般意义上的条约优先原则

《维也纳条约法公约》第 27 条规定，“一当事国不得援引其国内法规定为理由而不履行条约”。该条是该公约第 26 条“遵守条约”的必然结果，即国内法的规定不应被国家援引为逃避条约的约束力以及合理化不履行条约的义务。对于“国内法”的理解，既包括国内的一般性法律，甚至包括宪法；也可以理解为不能以国内法没有规定或国内法履行有困难或以国内联邦权力分立体制为由而逃避国际义务。① 该原则被无数的案例法所证实，具有习惯国际法的特征。② 如果没有冲突条款，该原则设定了条约与国内法冲突的解决方法：不论国内法是先于还是后于条约，在两者发生冲突的时候，应以条约为准；在国内法无规定——条约有规定的情形，应以条约的规定为准。

4. 有条件的国内法优先原则

一味的条约优先原则未免过于僵化，《维也纳条约法公约》实际上依然为国内法优先留下了口子，只不过是适用条件比较苛刻的情势根本变更原则。《维也纳条约法公约》第 46 条第 1 款规定：“一国不得援引其同意承受条约拘束之表示为违反该国国内法关于缔约权限之一项规定之事实以撤销其同意，但违反之情事显明且涉及其具有基本重要性之国内法之一项规则者，不在此限。”根据该条之“但书”的规定，如果违反国内法的情势非常明显且具有根本重要性，那么该国可以此主张条约对其无效。适用“情势根本变更原则”必须符合“变更之客观性”“变更之根本性”“合理的耽搁”“变更之不可预见性”的标准。③ 所谓的“客观性”，即是“外在的、独立于成员国主观愿望”的特征；④ 所谓的“变更之根本性”，即是“这种变更必须是已增加了须被执行的负担，在

① Olivier Corten, Pierre Klein (editor), Annemie Schaus (author), The Vienna Conventions on the Law of Treaties: A Commentary, Oxford University Press, 2011, pp. 692-695.

② Olivier Corten, Pierre Klein (editor), Annemie Schaus (author), The Vienna Conventions on the Law of Treaties: A Commentary, Oxford University Press, 2011, pp. 691-692.

③ Olivier Corten, Pierre Klein (editor), Malcolm N. Shaw, Caroline Fournet (author), The Vienna Conventions on the Law of Treaties: A Commentary, Oxford University Press, 2011, pp. 1424-1428.

④ Second Report on the Law of Treaties by Mr G. G. Fitzmaurice, Special Rapporteur, A/CN. 4/107, YILC, 1957, Vol. II, p. 36.

程度上已完全不同于原来须承担的义务”。① 这是根据公约原意对该原则的适用设定的非常严格的标准，以维护条约关系的稳定性以及成员国的合理期望。② 正因为如此，以该原则判决的案例微乎其微。③ 但是这并不等于该原则不重要，它自始至终是判断国家以国内法为理由不履行条约义务是否合理的根本准绳。另外，在“条约无规定——国内法有规定”的情形，当然应适用国内法的规定。

(二)这些方法在引渡条约情形的适用

1. 美国引渡法与其引渡条约的冲突的解决

最典型的案例表现在约翰·张(John Cheung)案中。④ 该案的基本事实是：香港人约翰·张在香港犯罪后逃到美国，1997 年，美国康涅狄格州地区法院治安法官裁决准予将约翰·张引渡到香港，但是在地区法院的判决中，准予了其人身保护令的请求，并命令释放该人，由此美国政府代表香港政府向巡回法院提起上诉，上诉法院撤销地区法院判决并发回重审。在该案中，约翰·张认为，美国于 1996 年签署的《美国政府与香港政府就移交逃犯方面的协议》中的“引渡协议”表述篡改了其在 1848 年制定的《引渡法》中“引渡条约”表述的真实内涵，从而使二者法律(条约)陷于冲突中。美国巡回法院判决意见认为：“美国宪法‘至上条款’表明，宪法、联邦法和条约都是‘国家的最高法律’。确定无疑的是，根据‘至上条款’，自执行条约就是在执行过程中无须立法行动、在法院当做制定法的法。《美国政府与香港政府就移交逃犯方面的协议》就是自执行的。因此，与地区法院和被请求引渡人的主张相反，宪法不仅允许而且

---

① Fifth Report on the Law of Treaties by Sir Humphrey Waldock, Special Rapporteur, A/CN. 4/183, YILC, 1966, Vol. II, p. 65, para. 43.

② Christina Binder, Stability and Change in Times of Fragmentation: The Limits of Pacta Sunt Servanda Revisited, 25 LJIL 909(2012), p. 912.

③ 相关的案例，有常设国际法院受理的“在突尼斯和摩洛哥签发的国籍令”案、“上萨瓦和杰克斯自由区”案，国际法院受理的“渔业管辖权”案(1973)、“盖巴斯科夫—拉基玛洛大坝”案(1977)，以及欧洲法院受理的 Racke 案(1998)，法院都没有最终认可当事方依情势根本变更终止条约的主张。国内法院一如国际性法院的谨慎立场，但是有一个案例值得进一步考虑。即 1882 年瑞士最高法院受理的 Luccerne v. Aargau 案中，法院非常清晰地确认了当事方在情势发生根本变化的情况下可以单方面终止条约。Olivier Corten, Pierre Klein (editor), Malcolm N. Shaw, Caroline Fournet(author), The Vienna Conventions on the Law of Treaties: A Commentary, Oxford University Press, 2011, pp. 1416-1419.

④ Cheung v. United States, 213 F. 3d 82, 2000 U. S. App. Lexis 11663.

事实上要求法院以二者尽可能和谐一致为目标将该协议与联邦引渡法平等看待。"①从而认定了国内法与条约的一致性，尽管它是从条约的自执行特征的角度来论证的，而不是从条约优先的角度。

2. 引渡情形下的冲突条款

首先看引渡条约中的冲突条款。《中华人民共和国和秘鲁共和国引渡条约》第5条规定，"只有在不违反被请求国法律体系时，才能进行引渡"。② 言外之意，即使引渡条约规定可以引渡，但是引渡国内法规定不允许，则不应准予同意。这是条约中设定的以国内法优先适用的规定。再看国内法的规定。如中国《引渡法》第4条规定："中华人民共和国和外国之间的引渡，通过外交途径联系。中华人民共和国外交部为指定的进行引渡的联系机关。引渡条约对联系机关有特别规定的，依照条约规定。"这是国内法中设定的条约优先条款。

3. 引渡条约优先情形

例如《中华人民共和国和大韩民国引渡条约》第5条第(1)款规定："双方有权拒绝引渡其本国国民。"这是一种任意性规定。而中国《引渡法》对国民的引渡是强制性规定，即根据中国法律，被请求人具有中国国籍的，应当拒绝引渡。两者有一定的冲突。但根据条约优先的原则，应以条约的规定为准。这就意味着如果韩国向中国提出引渡中国国民，则并不排除这种可能性。又如，关于已经终止刑事诉讼问题，我国《引渡法》第8条规定为"应当拒绝引渡"的情形，而中国与韩国和法国签订的双边引渡条约规定为"可以拒绝引渡"的情形，因此两种规定存在一定的冲突。此时应根据条约优先原则，以条约的规定为准。这意味着如果韩国或法国向中国提出涉及既判案件罪犯的引渡请求，也不排除这种可能性。

4. 引渡国内法优先情形

例如，中国《引渡法》(第18条)规定提供引渡补充材料和引渡拘留的时间都为30天，延长期限是15天，而《中华人民共和国和泰王国引渡条约》(第8条)规定补充引渡材料的时间为"指定的时间内"，引渡拘留(条约称"临时羁押")的时间为60天。如果中国法院在泰国引渡案件涉这些情形的引渡程序时

---

① Cheung v. United States, 213 F. 3d 82, 2000 U. S. App. Lexis 11663, pp. 12-13.

② 类似规定可见于《中华人民共和国与南非共和国引渡条约》(第10条)，《中华人民共和国和莱索托王国引渡条约》(第11条)，《中华人民共和国和纳米比亚共和国引渡条约》(第10条)。与这三个国家的条约采用了肯定的语气，即"在符合其法律的情况下，被请求国可将同意被引渡的被请求引渡人引渡给请求国"。

要采中国国内法，则可以“情势根本变更”为适法的理由，但必须依前述“情势变更”的三个条件进行充分论证。只有这样，才不会引起很大的外交争议。如果说理透彻，则根本不会出现外交争议。

九、条约解释原则和方法

条约能够在国内法院直接适用，就意味着能够在国内法院解释。本书的第二部分很大程度上是对引渡条约疑难条款的解释，因此重温和梳理条约解释的方法就显得很有必要。条约解释的方法已比较完整地设定在《维也纳条约法公约》第 31 条、第 32 条和第 33 条中。其中第 31 条规定：“解释之通则。一、条约应依其用语按其上下文并参照条约之目的及宗旨所具有之通常意义，善意解释之。二、就解释条约而言，上下文除连同弁言及附件在内之约文外，并应包括：(甲)全体当事国间因缔结条约所订与条约有关之任何协定；(乙)一个以上当事国因缔结条约所订并经其他当事国接受为条约有关文书之任何文书。三、应与上下文一并考虑者尚有：(甲)当事国嗣后所订关于条约之解释或其规定之适用之任何协定；(乙)嗣后在条约适用方面确定各当事国对条约解释之协定之任何惯例；(丙)适用于当事国间关系之任何有关国际法规则。四、倘经确定当事国间有此原意，条约用语应使其具有特殊意义。”鉴于第 31 条的极端重要性和普遍适用性，下面主要阐述对该条的理解和实施步骤。

1. 条约用语的通常意义是条约解释的根本目标，其次才是特殊意义

很多的词语都会出现通常意义和特殊意义，比如英文中的“address”这个词，通常意义是“地址、住址”等，但其特殊意义有“发言、演讲、演说”的意思。所谓“通常的(ordinary)”含有“普通的(regular)、正常的(normal)、习惯上的(customary)”的意思。通常意义的解释是条约解释的出发点，且经上下文、目的和宗旨及其他方面的检验，不会得出荒唐结论的话，通常意义就具有决定性的作用。① 从这个角度来说，“文义解释”不仅是一切法律解释的起点，也是一切法律解释的终点。② 这种通常意义可通过考察条约的上下文、目的和宗旨等来得出，并经善意原则的最终检验。特殊意义则通过探究缔约者是否赋予条约用语该意义而得出。

① Richard Gardiner, Treaty Interpretation, The Oxford International Law Library, 2015, p. 185.

② 王利明：《法律解释学导论——以民法为视角》(第 2 版)，法律出版社 2017 年版，第 241 页。

2. 通过查字典等方式得出条约用语的通常意义

查字典有三方面的作用：一是初步发现条约用语的通常意义，二是辨明词语的功能意义，三是确认该词语的不同意思。① 第一种作用比如，WTO 上诉机构在加拿大影响民用飞机出口的措施（巴西申诉）案中，对涉及的《补贴与反补贴措施协定》第 1. 1 条(b)中“利益”一词的解释也审查了其字典含义，认为该词的字典含义是指“优势”“好处”“赠品”“利润”，更一般的意义是，“一个更有利的或有帮助的因素或情形”，上诉机构认为上述每个词语都赋予“利益”以意义，并有助于传递该用语的某些实质意义，这一定义也证明了专家组关于“利益”一词的通常意义显然包括某种形式的优势的正确阐述。②

3. 考察条约的上下文得出条约用语的通常意义

根据该公约第 31 条，上下文不仅包括正文中的上文和下文，也包括弁言、附件在内的上文和下文，还包括条约以外的一些因素。这些因素包括：(1)全体当事国间因缔结条约所订与条约有关之任何协定（强调“全体当事国”“与条约有关”）；(2)一个以上当事国因缔结条约所订并经其他当事国接受为条约有关文书之任何文书（强调“个别当事国缔结经其他当事国接受”）；(3)当事国嗣后订立的与条约解释和适用有关的协议（嗣后协议）；(4)当事国就嗣后协议所采取的行动（嗣后惯例）；(5)适用于当事国间关系之任何有关国际法规则（条约当事国在其中的国际法规则）。通过以上任一上下文的考察来确定条约用语的通常意义。

4. 考察条约的目的和宗旨得出条约用语的通常意义

宗旨指的是规范、条款以及根据规范产生的权利和义务的实质内容；条约的目的是获取条约宗旨的工具，条约的宗旨反过来是缔约方想通过条约获得的总体结果；如果说目的可以通过条约的条款找到的话，其宗旨却并不总是很清晰，需要更大的主观能动性才能理解得到。③ 条约的目的和宗旨可以作为条约框架中的超于上下文的角色对辨识条约用语的通常意义起到帮助作用。条约的目的和宗旨有时写在条约的序言中，有时写在条约正文的最前款（如《联合国宪章》第 1 款）。如果没有特别标明的，除查阅序言外，还须仔细阅读条约的

---

① Richard Gardiner, Treaty Interpretation, The Oxford International Law Library, 2015, p. 186.

② WT/DS70/ABR/, para. 153.

③ Richard Gardiner, Treaty Interpretation, The Oxford International Law Library, 2015, p. 213.

正文条款，通过理解而获得。还可以通过查阅缔约时的补充资料来找到条约的目的和宗旨。

5. 对考察结论进行善意原则的总检验

“善意”并不是如同“真诚、诚实”那样宽泛的定义，它实际含有“合理性”的因素，以及“不善意”而导致的“权利滥用”。① 所谓的“合理性”就是要求缔约方的权利与义务保持一种平衡，禁止武断行为和权利滥用。② 在实践中有以下变化的种类：(1)有效原则。即在解释某术语时，宁愿使其有效，而不是使其无效。该原则成为 WTO 上诉机构裁决中的最一般的条约解释原则之一，受到了 WTO 持续性和扩展性的适用。③ (2)默认原则(Default Rule)。即如果一项条约公平地承认两种解释，一种限制了可以据此主张的权利，而另一种则扩大了它，则首选更为宽松的解释。④ 在引渡条约解释的场合，即指当条约文本的含义不明确时，必须对其进行宽松的解释以允许当事人的引渡。(3)有利于义务方的解释。费奥勒在其“文法解释”的第 7 条说道：“词语在每个缔约国中各有其不同意义时，应认为用于依该约负担义务的那个国家所赋予的意义。”⑤

引渡条约一般由国内法院解释，少量由国际人权机构来解释，基本上遵循以上的解释原则和方法。

十、引渡与人权

正如前述，引渡条约因其自执行的特点使其在很大程度上具有个体实施的特征，因此该类条约对个体的关注也在情理之中。引渡中个体的权利即人权问题由此而来。古希腊和罗马通常不引渡其国民，主要是考虑到以下事实：引渡“等于将(他们)抛弃到令人不快且可能永久的流亡，即使不是死亡”。⑥ 在近代早期的法律文书中，例如，在法国与美国之间的 1788 年领事公约中，也规

① Richard Gardiner, Treaty Interpretation, The Oxford International Law Library, 2015, pp. 170-171.

② Richard Gardiner, Treaty Interpretation, The Oxford International Law Library, 2015, p. 177.

③ Richard Gardiner, Treaty Interpretation, The Oxford International Law Library, 2015, p. 180.

④ Artemio Rivera, Interpreting Extradition Treaties, 43 Dayton L. Rev., 2018, p. 23.

⑤ 李浩培著：《条约法概论》，法律出版社 2003 年版，第 337 页。

⑥ Miguel João Costa, Extradition Law: Reviewing Grounds for Refusal from the Classic Paradigm to Mutual Recognition and Beyond, Brill Nijhoff, 2019, p. 74.

定了个人保护的例子，该公约对逃兵的移交作出了规定。该条约规定，应将逃兵拘留起来，并在第一时间将其运送。但是，很有趣的是，该条款还规定："如果在被捕之日起三个月内未将其遣返，则应将其释放，并且不得再出于同一原因而被捕。"（第 9 条）①后面的规定就是出于人权的考虑。

人们通常认为对引渡程序中的基本个人权利的关注是 20 世纪中叶已经发生的人权运动的独一无二的产物。② 从那个时候到现在所产生的引渡条约涉及以下方面的人权问题：酷刑问题、死刑问题、死刑等待问题、禁止歧视性待遇、公正审判权问题、人道考虑条款、重新引渡的禁止、政治罪例外等。③

学者认为，尽管人权与引渡之间存在联系，但不存在一般性的人权例外。④ 在引渡与人权之间须保持一种适度的平衡。对此可实行有条件的引渡、不引渡则起诉、平衡引渡过程中各方的利益等做法。⑤

在现代社会，与引渡有关的人权受到了与人权有关的国际机构的关注。比如欧洲人权法院受理的索艾林（Soering）案（1989 年）以及美洲人权法院的黄海勇案（2009 年）。前案中，英国政府作出将申诉人索艾林移交至美国的引渡决定导致其可能在美国被处以死刑，为此，索艾林指控英国的引渡决定违反了《欧洲保护人权与基本自由公约》（亦称《欧洲人权公约》）第 3 条、第 6 条第 3 款第 3 项和第 13 条的义务。⑥ 另外，早在 1993—1994 年，《公民权利和政治权利国际公约》的条约机构——联合国人权事务委员会先后受理了三起针对加拿大的与引渡有关的个人来文申请。⑦

总体而言，超国家的区域性或国际性的人权机构干预引渡问题是国际社会的崭新现象，它使得该类人权机构对第三方的人权审查成为很寻常的事情，同

---

① Miguel João Costa, Extradition Law: Reviewing Grounds for Refusal from the Classic Paradigm to Mutual Recognition and Beyond, Brill Nijhoff, 2019, p. 75.

② Miguel João Costa, Extradition Law: Reviewing Grounds for Refusal from the Classic Paradigm to Mutual Recognition and Beyond, Brill Nijhoff, 2019, p. 73.

③ S. R. Subramanian, The Role of Human Rights in Extradition: The Imperatives of Reforming the Indian Extradition Law, 40 Commw. L. Bull. (2014), pp. 235-242.

④ John Dugard & Christine van den Wyngaert, Reconciling Extradition with Human Rights, 92 AM. J. Int'l L. (1998). p. 206.

⑤ 胡能斌、曹秉军：《冲突与平衡：引渡中的人权问题研究》，载《人权》2007 年第 4 期。

⑥ 郝鲁怡：《引渡中的人权问题》，载《国际法研究》2015 年第 6 期。

⑦ 郝鲁怡：《引渡中的人权问题》，载《国际法研究》2015 年第 6 期。

时也开辟了被请求引渡人的新的救济渠道。从理论上来讲，该现象将突破引渡只从国内法和双边条约的角度，而是可以拓展到多边的层面上进行研究，从而推进引渡法、条约法以及国际法基本理论的发展。

第二篇　实　　体

评注 1　缔约宗旨条款

在我国所签引渡条约的序言中一般都有“尊重主权”“平等互利”“惩治犯罪”“有效合作”的表述，这其实是对引渡条约立法宗旨的宣示，是条约立法和实施的根本指南，因此这其实也是国家之间引渡活动的基本原则。

一、尊重主权

尊重主权是国际法的基本原则。《联合国宪章》第 2 条第 4 款规定：“各会员国在其国际关系上不得使用威胁或武力，或以与联合国宗旨不符之任何其他方法，侵害任何会员国或国家之领土完整或政治独立。”中国倡导提出的和平共处五项原则第 1 条即为“互相尊重主权和领土完整”。因此，尊重主权是国际法的基石，为国家所首倡。而条约为各国意志协调的结果，是对国家权利和义务的一种限定，从某种程度上来说，是对国家意志或主权的一种限制。在条约中设定“尊重主权”条款，其目的是适当限制本国行为，以免干扰或破坏别国的主权，并在尊重主权中形成一种相互制约。

严防越境追击逃犯以破坏一国主权的行为是制定引渡条约的首要目的。1961 年以色列特工通过绑架手段将隐藏在阿根廷的纳粹分子艾希曼抓捕到以色列，曾经引发了严重的外交危机。以色列的这种行为实际上是对逃犯居住国司法主权的严重干扰和侵犯。目前国际社会非但对有明确边界的国家不能越境追击逃犯，就是对存在主权模糊地带的大使馆、船舶、飞机等的庇护要犯也不得随意进入抓捕。如维基解密的创始人阿桑奇被庇护在厄瓜多尔驻英国大使馆 5 年，英国警察也不得随意进入仅一墙之隔的大使馆将其抓获。惟有得到厄瓜多尔的同意后才准进入捕人。

在引渡条约中有很多体现对主权尊重的条款。其中更多体现了对被请求国主权的尊重，主要是对其法律和政策的尊重。引渡条约一般规定，根据被请求国的法律或政策来对政治犯罪进行定性，已由被请求国作出庇护的案件不能引渡，由被请求国来对涉及种族、宗教、国籍、政治见解的引渡请求作出判断，被请求国的法律规定有管辖权的案件不能引渡，由被请求国来判断引渡的人道主义特征，由被请求国来确定引渡的竞合请求，被请求国有权拒绝引渡本国国民，被请求方已对被请求引渡人就同一犯罪行为作出有拘束力的判决的案件不能引渡，请求国不得对已经移交的被引渡人在引渡前所犯的被请求国非准予引渡的罪行追究刑事责任或者执行刑罚(特定性原则)，等等。《中华人民共和国和秘鲁共和国引渡条约》第 5 条“引渡的国内法条件”更明确地规定：“只有在不违反被请求国法律体系时，才能进行引渡。”其次是对缔约双方主权的同时尊重。最典型的条款就是双重犯罪原则条款，即“可引渡的犯罪是指根据缔约双方的法律可处一年以上监禁或其他形式的拘禁或其他形式更重刑罚的犯罪”。另外，“根据缔约任何一方的法律”的表述也是对双方主权的尊重。① 再次是对请求国法律的尊重。引渡请求中涉及的军事犯罪的性质和特征一般由请求国的法律来判断。② 这些条款都需要相关国家切实遵守。

在引渡实践中，“尊重主权”要求各国在法律的模糊地带采取互相尊重的态度。首先是引渡请求国对被请求国的尊重。除前面所讲之不得越境追捕和大使馆抓捕外，请求国警务人员如果进入被请求国境内开展抓捕活动，必须得到后者国家的同意和配合。请求国应尽量根据被请求国的要求提供证据材料或补充材料。在引渡人员最终移交的交接上必须听从被请求国的安排：要么被请求国机场移交，要么请求国机场移交。向被请求国作出不判死刑的承诺并自觉遵守承诺。被请求国即使作出拒绝引渡的决定，请求国也应予以尊重，因为这是被请求国司法主权的表现。其次是被请求国对请求国的尊重。表现为请求国提出引渡请求特别是紧急逮捕请求时，须配合请求国采取迅速的行动，不得耽搁。在可引渡也可不引渡的情形尽量满足请求国给予引渡的要求。数国同时提出引渡请求时，应作出最合理的安排。在引渡司法审查时代表请求国出庭应诉，为请求国作有利辩护。赃款赃物的移交尽量满足请求国的要求，等等。

---

① 《中华人民共和国和泰王国引渡条约》第 3 条第 4 项规定，不应根据本条约予以引渡情形：“……根据缔约任何一方法律，包括其关于时效的法律，对引渡所涉及的犯罪已不予追诉或执行刑罚。”

② 如《中华人民共和国和泰王国引渡条约》第 3 条第 3 项规定，不应根据本条约予以引渡的情形：“……引渡请求所涉及的犯罪只是请求方军事法规中所规定的犯罪，而根据该方普通刑法不构成犯罪。”

二、平等互利

国家主权平等是国际法基本原则体系的核心，是主权原则的一种表现，每个国家不论大小、强弱和政治经济制度如何，都应互相尊重主权，平等交往。1970年《国际法原则宣言》第6条即为主权平等原则。这种平等是各国在法律上的机会平等和地位平等，当然不能理解为各国有义务消除各自之间实际存在的实力与能力的不均等。

鉴于不平等条约已经成为历史，引渡条约也应建立在平等自愿的基础上，不得出现强迫缔约或退约，不得出现缔约国之间权利或义务畸轻畸重的情况。引渡条约的缔结一般得经过非常复杂的谈判、签署、批准和交换批准书，最终才生效的过程。条约谈判在相对友好的气氛下才可进行谈判。条约条款经过反复协商才能确定正式文案并签字。现代文明国家绝无强迫签字现象的情况。即使有这样的情况，国内的批准程序也会行使否决权，使得该文件不得生效。符合以上条件的国家与国家授权的特别行政区签订的引渡条约也应是平等者之间签订的条约。

在引渡实践中，这种“平等”也可以理解为同等情形下同等对待，不能在请求国之间出现歧视现象。不同的国家在不同的年度就相同或类似的情形向同一被请求国提出引渡请求，被请求国应尽量作出相同的引渡决定，以免引起不必要的外交争议。这既是对主权的尊重，也是平等的要求。

“互利”是指给缔约双方带来好处，是一种双赢的结果。如果将普通犯罪分子引渡出去，对于被请求国来说，节约了诉讼资源，净化了本国的社会空气；而对于请求国来说，将犯罪分子追回国内受审或服刑，可以彰显本国法律的威力，让在本国犯罪的人员罪责难逃。而对政治犯罪或人权类审判不予引渡，则可显示被请求国政治制度或人权价值的优越性和不可侵犯性；而对请求国来说，则暂时减缓了与被请求引渡人的政治斗争，缓解了国内的紧张局势。引渡条约在引渡拒绝与应当引渡的条款设置上，让两者基本保持一种平衡，以实现“互利”的宗旨。

我国引渡条约没有“互惠”的表述，因为互惠主要是指没有条约而言。所谓“互惠引渡”，“是指在没有条约的情况下，引渡请求国与被请求国通过协商并承诺在相互给予优惠待遇的基础上开展引渡合作”。[①]“互惠”可以理解为一

① 黄风主编：《中国境外追逃追赃经验与反思》，中国政法大学出版社2016年版，第33页。

种对等。在引渡过程中简单地一一对等其实并没有必要，即你引渡给我，我才引渡给你；或你引渡一人，我也引渡一人。这种互惠并不一定带来互利。其实有时将逃犯交给对方更有利于打击犯罪，实现司法公正，因为交给犯罪地国或犯人国籍国审判，证据更为充分，更可以起到对国民的警示作用。如果因为对等的需要而不引渡，则偏离了引渡的初衷。

三、惩治犯罪

引渡条约的根本目的是打击犯罪，追究逃犯的刑事责任。对于请求国而言，请求国一般为罪犯的原籍国或犯罪发生地，让这两种国家追究责任有利于刑法属人原则和属地原则的实现；对于被请求国而言，破坏社会秩序甚至国际社会秩序的人员其实到处都不受欢迎。因此，打击犯罪的请求国和被请求国的目标一致。

引渡所针对的犯罪一般是一年以上有期徒刑的恶性和严重普通犯罪。在列举型立法模式的引渡条约中，有的列举了多达三十几项的主项犯罪。为免引起与政治犯罪相混淆，有的条约还对政治犯罪的例外情形进行了排除性列举。这些犯罪大多为危害国家利益、破坏国家社会秩序的犯罪，如杀人、抢劫、放火、盗窃、强奸、伪造、伪证、贿赂、贪污、走私罪等。也还有危害国际社会共同利益、破坏国际社会正常秩序的犯罪，如刺杀国家元首、海盗罪、劫持航空器罪、跨国有组织犯罪、毒品犯罪、恐怖主义犯罪、种族灭绝罪、危害人类罪等。在概括型立法模式的条约中，基本会将所有涉及危害社会秩序的犯罪收入囊中。

不引渡或拒绝引渡并不等于不追究犯罪责任。引渡条约大多规定对本国国民的不引渡。但也规定如果对本国国民不引渡，则应对其进行审判，即“不引渡则起诉”，并不是让在外国犯罪的本国国民逃避追究。有的条约也规定死刑犯不引渡，但也不是对这些犯罪分子不予追究，只不过要求请求国降低刑罚标准则可引渡，或者万一不能引渡则由被请求国追究其责任。而对时效已过、既判案件、缺席审判等情形不予引渡，则遵循了法律的一般原则。

诚然，引渡条约对政治犯罪进行了保护，即对政治犯不予引渡且不追究其责任。这其实是人类文明发展的表现。这首先如前述，是对被请求国政治价值的一种尊重；另外，敌对政治人物回到国内往往掀起巨大政治波浪，造成局势的极度紧张；且回到国内面临的人身安全也是堪忧。因此政治犯罪人员暂居另一国对各方而言利大于弊。人权类犯罪或审判（如因种族、宗教、国籍或政治见解等）如不予引渡且不追究其责任则是对具有普世价值的人权的一种尊重。

引渡条约也涉及一点民事问题，就是赃款赃物的返回。在其规定方面比较笼统。一般原则是全部返回，但是被请求国根据本国法律有权作出最终决定，使得引渡产生的赃款赃物的返回成为一个棘手问题，因为没有哪个国家会将到手的肥肉轻易又送回去。这个问题需要当事国另签协议来解决。

四、有效合作

在国际法上，国家没有引渡的义务，除非是引渡条约规定。引渡条约是缔约双方就其共同利益事项——向逃犯追究刑事责任而进行的刑事合作方式。这中间必会使缔约双方的权利受到限制而作出妥协和让步。被请求国将罪犯引渡出去，是将其属地管辖权让渡给请求国属人管辖权的结果。换言之，请求国属人管辖权的实现有赖于被请求国属地管辖权的放弃。这种合作还表现为在不引渡的情形，被请求国向不是非常严重违反本国法益的犯罪分子追究责任。其他表现为：请求国向被请求国提供犯罪证据，被请求国代表请求国出庭应诉，被请求国负担其境内产生的与引渡有关的费用，被请求国引渡结束后移交赃款赃物给请求国，等等。

为顺利实现这种合作方式，条约义务的设定是条约顺利实施的根本保证，而其中又以强制性条款为甚。这种强制性条款一般冠以“有义务”“应当”“不得”“不应”等的关键词表述。如引渡条约第 1 条一般是这样规定的：“缔约双方有义务根据本条约的规定和条件，经适当请求，相互引渡在缔约一方境内发现而被缔约另一方司法机关通缉的人员，以便对其进行刑事诉讼或者根据已生效的判决执行监禁。”引渡条约第 3 条一般规定：“有下列情形之一的，不得予以引渡：……”又如《中华人民共和国和保加利亚共和国引渡条约》第 6 条规定：“为实施本条约，缔约双方应通过各自根据本国法律指定的机关进行联系，亦可通过外交途径进行联系。”“应当”条款占据强制性条款的八成以上。

截至 2019 年 7 月，我国已与 57 个国家签订引渡条约，其中 39 项已经生效。① 近几年来已通过引渡条约成功引渡回来多名犯罪分子。如根据《中华人民共和国和泰王国引渡条约》成功从泰国引渡陈某雄陈某园夫妇②；根据《中

① 外交部“司法协助类条约列表”，参见外交部网站：https://www.fmprc.gov.cn/web/ziliao_674904/tytj_674911/tyfg_674913/P020190813358427678362.xls，2020 年 12 月 12 日最后访问。

② 陈雷：《论我国的引渡立法与引渡实践》，载《法治研究》2012 年第 8 期。

华人民共和国和秘鲁共和国引渡条约》成功从秘鲁引渡黄某勇①；2013 年根据《中华人民共和国和大韩民国引渡条约》从韩国引渡梁某峰②；2002 年根据《中华人民共和国和俄罗斯联邦引渡条约》从俄罗斯引渡王某宝③；2016 年 9 月根据《中华人民共和国和法兰西共和国引渡条约》从法国引渡陈某④；2018 年 11 月根据《中华人民共和国和保加利亚共和国引渡条约》从保加利亚引渡姚某旗⑤等。我国也依条约和国内法审判了多起涉及外国人的引渡案件，并同意引渡该四名外国人。⑥ 每一次的成功引渡，都离不开缔约国之间的理解与配合，这些合作活动在某种程度上有效打击了跨国性质的犯罪和对犯罪责任的逃避。

评注 2 引渡义务条款

这样的条款一般规定在引渡条约的第 1 条，如："缔约双方有义务根据本条约的规定，相互引渡在缔约一方境内发现、在缔约另一方境内被追诉的人，以便就可引渡的犯罪对其提起诉讼、进行审判或执行刑罚。"⑦

一、无缔约则无引渡义务

引渡是国家间的刑事司法协助行为，国家没有一般性的引渡义务，国家通常通过条约对引渡的内容和程序予以明确规定；在没有条约的情况下，国家完全根据主权自主通过立法或者其他方式决定引渡的条件、程度和后果。⑧ 国家

① 陈雷：《引渡在国际追逃追赃中的作用》，载《中国检察官》2017 年第 4 期。

② 黄风主编：《中国境外追逃追赃经验与反思》，中国政法大学出版社 2016 年版，第 41~42 页。

③ 黄风主编：《中国境外追逃追赃经验与反思》，中国政法大学出版社 2016 年版，第 51~52 页。

④ 殷伟豪：《公安部"猎狐行动"首次从法国引渡一名逃犯》，2016 年 9 月 19 日，载中国新闻网：https：//www. chinanews. com/sh/2016/09-19/8008034. shtml，2021 年 1 月 6 日最后访问。

⑤ 《国家监委引渡第一案：姚锦旗依法轻判获刑 6 年》，2020 年 8 月 7 日，载中共中央法律检查委员会网站：http：//www. ccdi. gov. cn/yaowen/202008/t20200827_224512. html，2021 年 1 月 8 日最后访问。

⑥ 参见孙淑兰著：《引渡司法审查研究》，中国人民公安大学出版社 2008 年版，第 490~509 页。

⑦ 《中华人民共和国和泰王国引渡条约》第 1 条。

⑧ 曾令良主编：《国际公法学》，高等教育出版社 2016 年版，第 241 页。

对在其境内发现的另一国被追诉的人没有引渡的义务，原因在于该国可对该人行使属地优先权，不管该人是本国人还是外国人。

我国有多起对外国人犯罪行使管辖权的案例。2009 年，英国人阿克毛在中国因走私毒品而被执行死刑，他是当时唯一在中国被执行了死刑的欧洲公民。中国厦门中级人民法院 2010 年 8 月 20 日作出一审判决，以故意杀人罪判处一名德国人死刑，这也是首例德国人在中国被判处死刑的案件。我国与英国和德国目前都没有引渡条约。

有些国家的法律要求以与引渡请求国存在双边引渡条约关系作为开展引渡合作的前提条件，即“条约前置主义”。①《美国法典》第 209 编第 3184 条规定，在美国与某个外国政府之间签订有引渡条约或协定的情况下，美国的任何法官或治安法官，或者经美国法院授权的司法官员，或者任何有一般管辖权的州记录法院法官，依据经过宣誓作出的指控，可以在其司法管辖权范围内发布逮捕令……直至实施移交。② 英国《1870 年引渡法》第 2 条第(1)款规定：“一旦与任何外国就向该国移交任何逃犯问题达成协议，女王陛下可根据枢密院令，命令对该国使用本法。”英国该“条约前置主义”原则对英美法系国家，尤其是英联邦成员国的国内引渡法产生了重大影响，如津巴布韦、斐济、斯里兰卡、纳米比亚等仍然坚持该原则。另外，在多边条约的情形下，如果成员国作出接受该公约引渡条款约束的声明，则该公约的引渡条款对该国适用。如有 40 国声明接受《联合国反腐败公约》引渡条款的约束。③

当然，英国目前的政策有些松动，并不是与所有的法域都要求引渡条约，根据 2003 年《英国引渡法》第 194 条的规定，如果引渡的伙伴方不是第一类法域，也不是第二类法域则须缔结引渡协议。④

二、引渡法律关系

法律关系一般包括主体、客体和内容(权利义务关系)三项。引渡条约第 1 条“在缔约一方”和“缔约另一方”的表述表明引渡是一种涉及国家间关系的事

① ［韩］李万熙著：《引渡与国际法》，法律出版社 2002 年版，第 11 页。

② 外交部条约法律司编：《引渡法资料选编》，世界知识出版社 1998 年版，第 401 页。

③ 胡城军：《〈联合国反腐败公约〉保留、声明和通知之述评》，《湖南师范大学社会科学学报》2017 年第 4 期，第 98~99 页。

④ 许文娟等译：《英国 2003 年引渡法》，黄风审校，中国政法大学出版社 2007 年版，第 189 页。

件。因此引渡的主体即为国家，分别为“缔约一方”的被请求国和“缔约另一方”的请求国。

请求国很大程度上为犯罪地国或受害国，也可能是犯罪嫌疑人或罪犯的国籍国。因为这些国家可依照属地管辖、属人管辖、被动人格权等管辖原则有权主张对其指称的犯罪者或判刑者实行管辖，所以当犯罪嫌疑人或罪犯逃至外国，它们请求该国协助引渡该人。作为犯罪发生地或实质受害地的请求国而言，引渡罪犯回该国受审，该国是刑事正义伸张最有必要的地方，且也是最有利收集证据用于审判的地方。另外，作为受害国而言，让罪犯回该国受审，罪刑的相称性能更好体现，力避外国偏轻的刑罚。①

被请求国根据引渡条约第一条实为“罪犯发现地国”，该表述基本可与“逃犯现居住国(州)”“逃犯现被拘留国(州)”等相等同。但是在美国判例中使用了“庇护国”(asylum states)的说法。② 而在美国学者的著述中也有使用“东道国”(hostage states)的表述。③ 根据引渡条约的规定和现实情况，被请求国往往成为引渡过程中极为显要的角色，是引渡活动实实在在的主导方。这种地位和作用首先表现为，它是引渡的终极决定者；其次是根据引渡条约的规定，很多引渡中出现的现象都是通过考察被请求国的国内法来作出判断。被请求国愿意移交逃犯可能出于以下考虑：一是安置罪犯总是令人不舒服的事情，也可避免成为犯罪者的安全天堂；二是有助于解决彼此的刑事犯罪问题，实现“道义上的团结”；三是互惠互利。④

引渡的客体为受到追诉的在逃犯罪嫌疑人。他们可能拥有被请求国的国籍，但是很大可能性没有该国国籍。本国人相对于非本国人来说引渡出去的可能性要小一点。

引渡法律关系的主要内容是被请求国向请求国提交引渡义务，且是相互提交。当然，“相互提交”不是在同一时段对等提交，而是在不同时段、不同案件情况下的对等提交。这种义务包括强制性义务和任意性义务。

---

① Miguel João Costa, Extradition Law: Reviewing Grounds for Refusal from the Classic Paradigm to Mutual Recognition and Beyond, Brill Nijhoff, 2019, p. 9.

② Brauch v. Raiche, 618 F. 2d 843(1st Cir. 1980).

③ David A. Sadoff, Bringing International Fugitives to Justice: Extradition and Its Alternatives, Cambridge University Press, 2016.

④ Miguel João Costa, Extradition Law: Reviewing Grounds for Refusal from the Classic Paradigm to Mutual Recognition and Beyond, Brill Nijhoff, 2019, pp. 20-23.

三、强制性义务

所谓强制性义务，就是指对于不履行义务的人具有强大压力，违反该义务常常要付出代价，对他人和社会有利、对义务人却是不利的法律规范。① 对于强制性义务，引渡条约采用了“应当”“不应”正和反的两种表述。对于是否给予引渡的原则性条款，引渡条约采用了反面的“应当拒绝引渡”的表述。以与泰国引渡条约为例。该条约第3条“拒绝引渡的情形”列举了五种不予引渡的情形，即政治犯不引渡、人权因素的可能审判不引渡、纯粹军事犯不引渡、时效已过犯罪不引渡和终审案件不引渡。有的引渡条约把国民的引渡也列入了拒绝引渡的范围。② 对于引渡“特定原则”一般都采用“不得”的反面强制性义务规定。③

而对于引渡程序方面的强制性义务，引渡条约采取了正面的“应当”的表述，如在“联系途径”“应当请求及所需文件”“补充资料”“临时羁押”“移交被请求引渡人”“财务的移交”“过境”“结果的通报”“协助和费用”等方面的规定。

可与《联合国引渡示范条约》中的强制性条款比较一下。该条约(第3条)规定拒绝引渡的强制性理由是：(1)被请求国认为作为请求引渡理由的犯罪行为属政治性罪行；(2)被请求国有充分理由确信，提出引渡请求是为了某人的种族、宗教、民族、族裔本源、政治见解、性别或身份等原因而欲对其进行起诉或惩处，或确信该人的地位会因其中任一原因而受到损害；(3)作为请求引渡的理由的犯罪行为系军法范围的罪行，而非普通刑法范围内的罪行；(4)在被请求国已因作为请求引渡理由的罪行对被请求引渡者作出终审判决；(5)根据请求国和被请求国任意一方的法律，被请求引渡因时效已过或大赦等任何原因而可免于起诉或惩罚；(6)被请求引渡者在请求国内受到或将要受到酷刑或其他残忍、不人道或有辱人格的待遇或处罚，或者没有得到或不会得到《公民权利和政治权利国际公约》第14条所载的刑事诉讼程序中的最低度的保障；(7)请求国的判决系缺席判决，被定罪的人未获得有关审判的充分通知，也没有机会安排辩护，没机会或将不会有机会在其本人出庭的情况下使该案获得重审。

---

① 参见张文显主编：《法理学》，高等教育出版社、北京大学出版社2014年版，第71页。

② 如《中华人民共和国和俄罗斯联邦引渡条约》第3(1)款。

③ 如《中华人民共和国和泰王国引渡条约》第13条规定，“一、根据本条约被引渡的人，除引渡所涉及的犯罪外，不得在请求方境内因其他犯罪而被拘禁、审判或处罚，或者由该方引渡给第三国……”

再与我国引渡国内法比较一下。中国《引渡法》第 8 条规定了拒绝引渡的强制性情形：(1)根据中华人民共和国法律，被请求引渡人具有中华人民共和国国籍的；(2)在收到引渡请求时，中华人民共和国的司法机关对于引渡请求所指的犯罪已经作出生效判决，或者已经终止刑事诉讼程序的；(3)因政治犯罪而请求引渡的，或者中华人民共和国已经给予被请求引渡人受庇护权利的；(4)被请求引渡人可能因其种族、宗教、国籍、性别、政治见解或者身份等方面的原因而被提起刑事诉讼或者执行刑罚，或者被请求引渡人在司法程序中可能由于上述原因受到不公正待遇的；(5)根据中华人民共和国或者请求国法律，引渡请求所指的犯罪纯属军事犯罪的；(6)根据中华人民共和国或者请求国法律，在收到引渡请求时，由于犯罪已过追诉时效期限或者被请求引渡人已被赦免等原因，不应当追究被请求引渡人的刑事责任的；(7)被请求引渡人在请求国曾经遭受或者可能遭受酷刑或者其他残忍、不人道或者有辱人格的待遇或者处罚的；(8)请求国根据缺席判决提出引渡请求的，但请求国承诺在引渡后对被请求引渡人给予在其出庭的情况下进行重新审判机会的除外。

四、任意性义务

任意性义务又称为任择性义务，是强行性义务的对称，是指在法定范围内允许法律关系参加者自行确定义务的具体内容，一般采用“可以”“有权(确定)”等术语来表达。其结果既可以是准予引渡，也可以是拒绝引渡，即在准予引渡中仍然不排除不予引渡的可能性，而不像强行性义务那样持绝对的态度。

在我国所签双边引渡条约中，通常有三项“可以拒绝引渡的情形”。一是，根据被请求方法律，该方对引渡请求所涉及的犯罪具有管辖权，并应对请求引渡人提起诉讼；二是，如果请求方认为由于被请求引渡人的个人情况，引渡不符合人道主义精神；三是，被请求方正在对被请求引渡人就同一犯罪进行诉讼。① 有的条约在国民引渡问题上也是任意性义务的规定，如“缔约双方有权拒绝引渡其别国国民”。② 在“暂时移交和临时移交”以及“数国提出的引渡请求”条款也是这样的特征。③

---

① 如《中华人民共和国和泰王国引渡条约》第 4 条。

② 如《中华人民共和国和泰王国引渡条约》第 5(1)款。

③ 如《中华人民共和国和泰王国引渡条约》第 12 条规定，“被请求方对缔约另一方及一个或一个以上第三国对同一人提出的引渡请求，有权决定优先接受其中任何一个国家的请求。”

可与《联合国引渡示范条约》中的任意性条款比较一下。该条约(第3条)规定拒绝引渡的任意性理由是：(1)被请求引渡者为被请求国国民；(2)被请求国当局已决定不就作为请求引渡的罪行对该人提起诉讼，或已决定终止诉讼；(3)被请求国即将就作为请求引渡的理由的罪行对被请求引渡者提起诉讼；(4)按请求国的法律，作为请求引渡的罪行应判处死刑，除非该国作出被请求国认为有充分的保证，表示不会判死刑或即使判死刑也不会予以执行；(5)作为请求引渡理由的罪行系在请求国和被请求国领土所犯，而被请求国的法律没有对这种情况下的罪行规定管辖权；(6)按被请求国的法律，作为请求引渡的罪行被视为全部或部分是在该国境内所犯；(7)被请求引渡者在请求国已由特别或特设法院或法庭判刑或者将可能受审或判刑；(8)鉴于被请求引渡人的年龄、健康、或其他个人具体情况，将该人引渡将不符合人道主义的考虑。

再与我国引渡国内法比较一下。该法(第9条)规定了拒绝引渡的任意性情形：(1)中华人民共和国对于引渡请求所指的犯罪具有刑事管辖权，并且对被请求引渡人正在进行刑事诉讼或者准备提起刑事诉讼的；(2)由于被请求引渡人的年龄、健康等原因，根据人道主义原则不宜引渡的。

评注3 可引渡的犯罪条款

该类条款比较典型的内容表述如下：

> 一、就本条约而言，可引渡的犯罪是指根据缔约双方法律可处一年以上监禁或其他形式的拘禁或任何更重刑罚的犯罪。二、如果引渡请求所涉及的人因任何可引渡的犯罪被请求方法院判处监禁或其他形式拘禁，只有在该判决尚未执行的刑期至少为六个月时，方可予以引渡。三、就本条而言，在决定某一犯罪根据缔约双方法律是否均构成犯罪时，不应因缔约双方法律是否将构成该项犯罪的行为归入同一犯罪种类或使用同一罪名而产生影响。四、对被请求引渡人因一项可引渡犯罪予以引渡时，如果该项引渡请求还涉及其他犯罪，只要其符合除本条第一、二款规定的刑罚或其他形式拘禁的期限以外的全部条件，也可因这些犯罪引渡该人。①

① 《中华人民共和国和泰王国引渡条约》第2条。

可引渡的犯罪条款一般规定在第 2 条。因确定可引渡的犯罪是引渡的前提或基本条件，所以该类条款放置在引渡条约的前面部分。该类条款与“应当或可以拒绝引渡”条款比较起来，它是规定请求引渡犯罪的最基本特征和种类，以及特殊情形和例外情形，具有相对独立性；反过来说，即使“应当或可以拒绝引渡”条款含有不引渡的意思在内，仍然无法改变这些犯罪的可引渡的特征。这种最基本特征表现为如 1 年的刑期、6 个月的执行期、不要求罪名相同等，这些是很容易满足的特征。引渡条约后续拒绝引渡条款是在此基础上存在不能引渡的理由而发生的情形，并不是没有满足可引渡犯罪的条件。比如政治犯不引渡条款情形，尽管被请求国因政治犯罪的理由拒绝引渡，但是其实该犯罪依据被请求国和请求国法律都可认定是政治犯罪这一事实是不可改变的。

一、可引渡犯罪的基础：双重犯罪

根据我国引渡条约的规定，可引渡的犯罪必须是根据缔约双方的法律可处 1 年以上刑期的犯罪，即双重犯罪是可引渡犯罪的基础。这种特征在绝大多数的现代引渡条约中都有规定，以至于形成了著名的双重犯罪原则。它被认为是现代引渡的基本原则。①

可引渡的犯罪条款在过往的引渡条约中往往采取列举式的立法模式，比如美国早期的引渡条约就是这样，列举了多达二十几项或三十几种犯罪。② 但从 20 世纪 70 年代以后，引渡条约大多采取如同我国引渡条约中的概括式立法模式，因为犯罪类型多样化和不可期，不可能作无穷尽的列举。

要确立被请求引渡者在两国都具有犯罪的特征，须采取两个步骤。一是被请求法院根据请求国提供的证据材料和法律法规，判断被指控的罪行是否构成请求国法律意义上的犯罪。这一阶段要求有足够的证据支撑控罪，从而构成引渡的“合理根据”(probable clause)。二是被请求国法院对请求引渡的罪行进行

---

① 见黄风著：《中国引渡制度研究》，中国政法大学出版社 1997 年版，第 23 页；马德才著：《国际法中的引渡原则研究》，中国政法大学出版社 2015 年版，第 18 页；刘亚军著：《引渡新论——以国际法为视角》，吉林人民出版社 2004 年版，第 70 页；秦一禾著：《犯罪人引渡诸原则研究》，中国人民公安大学出版社 2007 年版，第 84 页。M. Cherif Bassiouni, International Extradition: United States Law and Practice, six edition, Oxford University Press, 2014, p. 502; Miguel João Costa, Extradition Law: Reviewing Grounds for Refusal from the Classic Paradigm to Mutual Recognition and Beyond, Brill Nijhoff, 2019, p. 211.

② 如 1933 年签署的《美国与阿尔巴尼亚引渡条约》第 2 条，列举了 26 种可引渡的犯罪。

本国法律的适法。这是一种拟制适法。因为在甲国的犯罪行为并非侵犯到乙国的法益，因此该行为在乙国常常不能构成犯罪，甚至相反。比如在甲国犯走私罪，违反了甲国外贸管制规定，但是该行为并没有影响乙国的财税收入和侵犯乙国的经济利益，即并未违反乙国的外贸管制规定，因此在乙国不构成犯罪。但是如果该犯罪分子逃到乙国，甲国请求引渡该人，则乙国可拟制适法，即相类似的行为在乙国其实也会构成犯罪，从而符合引渡的双重犯罪原则，最终实现引渡。也有学者认为，在引渡请求国构成的犯罪，在引渡的被请求国可以是一种"类比的"(analogous)犯罪。① 我国学者黄风教授将这种引渡司法审查称为"拟制审查"或"虚拟适法"。② 我国引渡条约基本为非列举式立法模式，不能直接根据条约规定的犯罪清单进行判断可引渡的犯罪问题，因此只能实行拟制适法来判断可引渡犯罪问题。因此，尽管我国引渡条约对双重犯罪的要求是"根据缔约双方的法律……均构成犯罪"，但是在被请求国的适法并不是实在适法，而是一种拟制适法，由此获得在被请求国也构成犯罪的结论。引渡条约中的这种笼统表述可能会引起学界或实务界的误解，以为该引渡犯罪在缔约双方都是实实在在的犯罪。该类规定可以借鉴《联邦德国国际刑事司法协助法》的表述，该法第3条第1款规定："一行为按德国法律具备了犯罪要素，或经案情类比按德国法律构成犯罪，方可准予引渡。"③

另外，双重犯罪的要求其实也是相对宽松的。尽管有如上述双方构罪的要求，但是只要在各国1年刑期以上即可。这意味着"甲国1年期—乙国1年期"模式固然可行，"甲国3年期—乙国1年期"或"甲国1年期—乙国3年期"模式也是可行的。其次，犯罪的罪名也不要求在各国完全相同，即罪名相似即可(下文详述)。因此，其实双重犯罪无须刑罚和罪名的完全对应，只要犯罪实质特征相对称就可以了。

关于双重犯罪要求的立法缘由，道理其实也是很简单。一国不会将其认为不具有犯罪特征的人移交给另一国受审，即经本国刑法价值观审视后不具有犯罪倾向的人是不宜移交给另一国受审的；反过来说，只有经本国刑法价值观审

① Artemio Rivera, Interpreting Extradition Treaties, Dayton L. Rev, 2018, p. 7.

② 见黄风著：《〈中华人民共和国引渡法〉评注》，中国法制出版社2001年版，第32页；另见黄风著：《中国引渡制度研究》，中国政法大学出版社1997年版，第25~26页。

③ 外交部条约法律司编：《引渡法资料选编》，世界知识出版社1998年版，第104页。

视后具有“劣迹”的人才会移交给另一国定罪处罚。① 这是对被请求国主权和价值观的一种尊重。同时也反映了国家之间的对等互惠关系——你认为犯罪，我也认为犯罪，这才会有国家之间的刑事司法合作基础。

二、被请求国的法律如何选择?

双重犯罪条款中有“根据缔约双方法律”的表述，其中就有被请求方法律的选择适用问题。在我国所签双边引渡条约的伙伴国中有一些是联邦国家，比如俄罗斯联邦。如果从联邦国家寻求引渡，那么有一个问题就是：该国在对引渡罪行定罪时，到底适用联邦法还是州或其加盟(自治)共和国的法律？鉴于这些伙伴国家相关案例判决的难以查找或不太发达，我们可以美国相关判例来加以说明，至少可以获得某种程度的启示。

在海尔布隆(Heilbronn)案中，② 法院描述了引渡案件法律选择的基本指导思想：为确定双重犯罪原则的目的，法院必须查看联邦法中类似条款的规定；或者，假如联邦法如果没有规定的话，则查看被请求引渡人发现地的州法；如果也没有的话，则看多数州法(即多数州是怎么规定的)。③ 按照美国宪法，美国联邦法是美国最高法律，当为各级别法院所优先遵循，其次才是州法。有在法律选择上排序的意味。

在布劳赫(Brauch)案中，④ 法院认为，在认定双重犯罪时，要求法院确定，建立在英国指控基础上的行为也要由与英国法律相似的联邦法、新罕布什尔州法或多数州法的相似刑事条款所规定。有任选其中一项法律作为被请求国适法依据的意味。

先看布劳赫案。布劳赫是英国根据英美之间引渡条约向美国提出引渡请求的对象。他被指控犯有签发空头支票以预先阻止其经纪人关闭其账户，由此导致经纪人在追加保证金与清理账户之间时间段的额外损失。该条约对所有可引渡的犯罪施加“双重犯罪”的要求，即寻求引渡的犯罪必须是根据请求国和被请求国法律都应受到惩罚的严重犯罪。法院对由请求国指控的三宗罪进行本国

---

① M. Cherif Bassiouni, International Extradition: United States Law and Practice, six edition, Oxford University Press, 2014, p. 503.

② Heilbronn v. Kendell, 775 F. Supp. 1020; 1991 U. S. Dist. Lexis 7846.

③ 775 F. Supp. 1020, 1991 U. S. Dist. p. 7. Also see Theron v. United States Marshal, 832 F. 2d 492, 496(9th Cir. 1987) cert. denied, 486 U. S. 1059, 100 L. Ed. 2d 930, 108 S. Ct. 2830 (1988).

④ 618 F. 2d 843, 1980 U. S. App.

法律的选择适用。第一宗指控——支票指控，法院认为违反了新罕布什尔州合并偷盗法①以及新罕布什尔州空头支票法②。第二宗指控——伪造罪指控，法院认为构成了美国联邦电信欺诈法③以及新罕布什尔州伪造法④下的犯罪，该法院也发现了如被请求人所言之该联邦法与英国法相似度较低的问题，转而确认治安法官对新罕布什尔州法的选择。第三宗指控——货币犯罪指控，认为违反了新罕布什尔州法第637条第4款，该款与英国盗窃法第15条第1款有很大相似性。因此被请求国——美国既选择适用了联邦法，也适用了州法，其中主要适用了州法。

因此，美国(地区)法院最后驳回了上诉人布劳赫的主张，即治安法官错误适用了选择的法律和"双重犯罪"原则，认为治安法官在判定上诉人布劳赫因指控的犯罪而起的可引渡性时正确地依据了庇护州⑤(新罕布什尔州)的法律，而不管该法是否代表了多数州的法律。

而在海尔布隆案中，美国法院适用了《美国法典》第18编第666条和第42

① 该法第637条第4款部分规定："假如某人通过欺诈及以剥夺他人的目的获取或掌控他人财产，该人则犯有偷盗罪。"

② 该法第638条第4款部分规定："假如某人明知或相信支票不会被付款人付款及被出票人拒绝支付仍然签发或兑付，则该人犯有签发空头支票罪。"

③ 《美国法典》第18章第1343条部分规定，"任何人，如果设计或意图设计任何方案或方法来从事欺诈，或为获取金钱或财产，以虚假或欺骗性的陈述、代表或承诺的手段，以实施这些方案或方法为目的，通过州际或外国商业间的电报、收音机或电视通信的方法，传输或被引起传输任何文字、符号、信号、图像或声音，应当被处以不超过1000美元的罚金或不超过五年的监禁，或两者并用。"

④ 该法第638条第1款部分规定："I. 假如以欺诈为目的或明知他正便利一项欺诈由另一人来操作，他制作、完成、执行、认证、签发、传播、出版或还使用任何文字作品，以至于使这样的文字作品成为另一个人的行为，或意图在某个时间段或某个地方或事实上并不存在的数字顺序来执行，或在没有这样的原版存在时意图成为原版的复制品，那么他就构成了伪造罪。II. 在此所使用的'文字作品'包括印刷品或任何其他方式的记录信息、支票、代币、邮票、图章、证券、卡片、徽章、商标，以及其他具有价值、权利、优惠或识别特征的符号。"

⑤ "庇护州"是笔者对判决英文表述"asylum state"的直译，即"嫌犯受到庇护的那个州"。"庇护"一词在中文有较大程度的褒义，因此在此处的语境下作此翻译似有不妥，但是实在找不出更好的中文词语来涵盖该英文表达的丰富内涵和中性特征。"庇护州"包括后面的"庇护国(states)"的说法，基本上可以与"逃犯被发现地国(州)""被请求引渡国(州)""逃犯现居住国(州)""逃犯现被拘留国(州)"等相等同。最新的相类似表述有"host state"(东道国)，见 David A. Sadoff, Bringing International Fugitives to Justice: Extradition and Its Alternatives, Cambridge University Press, 2016.

编第 1320a-7b 条，该法与《以色列刑法》第 290 条有极大相似性。而前者为美国联邦法律。

综合该两案的判决意见，笔者以为，美国法院的做法其实并没有在联邦法、州法或多数州法之间作出明显的优先顺序，只看哪种法最适合就选哪种；但是如果一定要作出优先选择，应首选联邦法，其次是庇护州法，再次是多数州法。我国所签双边引渡条约的伙伴联邦国可以这些案例作为参考。

三、命名和术语条款

我国所签双边引渡条约的命名和术语条款是指这样的规定："就本条约而言，在决定某一犯罪根据缔约双方法律是否均构成犯罪时，不应因缔约双方法律是否将构成该项犯罪的行为归入同一犯罪种类或使用同一罪名而产生影响。"①这可以说是对双重犯罪条款的补充说明。

美国在 20 世纪的早期屡屡出现在名称和术语方面的原因导致的相矛盾的判决。在 1931 年的 Davis 案中，法院拒绝了引渡，原因是条约中列明的术语是"murder"(严重犯罪)，而本国法规定是"manslaughter"(过失犯罪)，从而不符合双重犯罪原则。② 而在 1922 年的 Collins 案中，法官几乎达成了一致的意见，认为："法律并不要求两个国家由此描述的犯罪的名称是一样的，责任的范围也不一定相同，或者在其他方面两个国家也无须一模一样。只要被指控的行为在两个国家都构成犯罪就够了。"③基于这样的经验或教训，美国从 20 世纪 70 年代以后在其引渡条约中便设置了"命名和术语"条款，即"不管请求国和被请求国的法律是否把该罪行放在相同类型的犯罪中或用相同的术语来描述这种罪行"。④ 下面再述评一个美国的案例来说明。

美国海尔布隆(Heilbronn)案。海尔布隆是在美国被拘禁的以色列人，且是美国永久性居民。1986—1987 年，海尔布隆在以色列佩塔提克瓦(Petah Tikva)的教学医院贝林森医院担任神经外科主任。作为科室主任，海尔布隆有权指定哪个医生进行手术和安排手术顺序。海尔布隆于 1988 年 6 月 12 日在以色列被捕，随后的起诉书指控说，病人的亲属向海尔布隆付款，以确保他为有权在医院接受免费治疗的病人基金成员进行手术；海尔布隆收了病人的钱，承

① 见《中华人民共和国和泰王国引渡条约》第 2 条第 3 款。

② Ex parte Davis, 54 F. 2d 723(9th Cir. 1931).

③ Collins v. Loisel, 259 U. S. 309, 312(1922).

④ 如 2003 年《欧盟与美国引渡条约》第 4 条第 3 款(a)项的规定。

诺他将亲自进行手术，而事实上他并没有。这期间他交了保释金去了美国。1990年，以色列要求从美国引渡海尔布隆在以色列受审。海尔布隆被指控对《以色列刑法》第290条的多次违反。该条的规定是，“1. 公职人员因与其职务有关的行为而收受贿赂，可处7年监禁或7年监禁和1万英镑罚款。2. 在本节中，‘公务员’包括向公众提供服务的法人团体的雇员。”海尔布隆认为，他被指控的特定行为在美国不构成犯罪，因为在美国，脑外科医生可以“向市场收取任何费用”。一项特定行为的分类不同，或两国适用不同的证明要求，这并不妨碍引渡。① 但是法院认为，该案指控被告的贿赂罪相当于《美国法典》第18编第666条，该条规定，每年接受联邦援助超过1万美元的组织的雇员接受贿赂属于犯罪；它也可与《美国法典》第42编第1320a-7b条相媲美，该条规定，任何人因安排或订购医疗保险支付的服务而接受贿赂都是犯罪；一项特定行为的分类不同，或两国适用不同的证明要求，这并不妨碍引渡。法院最后认为：如果每个国家的法律所规定的犯罪行为的“本质特征”相同，并且两种法律“基本上相似”，则存在双重犯罪；当法规惩罚属于同一“普遍承认的犯罪”的广泛范围内的行为时，它们在本质上是类似的；如果“每一法规所惩罚的实质行为在功能上相同”，就满足了双重犯罪的要求。

该案比较深刻地说明了各国对犯罪的命名和术语的不同并不影响双重犯罪的认定，即行为特征是根本，罪名仅是表象，在判断双重犯罪时关键看行为特征，然后当然也要看有没有相近似的罪名存在。在理解我国双边引渡条约相关条款时也应如此。

四、领域外犯罪条款

在我国所签双边引渡条约“可引渡犯罪”条款中有三项涉及领域外犯罪问题。② 与南非和莱索托的引渡条约第2条第4款都规定：“不论请求国引渡请求所基于的构成犯罪的行为是否发生在其拥有管辖权的领域内，该犯罪均可予以引渡。如果这一行为发生在请求国领域外，请求国应当提供确立其管辖权的法律规定。”与埃塞俄比亚引渡条约第2条第5款规定：“在不影响本条第一款的情况下，当犯罪发生在请求方境外时，如果被请求方法律对类似情况下发生在境外的犯罪规定了刑罚，则该犯罪也是可引渡的犯罪。”该类条款为“可引渡

① United States v. Levy, 905 F. 2d 326, 328 (10th Cir. 1990) cert. denied, 112 L. Ed. 2d 778, 111 S. Ct. 759 (1991).

② 该3项引渡条约分别为中国与南非、莱索托和埃塞俄比亚的引渡条约。

犯罪”(一般为领域内犯罪)的特殊情形。两类条款在表述上不同，但是根本意思是一样的，只是前者侧重于强调该罪行在请求国须构成犯罪，后者侧重于被请求国对类似行为也须构成犯罪。尽管侧重点不一样，但是该款是第 2 条“可引渡犯罪”的后面款项，都须按照前面双重犯罪的款项要求进行适用，即请求国确认为犯罪，且该犯罪行为在被请求国领域外也构成犯罪时，可以看作是可引渡的犯罪。

有一个问题是，没有设置“领域外犯罪”条款的引渡条约是否可以解读为其实也隐含有这样的条款呢？笔者以为，只要引渡条约中存在双重犯罪条款，就意味着隐含有领域外犯罪条款，因为根据双重犯罪条款的规定，请求国确认的犯罪行为(当然包括领域外犯罪行为)，如果在被请求国类似情形下也构成犯罪，则是可引渡的犯罪，但前提是请求国国内法认同和规定了领域外犯罪的情形。

“领域外犯罪”条款可以说是现代引渡条约的特征，伴随着国内法的域外适用或管辖问题的出现而出现。美国是其法律域外适用或管辖很发达的国家。美国长臂司法管辖权通过 1945 年“国际鞋业公司案”确立以后，美国最高法院通过一系列判例法发展了“最低联系”标准，如 1958 年“汉森案”确定的“有意利用”标准、1980 年“世界大众汽车公司案”确定的“可预见性”标准、1984 年“霍尔案”确定的“持续和系统联系”标准等。受上述判决的影响，美国 50 个州先后制定了自己的长臂法规，明示其立法管辖权；且越来越多的联邦立法也包含长臂管辖权。① 据不完全统计，美国法院自 2000 年以来受理的涉中国的域外管辖案例就多达 417 件。② 因此，美国无论从立法还是司法的角度，国内法的域外适用或管辖都是很多的。也可能是这个原因，在其引渡条约中广泛设置了“领域外犯罪”条款。

传统上，国家行使管辖权主要限于其领土上的人、财产和行为，以及相对例外的国民境外旅行的情况。目前，国家对境外的人、财产或行为而行使域外管辖权，已经成为一个日益普遍的现象，这主要是在于：(a)跨越国境者之活动的增长；(b)跨国公司数量的日益增长；(c)包括国际银行和国际股票交易在内的世界经济的全球化；(d)包括贩毒、洗钱、股票欺诈和国际恐怖主义等

① 参见肖永平：《“长臂管辖权”的法律分析和对策研究》，载《中国法学》2019 年第 6 期。

② 参见肖永平：《“长臂管辖权”的法律分析和对策研究》，载《中国法学》2019 年第 6 期。

跨国犯罪活动的增长；(e)非法移民的增长；(f)为合法或非法目的而跨界使用因特网的增长，比如电子合同、电子商业和网络犯罪。①

我国学者以连结点为属项对我国法律域外适用作了六个方面的分类，但也指出，现行中国法域外适用规则尚未形成完整的法律体系，且整体趋于保守，防御性色彩浓厚但进攻性略显不足。② 这可能跟我国国力有关。随着未来国力的增强，域外适用的范围将会加大，因此相应的条约规定也会相应地出现更多。

有必要再进一步总结我国在刑事领域的域外管辖和适用问题，因为引渡大体属于刑事领域的范畴。鉴于管辖为适用的前提，所以我们先考察管辖问题。我国刑事领域域外管辖权大概有如下几个方面。

第一，属人管辖权。我国《刑法》第 7 条规定："中华人民共和国公民在中华人民共和国领域外犯本法规定之罪的，适用本法，但是按本法规定的最高刑为三年以下有期徒刑的，可以不予追究。中华人民共和国国家工作人员和军人在中华人民共和国领域外犯本法规定之罪的，适用本法。"我国参加的很多公约也规定了属人管辖权，如《联合国反腐败公约》第 42 条规定，在缔约国国民犯罪的情形，该国可行使管辖权。更具体点说，我国公民如果在境外从事贿赂、洗钱等违法犯罪活动，我国可实行管辖。

第二，保护性管辖权。我国《刑法》第 8 条规定："外国人在中华人民共和国领域外对中华人民共和国国家或者公民犯罪，而按本法规定的最低刑为三年以上有期徒刑的，可以适用本法，但是按照犯罪地的法律不受处罚的除外。"如果外国人在中国境外向中国官员行贿、位于国外的国际组织的官员向中国人索贿并收取贿赂可构成该罪。

第三，客观属地原则。③ 我国《刑法》第 6 条第 3 款规定："犯罪的行为或者结果有一项发生在中华人民共和国领域内的，就认为是在中华人民共和国领域内犯罪。"这意味着域外犯罪只要有一项因素与国内有关，国内就可以行使管辖。

第四，治外法权性质。我国《刑法》第 6 条第 2 款规定："凡在中华人民共

---

① 国际法委员会报告"域外管辖权"，载 A/61/10(2006)附件 E，第 389 页。

② 廖诗评：《中国法域外适用法律体系：现状、问题与完善》，载《中国法学》2019 年第 6 期。

③ 所谓客观属地原则，按照联合国国际法委员会的定义，是指当试图管辖之行为的一个组成因素发生在领土国境内时，一国可对其领土外的人、财产或行为行使管辖权。参见国际法委员会报告"域外管辖权"，载 A/61/10(2006)附件 E，第 393 页。

和国船舶或者航空器内犯罪的，也适用本法。”该条与很多公约的规定有重叠或根据国际公约的规定作出。如 1970 年《关于制止非法劫持航空器的公约》(海牙公约)第 4 条的规定，① 航空器登记国对非法劫持犯罪具有管辖权。《联合国反腐败公约》第 42 条也有类似规定。

第五，国际条约(公约、协议)的规定。根据外交和领事方面的公约的规定，外交、领事人员享有在当地的刑事管辖豁免，意味着他们仍然由其本国行使此类管辖权。根据《联合国海洋法公约》的规定，沿海国对其专属经济区、大陆架享有管辖权，在公海享有船旗国管辖权，因此我国享有相应的在我国专属经济区、大陆架的管辖权，并享有对在公海上挂有中国旗的商船的管辖权。根据该公约对海盗普遍管辖权的规定(第 101 条)，我国作为该公约的缔约国可行使对在公海上从事刑事犯罪的海盗的管辖权。根据《关于制止非法劫持航空器的公约》第 4 条的规定，② 罪行发生的航空器降落地国、航空器承租人的主要营业地国或永久居住地国以及“不引渡则起诉”的起诉国都可能成为非法劫持航空器犯罪的管辖权国，这种管辖很大程度上具有域外管辖的特征。我国作为该类国际公约的缔约国可根据该类国际刑事公约确立对相关国际犯罪的管辖权。根据《关于制止恐怖主义爆炸的国际公约》第 6 条的规定，③ 犯罪的对象国、犯罪意图指向国、航空器实际操作国都有可能成为对恐怖主义爆炸犯罪的管辖权。此类犯罪一般具有域外的特征，我国是该公约的缔约国，也有可能行

① 1970 年《关于制止非法劫持航空器的公约》第 4 条第 1 款(甲)项规定，“一、在下列情况下，各缔约各应采取必要措施，对罪行和被指称的罪犯对旅客或机组所犯的同该罪行有关的任何其他暴力行为，实施管辖权：(甲)罪行是在该国登记的航空器内发生的……”

② 1970 年《关于制止非法劫持航空器的公约》第 4 条第 1 款(乙)项和(丙)项规定，“一、在下列情况下，各缔约各应采取必要措施，对罪行和被指称的罪犯对旅客或机组所犯的同该罪行有关的任何其他暴力行为，实施管辖权：……(乙)在其内发生罪行的航空器在该国降落时被指称的罪犯仍在该航空器内；(丙)罪行时在租来时不带机组的航空器内发生的；而承租人的主要营业地，或如承租人没有这种营业地，则其永久居所，是在该国。”第 4 条第 2 款规定，“当被指称的罪犯在缔约国领土内，而该国未按第八条的规定将此人引渡给本条第一款所指的任一国家时，该缔约国应同样采取必要措施，对这种罪行实施管辖权。”

③ 1997 年《关于制止恐怖爆炸的国际公约》第 6 条第 2 款规定，“在下列情况下，缔约国也可以对任何此种罪行确定管辖权：(a)犯罪的对象是该国国民；(b)犯罪的对象是一国在国外的国家或政府设施，包括该国大使馆或其他外交或领事房地；或(c)罪行系由惯常居所在该国境内的无国籍人实施；或(d)犯罪的意图是迫使该国从事或不从事某种行为；或(e)罪行的实施场所为该国政府操作的航空器。”

使该类管辖权。关于跨国犯罪或国际犯罪的公约可能规定该类国家域外管辖的情形。

对我国域外管辖和适用法律的考察有利于更好地理解引渡条约"领域外犯罪"的概念，并有利于相关条款的适用。

五、财税犯罪条款

所谓财税犯罪通常是指涉及税收、海关监管、金融货币等国家财政和经济管制领域的犯罪，例如：偷税罪，抗税罪，骗取国家出口退税罪，虚开、伪造或非法出售增值税发票罪，走私罪，逃汇罪，骗汇罪，等等。

我国引渡条约有九项涉及财税犯罪问题的条款。① 如《中华人民共和国和大韩民国引渡条约》第 2 条第 4 款规定："如果引渡请求系针对有关赋税、关税、外汇管制或者其他税务事项的法律的犯罪，被请求国不得以其法律没有规定同类的赋税或者关税，或者没有规定与请求国法律同样的赋税、关税或者外汇管制条款为理由拒绝引渡。"

这其实是双重犯罪原则的例外情形，即在被请求国法律没有作出类似规定的情况下，仍然将此罪行列入可引渡的范围。一个国家的财税、金融涉及国家的重要经济命脉，事关国家的"钱袋子"，可上升到经济主权的范畴。这一点对引渡中的请求国而言，特别如此。

但在国家之间的竞争关系中，一国重视的往往是另一个所忽视的。这一点体现在引渡关系中就是被请求国对请求国经济利益的忽略。如 1959 年的《欧洲刑事司法协助公约》第 2(a)款把财税犯罪同政治犯罪一起列为拒绝司法协助的理由；又如比利时与南斯拉夫 1971 年签订的《引渡和刑事司法协助条约》第 7 条规定，对有关海关、关税和汇兑的犯罪，引渡将不予准许，等等。但随着现代文明的发展，国家对经济的管制同社会的福利愈加联系在一起，国与国之间的经济联系愈加紧密，一国经贸和金融的健康发展也对其他国家的经济产生积极的影响，加上礼让制度的完善，因此对财税犯罪的打击越来越受到国际社会的共同关注和重视。1978 年签订的《〈欧洲引渡公约〉第二议定书》对原公约第 5 条进行了修改，规定："在税收、关税及汇兑方面，缔约国之间应根据公约的规定对于符合被请求国法律规定的同一性质的犯罪提供引渡。"2003 年通过的《联合国反腐败公约》第 44 条第 16 款规定："缔约国不得仅以犯罪也被视为

① 该 9 项引渡条约分别为中国与罗马尼亚、韩国、突尼斯、莱索托、法国、墨西哥、印尼、埃塞俄比亚和意大利的条约。

涉及财税事项为由而拒绝引渡。”①除了极个别的情况,② 美国从 20 世纪 70 年代以来签订的引渡条约在财税犯罪而起的引渡问题上设置了准许立场。因此，将财税犯罪列入可引渡的犯罪是引渡条约的发展趋势。

为理解和适用引渡条约相关财税犯罪条款，有必要进一步了解我国的相关法律规定。我国《刑法》所规定的财税类型犯罪包括走私罪、破坏金融监管秩序罪、危害税收征管罪等。相对应的法条为第 153 条走私普通物品罪、第 154 条未补交税款的走私行为、第 155 条收购走私物品罪、第 156 条走私罪的共犯、第 157 条武装掩护走私罪和第 190 条违反外汇管理规定的犯罪，以及我国刑法第二节“危害税收征管罪”第 201～212 条的内容。这意味着在中国犯有这些罪行的人员即使在其逃往国不被视为犯罪或其他原因，根据相关条约的规定，都不应拒绝引渡。

六、包括财产刑判决条款

《中国和南非共和国引渡条约》第 2 条第 6 款规定：“如果引渡请求针对一项既包括监禁又包括财产刑的判决，被请求国可准予引渡以执行监禁和财产刑。”可引渡犯罪在刑罚方面的要求一般针对人身权，即人身监禁或更重刑罚方面，并不针对财产权，即罚金方面。该类条款明确规定可以包括财产刑，是可引渡犯罪的特殊情形。

财产刑的执行可能与被请求引渡人在被请求国的财产有关，因此如果设置该类条款，意味着被请求引渡国放弃了一部分在其国家保存的财产，是一种礼让行为。

七、数项犯罪条款

基本上引渡条约可引渡犯罪条款都有这样的规定，如《中国和南非共和国引渡条约》第 2 条第 7 款规定：“如果引渡请求涉及数项犯罪，每项犯罪根据缔约国双方的法律均应予以惩处，但其中有些犯罪不符合第一款和第二款规定的其他条件，只要该人将基于至少一项可引渡犯罪而被引渡，被请求国

---

① 参见杨宇冠、吴高庆主编：《〈联合国反腐败公约〉解读》，中国人民公安大学出版社 2004 年版，第 325 页。

② 如 1990 年与瑞士引渡条约第 3 条第 3 款的规定，该规定禁止因财税性质的犯罪而实施引渡；1978 年与德国引渡条约第 6 条规定，如果涉及财税方面的犯罪违法了被请求国的公共政策或根本利益，该国可以拒绝引渡。

可就该数项犯罪准予引渡。”“其他条件”是指可引渡犯罪条款中除规定“均构成犯罪”以外的刑罚或未服完刑期的规定。如果说“不符合其他条件”，是指不符合规定中的“一年有期徒刑”或“六个月的未服完刑期”，即不够一年刑期或少于六个月的未服完刑期。按照该类条款的规定，在数项犯罪中，如果都符合“均构成犯罪”的要求，即使有些犯罪不符合“其他条件”的要求，只要数项犯罪中有一项符合“均构成犯罪”和“其他条件”，被请求国可就该数项犯罪准予引渡。

该类条款也算是可引渡犯罪的特殊情形，即以一项可引渡犯罪带动半引渡条件的犯罪，组合成可引渡犯罪群。

评注 4　政治犯罪条款

一、条款范式

我国引渡条约在政治犯罪引渡方面的条款大致有以下几种类别：

(1)一般规定。如《中华人民共和国和菲律宾共和国引渡条约》第 4 条第 1 款第 1 项规定，“如果被请求方有充分理由相信存在以下情形之一，则不应当引渡被请求引渡人：(一)引渡请求所针对的犯罪是政治犯罪……”

(2)一般规定+例外。如《中华人民共和国和柬埔寨王国引渡条约》第 3 条第 1 款规定，“有下列情形之一的，应根据本条约不予引渡：(一)被请求方认为请求方据以提出引渡请求的犯罪为政治犯罪。政治犯罪不应包括谋杀、企图谋杀或伤害国家元首、政府首脑或其家庭成员……”这样的立法形式的条约较多，包括与韩国、泰国、坦桑尼亚、巴基斯坦等。还有将国际公约规定的犯罪排除在引渡的政治犯罪的范畴的条约，如与意大利的条约。有的条约，除并列以上两种排除外，还加上谋杀、严重身体伤害、性攻击、绑架或敲诈等。①

(3)等同效果条款。有的条约规定了在被请求国实行庇护的情形，应拒绝引渡。因为庇护的原因很大程度上是以政治的理由，所以，该类条款涉及等同于政治犯罪不引渡的规定。这样的条约比如与立陶宛的引渡条约等。

二、立法缘由

政治犯罪不引渡的原则就目前来看，已经成为国际法和国际刑法的一项公

① 如《中华人民共和国和莱索托王国引渡条约》第 3 条第 1 款。

认的原则。① 如果说它是习惯国际法也不为过，因为目前来看没有与此相反的规定，当然除了排除情形外。但是其合理性仍然值得探究。

在美国法院的判决意见中有这样的阐述："政治犯罪(不引渡)的例外建立在多方面的正当性基础上。第一，它的历史发展表明，它是基于这样一种信念，即个人有权诉诸政治激进主义来促进政治变革。这一理由与现代的共识一致，即政治犯罪比普通犯罪具有更大的正当性。第二，这一例外反映了一种担忧，即个人——尤其是不成功的叛乱分子——不应被遣返回国，因为在那些国家，他们可能会因为自己的政治观点而受到不公平的审判和惩罚。第三，这个例外符合政府——当然还有它们的非政治部门——不应该干涉其他国家的内部政治斗争的理念。"②从第一点来看，每个人都有从事政治革新或改革的权利，这涉及人权问题。从第二点来看，在实践中对政治犯罪的惩处往往具有恣意性，并极易受到不公正的审判。③ 从第三点来看。在政治犯罪的引渡案件中，往往碰到比较复杂的情况，比如本届政府提出的引渡请求是针对本国上届政府所为，因此如果被请求国同意了这样的请求，就相当于站在了上届政府的对立面，把自己搅在了它们内部斗争之中。

巴西奥尼教授指出，"设置政治犯罪例外(不引渡)条款很大程度上是要确保被请求国法律程序的完整性不被请求国通过起诉因政治信仰或政治驱动的行为来获得某种政治目的。"④在政治领域往往出现你方所反对的我方必然支持的局面，而政治犯逃往的国家一般是对其政治主张比较认可的国家，这种认可实际上隐含了对请求国政治理念的一种反对，因此被请求国不会将与其政治理念相近的引渡请求人移交出去，这也是对本国主权及核心利益的一种坚守。另外，在你死我活的政治斗争中，引渡回去的政治犯实际面临着比普通犯更轻易丧失生命权和自由权，因此这又会涉及人权的问题。

因此，综上来看，政治犯不引渡有其必然性。

---

① 马德才著：《国际法中的引渡原则研究》，中国政法大学出版社 2014 年版，第 35 页。

② Quinn v. Robinson, 783 F. 2d 776, 792-93 (9th Cir.), cert. denied, 479 U. S. 882 (1986).

③ 马德才著：《国际法中的引渡原则研究》，中国政法大学出版社 2014 年版，第 40 页。

④ M. Cherif Bassiouni, International Extradition: United States Law and Practice, six edition, Oxford University Press, 2014, p. 676.

三、如何理解“政治犯罪”概念?

若认定政治犯或政治犯罪，先了解“政治”的概念。政治是指政党或政府等治理国家的行为，是以经济为基础的上层建筑，是经济的集中表现，是以国家权力为核心展开的各种社会活动和社会关系的总和。① 政治是牵动社会全体成员的利益并支配其行为的社会力量。因此政治犯罪常常被描述为一种对国家安全的攻击并直接指向国家政权组织，而不是个人的权利。②

巴西奥尼把这种犯罪定义为纯粹的政治犯罪，它通常是指针对国家主权及它的政治分支单位，构成对政治、宗教或种族意识形态或它的支持性结构的反对的行为，没有普通犯罪的任何因素；这些行为被标明为维护国家主权或公共秩序的犯罪，有别于为私人利益的错行(私错)。③ 根据这样的定义，一般认定叛国罪、叛乱罪和间谍罪为纯粹政治犯罪。叛国罪一般理解为对国家忠诚的背叛，表现为谋反、背弃和间谍活动，或采取一种惊人的逃跑或飞往国外的叛逃方式。④ 叛乱罪(煽动叛乱罪)，根据美国法，是指以推翻政府组织为动机，通过宣传煽动达到破坏公共和平的目的。这种犯罪停留在语言表达上，并不一定要实际发生暴动或暴乱。这可能是与叛国罪的区别，即该行为趋向于叛国罪，但是缺乏明显的客观行为；它仅仅通过一种非叛国的形式来干扰和影响国家的稳定和纯洁。而间谍罪的概念比较清晰，即指为了另一个国家的利益而获取或试图获取被认为对国家安全或国防至关重要的机密信息。与叛国不同的是，间谍犯不需要忠诚的要件，因此没有违反相关义务。但与叛国罪及煽动叛乱罪一样，间谍罪的依据也是违反公众利益即构成公错。⑤

从犯罪构成的角度来看。该罪的客体是国家主权、安全和利益；主体是普通主体，少数是特殊主体；客观方面表现为危害国家主权、安全和利益的行为；主观方面主要是有危及国家利益的直接或间接的动机。判断该罪的本质是

① 王惠岩主编：《政治学原理》，高等教育出版社 2006 年版，第 6 页。

② Catherine Nicols Currin, Extradition Reform and the Statutory Definition of Political Offenses, 24 VA. J. INT'l L. 419(1984), p. 428.

③ M. Cherif Bassiouni, International Extradition: United States Law and Practice, six edition, Oxford University Press, 2014, p. 677.

④ M. Cherif Bassiouni, International Extradition: United States Law and Practice, six edition, Oxford University Press, 2014, p. 679.

⑤ M. Cherif Bassiouni, International Extradition: United States Law and Practice, six edition, Oxford University Press, 2014, p. 679.

其客体特征，因为犯罪的客体有助于认识犯罪的本质特征。① 上段巴西奥尼对于政治犯罪的定义就是从客体的角度来定义的，抓住了政治犯罪的本质。只有特殊主体如军人违反偷盗、抢劫、诈骗等普通犯罪，才不构成政治罪，如美国法院受理的卡洛斯案②就是这样。在该案中，阿根廷将军卡洛斯在其本国被控谋杀、非法剥夺自由和伪造公文罪，逃至美国后，美国并不以政治犯罪来对待他，而是以上述所列的普通犯罪予以引渡。仅从主观判断也不是很准确，比如某人并不具有直接颠覆国家政权的目的，仅仅是起初的报复或泄私愤或改善个人生活水平的目的，但是却走上出卖国家的道路。如果仅从主观很难判断该人犯有政治罪行，但是从客体的角度上就已经犯有间谍或颠覆国家政权罪行。在犯罪构成中，客观为客体的表象(外在事实特征)，③ 是判断客体特征的必要依据。但是如果仅停留在客观仍然是不够的。比如某人出卖国家机密情报获利五千美元，从获利数字来看该人行为的恶性不是特别大，但是它对国家造成的损失却是无法估量的，因此从客体分析该事件并不是简单的买卖关系，而是国家重大利益的丧失的问题。由此也会滋生另一个概念，即"与政治有关的犯罪"(relative political offenses)④的概念。这种犯罪可能就是与政治犯罪存在着复合关系或牵连关系的犯罪。⑤ 这个概念或提法没有在我国双边引渡条约中出现，但是也应引起重视。

四、认定纯粹政治犯罪的程序与实践

(一)条约规定的除外情形

对政治犯罪最简单的判断，就是排除法。根据引渡条约的规定，首先是对

---

① 高铭暄、马克昌主编：《刑法学》，北京大学出版社、高等教育出版社 2001 年版，第 57 页。

② In re Extradition of (Carlos Guillermo) Suarez-Mason, 694 F. Supp. 676; 1988 U. S. Dist. Lexis 9960.

③ 高铭暄、马克昌主编：《刑法学》，北京大学出版社、高等教育出版社 2001 年版，第 64 页。

④ 在有的著作中，"relative political offenses"被译成"相对的政治犯罪"或"相关的政治犯罪"，可能不太妥当，因为不符合中国的语言环境，所以笔者将其翻译成"与政治有关的犯罪"。

⑤ 参见马德才著：《国际法中的引渡原则研究》，中国政法大学出版社 2015 年版，第 45~46 页。

国家元首、政府首脑或其家庭成员生命的犯罪的排除，即这些犯罪不得视为政治犯罪，从而在可引渡的范围，如中国与泰国、柬埔寨、韩国、突尼斯、莱索托等国的引渡条约。其次是恐怖主义犯罪的排除，如中国和意大利引渡条约的规定。① 再次是恶性、重大犯罪的排除，如中国和莱索托引渡条约的规定。最后是根据公约规定的犯罪的排除(可以涵盖第二种情况)，如中国和意大利、莱索托等国的引渡条约。下面主要看看第四种情况。

该类国际公约主要有以下几种(我国均已参加)：

(1)《制止非法劫持航空器的公约》(海牙公约)；②

(2)《关于制止危害民用航空安全的非法行为公约》；③

(3)《制止危及海上航行安全非法行为公约》；④

(4)《反对劫持人质公约》；⑤

(5)《关于防止和惩处侵害应受国际保护人员包括外交代表的罪行的公约》；⑥

(6)《联合国人员和有关人员安全公约》；⑦

(7)《核材料实物保护公约》；⑧

(8)《制止恐怖主义爆炸的国际公约》；⑨

(9)《打击向恐怖主义提供财政资助的国际公约》；⑩

(10)《制止核恐怖主义行为国际公约》；⑪

(11)《防止和惩治灭绝种族罪公约》；⑫

(12)《禁止并惩治种族隔离罪行国际公约》；⑬

---

① 《中国和意大利共和国引渡条约》第 3 条第 1 款规定："为此目的，恐怖主义犯罪不能被视为政治性质的犯罪……"

② 第 8 条。

③ 第 8 条。

④ 第 11 条。

⑤ 前言，第 8、9、10 条。

⑥ 第 6、7、8 条。

⑦ 第 15 条。

⑧ 第 7 条。

⑨ 第 9 条。

⑩ 第 4 条。

⑪ 第 13、14、15 条。

⑫ 第 7 条。

⑬ 第 11 条。

(13)《禁止酷刑和其他残忍、不人道或有辱人格的待遇和处罚公约》(简称“酷刑公约”，下同)；①

(14)《联合国打击跨国有组织犯罪公约》；②

(15)《联合国反腐败公约》。③

以上公约所规定的犯罪有的与推翻政治制度有关，如恐怖主义犯罪；有的为国家官员所为，如腐败犯罪；有的针对国家官员或国际组织官员，如对国际应受保护人员的犯罪；有的可能与上述情形有关，如种族灭绝犯罪，等等。因此，这些罪行或多或少带有公权力所为的特征，带有较为明显的政治色彩，但具有较大的社会危害性，从而被公约列为可引渡的犯罪。其中，恐怖主义犯罪往往成为认定的难点，因为它的定义在理论界一直没有得到统一。笔者以为，既然反恐类公约有数量众多的缔约国，则意味着该类公约所规定的定义已经获得了广泛认可，有较广泛的国际社会的民意基础。根据《制止恐怖主义爆炸的国际公约》，恐怖主义爆炸犯罪是指任何人非法和故意在公用场所、国家或政府设施、公共交通系统或基础设施，或是向或针对公用场所、国家或政府设施、公共交通系统或基础设施投掷、放置、发射或引爆爆炸性或其他致死装置：(a)故意致人死亡或重伤；或(b)故意对这类场所、设施或系统造成巨大毁损，从而带来或可能带来重大经济损失。④ 而“国家或政府设施”包括一国代表、政府成员、立法机关或司法机关或一国或任何其他公共当局或实体的官员或雇员或一个政府间组织的雇员或官员因公务使用或占用的任何长期或临时设施或交通工具；“基础设施”是指提供或输送公共服务，如供水、排污、能源、燃料或通信等的任何公有或私有设施。⑤ 从定义来看，恐怖主义犯罪明显与政治相挂钩，但是公约明确将其从政治犯罪中排除，而将其列入可引渡的犯罪。

关于酷刑公约与引渡。酷刑公约第3、7、8条都涉及引渡，但是第3条是规定对于可能施以的酷刑的起诉不得引渡，后两条是对已经作出的酷刑犯罪不得将其视为政治犯罪而拒绝引渡，因此，两种条款所指代的情形和结果是不一样的。本评注主要与第7、8条有关。与此相关的一个重要案例就是皮诺切特

① 第7、8条。

② 第16条。

③ 第44条第4、16款。

④ 该公约第2条。

⑤ 该公约第1条。

案①。该案比较复杂，我们只看与酷刑公约(包括其他人权公约)相关的部分。1998 年 9 月，智利前总统皮诺切特持外交护照到英国治病。10 月，西班牙向英国警方发出对皮诺切特的国际逮捕令，逮捕令指控皮诺切特在当政期间对西班牙人犯有酷刑、劫持人质罪等，并要求引渡到西班牙受审。英国警方对皮诺切特实施了拘捕。10 月 28 日，英国高等法院裁定皮诺切特享有外交豁免权，警方无权拘捕也无权引渡他。11 月 25 日，英国上议院法庭裁定皮诺切特不享有外交豁免权，理由是他所犯的罪行非常严重，按照英国法律和国际法均应受到严厉惩处。1999 年 3 月 24 日，上议院重组的法庭再次判决，裁定皮诺切特对被指控的酷刑和串谋酷刑不享有豁免权。该案的背景是，英国已于 1988 年 12 月 8 日正式批准加入了酷刑公约，该公约明确规定酷刑在可引渡犯罪之列。

哈布雷引渡案(国内部分)。② 1990 年 12 月，执政 8 年之久的乍得哈布雷政权被代比领导的反政府武装推翻，哈布雷随后流亡塞内加尔。2005 年 9 月，比利时司法部根据 3 名比利时籍乍得人的指控，以涉嫌违反国际人道主义法的严重罪行，对哈布雷签发国际逮捕令，并照会塞内加尔向其要求引渡哈布雷。但塞内加尔上诉法院在同年 11 月 25 日的判决中认定哈布雷享有司法豁免权，它无权对引渡前国家元首的请求作出裁决。笔者以为，该案的乍得国内判决部分是相对于英国上议院法庭判决的一种倒退，因为酷刑公约(对哈布雷的主要指控依据)目前规定，对于酷刑不能视为政治罪而不予引渡，否则就是对公约的违反。但如果塞法院以“合理根据”为由，指明比利时没有管辖权或定罪依据，可能说服力还更强一点。

藤森引渡案。③ 秘鲁前总统藤森于 2000—2005 年在日本寻求政治庇护，2005 年 11 月到达智利，被智利当局软禁。随后秘鲁政府以藤森在秘鲁面临腐败等 21 项罪名指控为由请求智利引渡藤森到秘鲁受审。2007 年智利准予引渡藤森。其中有一个关键因素就是智利方面认可了秘鲁提出的对藤森的人权犯罪方面的指控，涉及危害人类的罪行。这实际上已经构成对公约所规定的国际犯罪的违反，所以应在可引渡的犯罪的范畴。

与此相关的涉中国案例是张某海案。④ 1989 年 12 月 16 日，中国公民张某

① 参见周忠海主编：《皮诺切特案析》，中国政法大学出版社 1999 年版。

② 黄风著：《或引渡或起诉》，中国政法大学出版社 2013 年版，第 141~142 页。

③ 参见王孔祥：《藤森引渡案中的国际法问题》，载《国际关系学院学报》2008 年第 4 期。

④ 黄风主编：《中国境外追逃追赃经验与反思》，中国政法大学出版社 2016 年版，第 54~58 页。

海采用暴力威胁的手段将一架从北京飞往纽约的中国民航客机劫持到了日本。中国政府向日本提出引渡请求。张犯在被日本警方拘捕后提出政治避难的申请，称其是为天安门事件的牺牲者报仇而政治亡命的。1990 年 1 月，日本外务省首脑就张某海提出的政治避难申请召开吹风会说：“对于劫机犯，基本上是不允许按照政治犯来对待的。”当年 4 月，东京高等法院作出最终决定，劫持中国民航客机的张某海不属于政治犯罪，可以引渡给中国。即该案将劫机罪从政治犯不引渡中排除出去。虽然如前所述，反恐类公约已经将包括劫机犯罪排除在政治犯不引渡的范围，但是在当时并没有直接可适用的规定，唯一可参照的是《惩治恐怖主义的欧洲公约》①，算是顺应形势发展需要，类比适用了该公约的案例。

(二)被请求国自主判断

根据我国引渡条约中“被请求国认为”“根据被请求国法律”等规定，对政治犯罪的判断权应该在被请求国，即被请求国可自主判断引渡请求犯罪的政治性质问题。如果请求国是以普通犯罪名义提出引渡请求，被请求国其实可以政治犯罪的定义或请求国的法律进行初步判断，然后设想如果该犯罪人为本国人是否触犯本国的政治犯罪条款，从而作出最终的结论。在现实生活中，被请求国的政治考量不可避免。

1. 定义法

被请求国可以根据前述对政治犯罪的定义，特别是犯罪构成基础上的定义进行一般性的考察。总体来说，以犯罪客体为本质、以犯罪行为为核心，综合考虑犯罪主体和主观的方法来考察犯罪行为的政治特征。

2. 被请求国可以自身法律为主，请求国法律为辅进行判断

我国《刑法》第一章“危害国家安全罪”就是对纯粹政治犯罪的规定。其中第 102 条(背叛国家罪)是指勾结外国，危害中华人民共和国的主权、领土完整和安全的犯罪。第 103 条(分裂国家罪)是指组织、策划、实施分裂国家、破坏国家统一的犯罪；煽动分裂国家罪是指煽动分裂国家、破坏国家统一的犯罪。第 104 条(武装叛乱、暴乱罪)是指组织、策划、实施武装叛乱或者武装暴乱的犯罪。第 105 条(颠覆国家政权罪)是指组织、策划、实施颠覆国家政权、推翻社会主义制度的犯罪，以及煽动颠覆国家政权罪。第 107 条是资助危害国家安全犯罪活动罪，第 108 条是投敌叛变罪，第 109 条是叛逃罪，第 110

① 其第 1 条就规定不得将恐怖主义犯罪当成政治犯罪。

条是间谍罪，第 111 条是为境外组织等非法提供国家秘密罪，第 112 条是资敌罪等。

再看《西班牙刑法典》。① 第二十一集规定了违反国家根本法律罪。第一章为叛变罪，第二章为对抗君权罪，第三章为侵犯国家组织和权力划分罪，第五章第四节为侮辱国家罪。第二十二集是破坏公共秩序罪。其中第一章为叛乱罪。叛变罪中有一项为：宣布国家领土之一部分独立。② 第二十三集包括叛国罪、危害和平和国家独立罪、披露和公开与国防相关的秘密和信息罪。对抗君权罪是指对国王及其家庭成员的谋杀、伤害、胁迫等犯罪活动。侮辱国家罪是指以言论、文字或者行为公然侮辱西班牙及其自治区、国家标志、国徽的犯罪。

《比利时刑法典》第二卷第一编“危害国家安全的重罪与轻罪”是纯粹的政治犯罪，包括袭击或者共谋危害国王、王室和政体罪，危害国家外部安全的重罪与轻罪，以及危害国家安全的重罪。③ 其中第 113 条规定，任何比利时人武装对抗比利时的，处终身监禁。第 114 条规定，与外国势力或者外国势力的利益代理人实施诡计或者保持往来，使该势力发动针对比利时的战争或者为之提供便利的，处 20 年至 30 年拘押；如果引起战争的，处终身拘押。

《俄罗斯联邦刑法典》第二十九章“侵害宪法制度基本原则和国家安全的犯罪”为纯粹政治犯罪。④ 包括背叛国家、间谍活动、侵害国务活动家和社会活动家的生命、暴力夺去政权或暴力掌握政权、武装暴乱、公开号召进行极端主义活动等犯罪活动。

3. 政治方法

因为中国所签引渡条约没有明确说要根据被请求国的法律来确定政治犯罪问题，因此，被请求国政治方面的考虑也在合理范围。这种政治方面的考虑可以表现为维护两国长远的政治或经济关系，而判断某罪犯不为政治犯，列为可以引渡的范围；也可以在同盟关系之间作出同样的安排；而在非同盟关系之间作出与上述截然不同的安排，等等。

---

① 参见潘灯译：《西班牙刑法典》，张明楷等审定，中国政法大学出版社 2004 年版，第 170~209 页。

② 见《西班牙刑法典》第一章“叛变罪”第 472 条第 5 项。

③ 参见陈志军译：《比利时刑法典》，中国政法大学出版社 2015 年版，第 38~56 页。

④ 参见黄道秀译：《俄罗斯联邦刑法典》，北京大学出版社 2008 年版，第 142~146 页。

在 Ramos 诉 Diaz 案中，① 古巴要求引渡在巴蒂斯塔政府被推翻后杀害一名囚犯的监狱看守。据称，在犯人企图逃跑时，该看守开枪打死了他。此人被判谋杀罪，在服刑期间逃到美国。法院认为，所指控的罪行是政治性的，因此根据当时适用的美国和古巴的引渡条约不能引渡。法院的理由是，该嫌疑人是革命运动的成员，该罪行正好与政治相关联，因为该行为发生在卡斯特罗政权建立的最初几天。一般来讲，监狱官打死囚犯可定性为渎职罪，类似于官员的贪污罪，是不能算作为政治犯罪的，不管在怎样的社会制度中，但是因为监狱官是属于卡斯特罗革命运动的成员，法官作出了明显不利于古巴政府意愿的决定(即引渡回去以渎职罪论处)。在加拿大孟晚舟案的判决意见中，法院认为加拿大根据其价值观，认同美国作出的制裁(伊朗)的法案，② 因此，由此推知加拿大法院认定孟晚舟案的政治性已经是不可能的了。

斯诺登事件回顾。2013 年，美国人斯诺登在香港曝光美国政府的“棱镜”计划以后，一直遭受美国的通缉逮捕。美国曾要求香港对斯诺登进行逮捕，但香港以材料不足回绝。而斯诺登随后逃亡至俄罗斯莫斯科的谢列梅捷沃机场，躲在机场过境区内，在此期间美国将其护照注销，要求俄方将其驱逐出境。俄罗斯总统普京表示，斯诺登只是作为过境旅客到达机场，不需要签证和其他文件，俄方也无权驱逐。斯诺登现仍然被庇护在俄罗斯。其中的政治意味各国观察家心知肚明。

政治关系的考量。如从 1979 年开始，美国法院接连作出了爱尔兰共和军成员因构成“政治犯罪”而拒绝引渡的决定。这些判决触怒了英国政府，它认为这是对恐怖活动的一种宽恕。这让当时的美国政府有点紧张。随后在美国法院对英美引渡补充条约第 3 条 a 款的解释中认为，该款中“by a preponderance of the evidence”实际上赋予了被请求引渡人的证据承担责任，只有其证据充分，才能适用人权因素导致的不予引渡的结果。③ 以此收紧了不予引渡的步伐，相当于放宽了引渡出去的路径。

当然，政治偏向问题在引渡中也不是绝对的，由于政治犯不引渡的强大习惯法特征，以及法官出于法律公正的要求，也会使意识形态相同的国家相互拒绝引渡政治犯。前述案例已显示了这种现象。

---

① Ramos v. Diaz，179 F. Supp. 459(S. D. Fla. 1959).

② United States v. Meng，2020(May，27)BCSC 785，para. 85.

③ United States v. Smyth，61 F. 3d 711(9th Cir，1995)，p. 7.

在以上三种方法中，定义法应是总指南，因为它是对整个事件的基本定调，后续的法律方法和政治方法都不应严重偏离这个方向。法律方法应是基本准绳，是对前序总方向的再次校正。政治方法是由各国自由裁量，体现各国核心利益和严重关切，可以适当采用。

五、认定相关政治犯罪的理论与实践

世界各国司法历史发展出来的方法大概有三种。一是法国的“客观”法，二是瑞士的“相称性”法或“优势”法，三是英美的“附从”法。①

法国方法以其1947年的Giovanni Gatti案为代表。② 在该案中，只有在直接损害国家权利的情况下，才被视为不应引渡的罪行。正如前述，仅考虑客观而忽视客体的方法有不可避免的局限性；且在关联犯罪的场合，有些直接指向国家利益的行为却是以牺牲大量公私财物为代价的，那么公私财物的损失应该怎么追究责任？这里面其实就掺和了私人利益与国家利益，而不是简单的国家利益问题。因此，该方法是有局限性的。

瑞士的方法强调目的与手段的相称性或者政治因素相比普通犯罪因素占优。③ 也就是说，如果所使用的手段是实现目的的唯一手段，即目的与手段是相称的，而利害关系的利益足够重要，足以证明对他人的危险和伤害是正当的，则可认定为政治犯罪。或者在相关联的政治犯罪中，政治因素相比于普通犯罪因素占有优势，则也可认定为政治犯罪。④ 有评论指出，“优势”或“相称性”方法的全面性和灵活性使其符合现代世界不断变化的现实，但是，由于必须考虑目的的相对价值和使用所选择手段的必要性，瑞士法院所采用的标准在平衡测试中纳入了高度主观和党派政治考虑，该方法明确要求对利害攸关的利益的重要性、政治变革的可取性以及为达到目的而使用的手段的可接受性进行评估；在确定哪些罪行不应引渡方面注入意识形态因素，既威胁了不引渡情况下的人道主义目标，也威胁了对外国不干预国内政治斗争的关切；此外，它严重破坏了这样一种观念，即这种决定可以由一个主要关心个人自由的非政治、公正的司法机构作出。⑤

① Quinn v Robinson, 783 F. 2d 776; 1986 U. S. App. Lexis 22346, p. 21.
② Quinn v Robinson, 783 F. 2d 776; 1986 U. S. App. Lexis 22346, p. 21.
③ Quinn v Robinson, 783 F. 2d 776; 1986 U. S. App. Lexis 22346, p. 22.
④ 参见黄风著：《引渡制度》，法律出版社1997年版，第174~175页。
⑤ Quinn v. Robinson, 783 F. 2d 776; 1986 U. S. App. Lexis 22346, p. 22.

英美判例法中发展出来的著名方法是政治附从理论(the political-incidence theory)。① 最早的案例来自英国法院的卡斯特尼(Castioni)案。② 在卡斯特尼案中，英国拒绝引渡瑞士政府因谋杀一名瑞士的州国务委员而要求引渡的一名罪犯。该法院裁定，“如果逃犯的罪行是偶然相关的，并构成了政治骚乱的一部分，则不得因引渡的罪行而移交”。在该案中，法院确立了普通犯罪作为相关政治犯罪必须满足的三重标准：(1)一定有政治叛乱或骚乱存在；(2)要求引渡的行为必须是政治骚乱的附带行为或构成骚乱的一部分；(3)必须具备意识形态或政治动机。该案成为英美法院的著名先例。因此，所谓的政治附从理论就是指，在相关政治犯罪的场合，如果普通犯罪行为成为政治动乱的组成部分或依附于政治暴动时，该类复合犯罪最终可被定性为政治犯罪，而列入不予引渡范围。

根据该原则判断不构成政治罪的引渡案例。如在 Ruiz(鲁伊斯，下同)案中,③ 墨西哥政府要求引渡鲁伊斯和另外两名涉嫌在袭击墨西哥村庄期间犯下谋杀、纵火、抢劫和绑架罪的人，之后他们逃回了美国。美国最高法院认为这些罪行不是政治性的，并且推断这些自称为革命者的人，在这些所谓的罪行发生的时候，并没有参与对墨西哥政府力量的政治斗争。法院在政治附从理论的背景下对相关政治犯罪的表述，清楚地暗示了这些人的行为并非主要出于政治动机。另一个适用该理论的相似的现代案例是 Carcia(卡西亚，下同)案。④ 在该案中，秘鲁政府要求引渡一名被指控挪用公款的公职人员卡西亚。对于此人声称所指控的犯罪具有政治性质的说法，法院声明：“政治犯罪……必须涉及‘起义’或其他暴力政治动乱。此外，所讨论的行为必须是与此相关的……”法院认为，没有提出任何证据足以证明犯有政治罪行，因此，认为应引渡该人。

发生在近期与我国有关的一个案例是刘强案。⑤ 2012 年 1 月，中国人刘

---

① M. Cherif Bassiouni, International Extradition: United States Law and Practice, six edition, Oxford Press, 2014, p. 683. 鉴于目前在中文引渡类著作中还没有对美英判例法中的“the political-incidence theory”表述进行过翻译，笔者考察“incidence”有“偶然相关”“影响范围”等意思，结合判决的意指，因此将其翻译为“附从”。

② [1891] 1 Q. B. 149(Eng.).

③ Ornelas v. Ruiz, 161 U. S. 502(1896).

④ Garcia-Guillern, 450 F. 2d 1189; cf. Ahmad v. Wigen, 726 F. Supp. 389(E. D. N. Y. 1989).

⑤ 《“刘强案”：罪因政治大义，免于引渡日本》，载环球网：https://world.huanqiu.com/article/9CaKrnJGlB4，2021 年 2 月 2 日最后访问。

强因向日本驻韩大使馆投掷燃烧瓶被捕，并被判处有期徒刑 10 个月。该年 11 月 6 日，刘强在韩国服满刑期，随后根据此前日本的请求被启动引渡到日本的程序。在法庭调查过程中，刘强供述，2011 年 12 月，他还曾因野田政府拒绝在慰安妇问题上道歉，向日本靖国神社大门投掷火焰瓶。而在供奉 14 名甲级战犯遗骸的靖国神社纵火，是向消极处理历史问题的日本政府表达不满。2012 年 11 月 29 日，韩国首尔高级法院举行了罪犯引渡请求首次审判会。刘强的辩护律师团认为，他的纵火罪行与政治目的之间具有直接联系，刘强应当被裁定为政治犯，有理由拒绝日本引渡的请求。检方则表示，刘强纵火可能导致公共危险，从法律上来看引渡条件成立。2013 年 1 月 3 日，首尔高等法院作出最终裁决，宣布不将刘强引渡至日本。法院核准了刘强辩护团队的意见，裁定刘强是政治犯，并表示“将犯下政治性犯罪的刘强引渡至日本不符合大韩民国的政治秩序和宪法理念，也不符合多数文明国家的普遍性价值”。该案很显然将公共安全服从于政治动机。

在现实生活中对于像关联政治犯罪问题会呈现出比较复杂的竞合或牵连等现象，因此，犯罪学中的一些理论对本议题有重要借鉴意义，可以让比较抽象的上述理论进一步具体化和明朗化。在犯罪学中，如果出现两种犯罪相交织的情形，可以犯罪竞合理论和牵连犯罪理论来加以解决。而犯罪竞合理论又分为想象竞合和法规竞合两种。想象竞合犯是指一个犯罪行为而触犯数个罪名的犯罪，① 例如，开一枪击毙一人、击伤一人，即是一行为而触犯杀人罪与伤害罪两个罪名。处罚时择一重罪论刑。② 在引渡的情形，在我国法律状态下，如果一枪击毙一名叛乱分子，一枪击伤一名平民，则应以击毙叛乱分子(政治犯罪)论处。

牵连犯是指一罪，其方法或结果行为触犯他罪名的犯罪，③ 如出于偷盗的目的而采用投毒或爆炸的方法来实施。它与想象竞合犯的区别在于，它本质上是一种复数行为，而后者只是单一行为。处罚时也是择一重罪论刑。在引渡的情形，在我国法律状态下，以推翻政府为目的在公共场所打砸抢，实际构成了颠覆国家政权罪以及杀人、抢劫和寻衅滋事罪等。如果打出鲜明的反面旗帜，且具国际影响，可视为政治犯罪；如果杀伤平民人数多、抢劫财物数量大，但是不具国际影响，也可定性为普通犯罪。

---

① 马克昌主编：《犯罪通论》，武汉大学出版社 2000 年版，第 671 页。

② 马克昌主编：《犯罪通论》，武汉大学出版社 2000 年版，第 674 页。

③ 马克昌主编：《犯罪通论》，武汉大学出版社 2000 年版，第 680 页。

法规竞合又称法条竞合，指一个犯罪行为，因法律错杂规定，致有数法规(法条)同时可以适用，① 如盗窃枪支、弹药、爆炸物，基于故意的一个犯罪行为同时触犯了偷盗枪支、弹药、爆炸物罪和盗窃罪两个法条。对此情形，我国一般采取特别法优先原则和重法优于轻法的原则。② 在引渡的情形，在我国法律状态下，盗窃国家机密文件可同时构成盗窃罪和窃取国家情报罪，可视犯罪目的和影响恶劣程度作出判断。如果以为境外提供情报为目的，可判为我国《刑法》第111条下的为境外窃取国家秘密、情报罪，为政治犯罪；如果以盗取普通财物为目的，碰巧盗得国家情报且不外泄，可构成普通盗窃罪。

六、关于认定政治犯罪的国内机关

根据引渡条约的规定，政治犯罪的认定主体是被请求国。而被请求国的具体实施部门一般是其司法机关和行政机关。那么，认定政治犯罪到底由司法机关还是行政机关来作出？

美国法官 Nelson 认为涉及政治犯罪例外(不予引渡)的决定只能由行政机关来作出。其理由是，“在引渡涉及政治问题的情况下，必须由政府的政治权力而不是司法权力来决定。由于尊重与外国政府有关的政治问题，司法机关应遵循政治权力的决定，这是一般原则。政治权力负责外交关系，因此，人们认为它最了解什么是对国家的利益和荣誉合适和适当的”。③ 但在美国的另一案子的判决中认为，在政治犯罪引渡的情形，没有司法监督的引渡是对自由的严重破坏，不应被国家所允许。④

笔者以为，政治犯罪尽管具有较强的政治性，但也具有较强的法律属性，由司法部门作出认定可能更为专业。正如前述，所谓政治犯罪其实也涉及诸如犯罪构成、竞合犯罪等非常复杂的犯罪学理论问题，同时还得查明各国的法律状况，因此非法学专业人士无以胜任。在司法机关作出专业判断后，行政机关再通盘考虑各方面情况后再作出最终决定也不迟。况且“被请求国”也只是一个抽象的称谓，仍然需要国家的具体机关来为其代表，司法机关作为公权力机构当然也可以代表国家。

---

① 马克昌主编：《犯罪通论》，武汉大学出版社2000年版，第628页。

② 马克昌主编：《犯罪通论》，武汉大学出版社2000年版，第637~638页。

③ M. Cherif Bassiouni, International Extradition: United States Law and Practice, six edition, Oxford Press, 2014, p. 697.

④ M. Cherif Bassiouni, International Extradition: United States Law and Practice, six edition, Oxford Press, 2014, p. 697.

评注 5　纯粹军事犯罪条款

一、条款范式

所谓纯粹军事犯罪条款，是指在双边引渡条约中，因确定军事犯罪的特征而应不予引渡的条款。考察我国双边引渡条约 44 项(其中生效条约 39 项)，有 40 项设置了该类条款。该类条款又可再细分为四类。

第一类是根据请求国法律来确定军事犯罪。① 具体表述为："有下列情形之一的，不应根据本条约予以引渡：……引渡请求所涉及的犯罪只是请求方军事法规中所规定的犯罪，而根据该方普通刑法不构成犯罪。"②该规定特别指明违反的是请求国的军事法规，而不是它的普通法规，表明军事犯罪的特殊主体或客体。

第二类是根据被请求国的法律来确定军事犯罪。③ 具体表述为："有下列情形之一的，应当拒绝引渡：……根据被请求国的法律，引渡请求所针对的犯罪仅构成军事犯罪。"④

第三类是根据任何一国法律来判定。⑤ 具体表述为："有下列情形之一的，应当拒绝引渡：……根据任何一方的法律，引渡请求所针对的犯罪仅构成军事犯罪。"⑥还有的没有明确判定的法律依据的主体特征。⑦ 如表述为："有下列情形之一的，应当拒绝引渡：……引渡请求所针对的犯罪纯属军事犯罪。"⑧可以解释为这是根据任何一方的法律来判断军事犯罪的性质。

---

① 与我国缔约的伙伴国有：泰国、白俄罗斯、保加利亚、哈萨克斯坦、蒙古、柬埔寨、秘鲁、阿联酋和立陶宛。

② 见《中华人民共和国和泰王国引渡条约》第 3 条第 5 款。

③ 与我国缔约的伙伴国有：菲律宾、突尼斯、巴西、西班牙、法国、澳大利亚(未)和印尼。"未"指"未生效"。

④ 《中华人民共和国和巴西联邦共和国引渡条约》第 3 条第 1、3 款。

⑤ 与我国缔约的伙伴国有：老挝、阿塞拜疆和意大利。

⑥ 《中华人民共和国和老挝人民民主共和国引渡条约》第 3 条第 3 款。

⑦ 与我国缔约的伙伴国有：罗马尼亚、韩国、莱索托、南非、巴基斯坦、纳米比亚、安哥拉、阿尔及利亚、葡萄牙、墨西哥、伊朗、波黑、阿根廷(未)、阿富汗、埃塞俄比亚、塔吉克斯坦、越南(未)、智利(未)、巴巴多斯、格林纳达和斯里兰卡(未)。"未"指"未生效"。

⑧ 《中华人民共和国和巴基斯坦伊斯兰共和国引渡条约》第 3 条第 5 款。

二、何谓“纯粹军事犯罪”？

所谓军事犯罪，是指违反一国军事义务，侵害一国军事利益的犯罪。① 如果依照此定义，我国刑法的危害国防利益罪和军人违反职责罪都属于这样的犯罪。根据刑法教材的解释，危害国防利益罪是指违反国防物质基础和国防建设活动，妨害国防管理秩序，损害部队声誉，依法应受刑罚处罚的行为。② 而军人违反职责罪是指军人违反职责，危害国家军事利益，依照法律应受刑罚处罚的行为。③ 国防与军事密不可分，因此，将危害国防利益罪列入军事犯罪无可厚非，尽管前者主体主要为非军人，后者为军人。尽管军人违反职责罪很显然是可以的。但是危害国防利益罪这样的非军人犯罪是否可以列入引渡条约“纯粹军事犯罪”的范畴呢？

我国学者黄风是将危害国防利益罪也纳入“纯粹军事犯罪”的。④ 笔者赞同此观点，并以为，从犯罪客体的角度，上述两种犯罪的客体特征相似，而从犯罪客体为判断犯罪的本质要素的观点来看，危害国防利益罪是作为纯粹军事犯罪之一类的。假设某人犯有危害国防利益罪中的阻碍军人执行职务罪后逃离到国外，该外国得首先判断该罪大体属于政治犯罪还是军事犯罪。该罪毫无疑问有一定的政治性，但不是直接针对国家主权和安全，因此判政治罪不太妥当。但是该罪的军事特征是很明显的，是直接针对军队人员的犯罪，根据特殊法优于一般法的原则，也应将其判断为军事犯罪。因此，诚然军事犯罪具有政治性，但是它是辨识度更高的政治罪，直接列入不可引渡范围。

但是，如果主体为军人，所犯罪行是诸如杀人、抢劫等普通犯罪的，则应以普通犯罪论处，而属于可以引渡的范畴，因为其客体特征与军事犯罪完全不同。如前述列举的卡洛斯案⑤，就是这样。在该案中，阿根廷将军卡洛斯在其

---

① 参见胡康生主编：《中华人民共和国引渡法释义》，法律出版社 2001 年出版，第 18 页。

② 高铭暄、马克昌主编：《刑法学》，北京大学出版社、高等教育出版社 2001 年版，第 609 页。

③ 高铭暄、马克昌主编：《刑法学》，北京大学出版社、高等教育出版社 2001 年版，第 677 页。

④ 参见黄风著：《〈中华人民共和国引渡法〉评注》，中国法制出版社 2001 年版，第 58~59 页。

⑤ In re Extradition of (Carlos Guillermo) Suarez-Mason, 694 F. Supp. 676; 1988 U. S. Dist. Lexis 9960.

本国被控谋杀、非法剥夺自由和伪造公文罪，逃至美国后，美国并不以政治犯罪或军事犯罪来对待，而是以上述所列的普通犯罪予以引渡。

有一种与危害国防利益罪很相似的客体的犯罪，就是私人制造、买卖、运输军用枪支弹药罪。在我国，后者被列入危害公共安全罪，没有被列入军事犯罪的范畴。在美国似乎也是这样，如美国法院受理的马德睿(Madrid)引渡案。① 在该案中，被请求引渡人马德睿(墨西哥人)犯有私藏陆海空军所专用的枪支，最后以普通罪予以引渡。

三、军事犯罪为何一般不予引渡?

一国的军事的最终目标是维护国家主权，因此军事利益涉及国家最敏感的主权问题，具有高度的排他性和政治性，② 正如前述政治犯不引渡的缘由一样，你国所主张的我国不一定支持，而你国反对的我国可能是支持的，因此在引渡的情形，涉及该类罪犯一般不予引渡。巴西奥尼教授称之为习惯国际法。史华特教授(Swart)称之为"最古老的例外"，且认为，互相协助执行军事法不符合国家的利益；根据被请求国的法律具有良心拒服兵役资格的人将被引渡到不提供或较少提供追随自己良心的可能性的国家，这是难以接受的。③ 该类条款相较于政治犯罪不引渡而言，政治意向更加明显，可以说是政治犯罪的特殊类型，可直接认定为不引渡的范畴。1957年《欧洲引渡公约》将军事犯罪列入"不适用本公约"范围，意思可能是，该类犯罪为特殊类型犯罪，而引渡条约只调整国家引渡合作的私人犯罪和国际犯罪的普通犯罪类别，而军事犯罪被认为是对特定组织内部纪律性要求的违反的犯罪，自然不在可引渡范围。

1990年《联合国引渡示范条约》规定，作为请求引渡原因的犯罪行为系军法范围内的罪行，而非普通刑法范围内的罪行，则应拒绝引渡。④《西非国家经济共同体引渡公约》规定，对于依普通刑法不属犯罪的军事法律中规定的犯罪，不得准予引渡。⑤ 1982年《联邦德国国际刑事司法协助法》规定，一行为仅违反军事义务，不得予以引渡。⑥ 根据1950年《希腊刑事诉讼法典》，犯罪

① In re MadrId, 2013 U. S. Dist. Lexis 8039; 2013 WL 265205.

② 黄风著:《中国引渡制度研究》，中国政法大学出版社1997年版，第86页。

③ Miguel João Costa, Extradition Law: Reviewing Grounds for Refusal from the Classic Paradigm to Mutual Recognition and Beyond, Brill Nijhoff, 2019, p. 234.

④ 该条约第3条第c款。

⑤ 该公约第7条。

⑥ 该法第7条。

如被该国视为军事犯罪则不予引渡。① 根据葡萄牙1991年第43/91号法，构成根据普通刑法不为犯罪的军事犯罪的事实，则应予以拒绝引渡。② 根据1985年《西班牙被动引渡法》，如果被请求引渡者应在特别法庭受审，则不予引渡。③ 此处"特别法庭"一般指审判军事犯罪的法庭。我国引渡法规定，根据中华人民共和国或者请求国法律，引渡请求所指的犯罪纯属军事犯罪的，则应拒绝引渡。④

但葡萄牙1991年第43/91号法的第31条第(1)、(4)款规定，军事联盟或其他同盟范畴的特别协定，可准许以纯军事犯罪作为请求引渡的依据。⑤ 该类规定表明，所谓的军事犯不引渡其实并不是绝对的。如果说前述不引渡的规定是主要针对非军事同盟或政治联盟关系的话，在同盟关系而言，由于军事犯而引渡可以是很平常的事情，因为在这些国家之间政治敏感度是很低的。如果这些国家在引渡条约中依然有军事犯不引渡的规定，但它们仍然可以在其国内法中设置例外规定来作为补充。这种情况被发生于"一战"时英美之间的一则案例所印证。第一次世界大战期间，英国发生了一件令人瞩目的事件，即法国国民蒂埃里公爵(Duke of Chateau de Thierry)为逃避在法国军队服役而叛逃到英国。英国最终同意"遣返"(实际为引渡)该公爵到法国。⑥ 英法在第一次世界大战中列属具有同盟国关系性质的协约国阵营。

四、如何看待判明军事犯罪的法律依据的不同?

正如前述，在军事犯罪问题条款中，在判明军事犯罪的法律依据方面，既有依据请求国法律，也有被请求国法律，还有任何一方的法律。这表明判断军事犯罪法律依据的缔约方个别特征其实并不重要，规则面前人人平等，不管规定依据哪一方法律，你都有可能成为这一方的法律判明主体，且是相互的，没有不平等之说。就像纸牌游戏中不管规定哪一种出牌规则，对任何一方的游戏者都是平等的一样。

有学者早期的著作中对引渡条约中根据请求方的法律来判明军事犯罪性质

① 该法第438条第3款。

② 该法第7条第1、2款。

③ 该法第4条第3款。

④ 该法第8条第5款。

⑤ 外交部条约法律司编:《引渡法资料选编》，世界知识出版1998年版，第209页。

⑥ Miguel João Costa, Extradition Law: Reviewing Grounds for Refusal from the Classic Paradigm to Mutual Recognition and Beyond, Brill Nijhoff, 2019, p. 235.

的规定提出了“商榷”,① 即不应有这样的立法规定。其理由之一是，这样的规定不符合双重犯罪原则；理由之二是在该类条款适用时，请求方不可能明知审查其法律依据带来的后果是不引渡而提供本国法律给被请求国。对于第一点，笔者以为，在军事犯罪的场合，要构成引渡中的双重犯罪原则其实并不难，因为双重犯罪的最低要求是 1 年刑期，且不要求罪名的完全相同。可以想象，在请求国定性为军事犯罪的场合，在被请求国相似情形也能构成犯罪，且按照常理也会是军事方面的犯罪，因为不管哪个国家的军队都有维护国家主权和安全的职能。因此，从双重犯罪的角度来看，引渡条约中“根据请求国法律”还是“根据被请求国法律”或“根据任何一方的法律”都不重要。设定一方的法律作为依据而不是两方的法律，一是简化法律审查的繁琐度；其次是审查法律的重心稍偏哪一方而已，但不会改变引渡的根本原则，且这种偏向也是对等互惠的。如果以请求方的法律来判断，意味着本国法律与本国事实的直接对接适用，对军事犯罪的判断可能更准确。也因此这方面的条约规定要多一些。如果以被请求国的法律来判断，则意味着将外国发生的事实虚拟到本国法适用，审查难度稍微大一点，但查明法律的难度要小一点。至于根据任一缔约方的法律来认定军事犯罪问题，则表明缔约国在确定军事犯罪方面的自由态度，将权力完全交给被请求国自由裁量确定，被请求国将根据其方便来确定军事犯罪问题。

对于第二点，笔者以为，请求方确实不会“明知山有虎偏向虎山行”，向被请求方提供本国军事法律而让对方作出不予引渡的结论，而是以普通犯罪的名义和证据向被请求方提出请求，但在随后被请求方的审查中发现有军事犯罪的特征时，会要求请求方提供相关法律，如果请求方拒绝配合，就有不友好、不合作的嫌疑，使得引渡陷于僵局。况且不排除被请求方有能力查明请求方的法律，从而作出自己的判断。

综上所述，不管以哪一方的法律来判断，都是各有千秋，没有绝对正确与否的结论。

五、请求国或被请求国法律的查明

不论根据请求国法律，还是被请求国法律或任何一国的法律来判断军事犯罪的性质，都应该了解或查明我国或与我国缔约的一些国家的该方面法律状况，以便于发生从我国或从国外引渡情形时有一定的资源储备。

---

① 黄风著:《中国引渡制度研究》，中国政法大学出版社 1997 年版，第 90~91 页。

正如前述，我国1997年《刑法》有两章规定军事犯罪，即危害国防利益罪和军人违反职责罪。所谓国防利益，是指国家为捍卫国家主权、领土完整和安全，防备和抵御侵略与颠覆，维护部队声誉而进行的军事及与军事有关的建设和斗争等活动的利益，具有包括国防物质基础、作战与军事行动、国防自身安全、武装力量建设、国防管理秩序等方面的利益。① 这类罪行包括阻碍军人执行职务罪、阻碍军事行动罪、破坏武器装备/军事设施/军事通讯罪、提供不合格武器装备/军事设施罪、聚众冲击军事禁区罪、聚众扰乱军事管理秩序罪、冒充军人招摇撞骗罪、煽动军人逃离部队罪、接送不合格兵员罪等。而军人违反职责罪中之军事利益是指国家在国防建设、作战行动、军队物质保障、军事科学研究等方面的利益。具体来说，危害国家的军事利益是指破坏我国陆、海、空军的军威、军机、军械、军供等在平时或战时的正常状态与正常关系。②

《俄罗斯联邦刑法典》第33章“军职罪”就是这样的军事犯罪。③ 该章第331条规定，应征或依照合同在俄罗斯联邦武装力量、俄罗斯联邦其他部队和军事组织中服现役的军人以及服预备役的公民在军事集训期间，实施本章所规定的违反兵役的规定程序的犯罪，就是军职罪。这些犯罪包括不执行命令、对抗首长或强迫首长违反军事职责、对首长施以暴力、侮辱军人、擅离部队或服役地点、脱逃、装病或以其他方式逃避履行兵役义务等。

《罗马尼亚刑法典》第12编“危害国防罪”包括“由武装部队成员实施的犯罪”“由武装部队成员或平民实施的犯罪”“平民实施的犯罪”三章。由武装部队成员实施的犯罪包括擅离职守罪、逃离部队罪、违反军令罪、不服从命令罪、殴打上级罪、殴打下级罪、投降罪、放弃阵地罪、弃船罪、放弃指挥罪、降旗罪、撞船罪(造成本身船的损坏)等。武装部队成员或平民实施的犯罪包括逃避兵役罪、散布失败言论罪、战地抢劫罪、军事行动中使用红十字标志罪、逃避军事征用罪等。平民实施的犯罪包括逃避征召罪、不向集结处报到罪等。因此，这些犯罪与军事利益紧密相关，都可归为军事犯罪范畴。

《蒙古国刑法典》第十部分“军职罪”下设第29章为“违反兵役法义务的犯

① 高铭暄、马克昌主编：《刑法学》，北京大学出版社、高等教育出版社2001年版，第609页。

② 高铭暄、马克昌主编：《刑法学》，北京大学出版社、高等教育出版社2001年版，第677页。

③ 黄道秀译：《俄罗斯刑法典》，北京大学出版社2008年版，第167~173页。

罪”包括威胁/违抗或殴打指挥官、指挥官向下级施暴、逃离行为、以自伤或其他方式逃避服兵役、出售/侵吞/盗用军用物品或军火、故意毁坏/损坏军用物品、投降敌军或擅离军队、擅离战场或拒绝使用武器、自愿投降、粗心大意服兵役等。①

以上是通过中译本查找到的军事犯罪方面的法源，但是笔者在查看某些中译本时发现并无军事犯罪的规定，这到底是其刑法中本身没有规定，还是在另外的法律中得到了规定，则不得而知。这时对外国法的查找成为很重要的工作，特别是被请求国对请求国的法律进行辨明时更是如此。问题是在涉外公法领域(引渡主要属于公法领域)，外国法的查明制度或理论几乎是一个空白。但是在(国际)涉外民商事领域则已相当发达，可否类比适用涉外公法领域？答案似乎是可以的。引渡主要涉及和针对涉外的个人(被请求引渡人)，且所查找的法律不是国际法(条约)，而是国内法(主要为国内刑法)，这些与涉外民商事活动关系比较相似，因此总体来说是可以类比适用的。

根据权威的国际私法著作的说法，外国法的查明方法大致有三种。② 一是由当事人举证证明，又可称为“听讯原则”。英国、美国等普通法国家及部分拉丁美洲国家采取这种方法。二是法官依职责查明，无须当事人举证(又可称为“调查原则”)。欧洲大陆一些国家如意大利、荷兰等国采取这种方法。三是法官依职权查明，但当事人亦负有协助的义务。德国、瑞士、土耳其和秘鲁等国家采取这种方法。这些方法都非常具体明确，可以在引渡的情形由被请求国根据本国法律特征选择适用。

评注6　歧视性追诉条款

歧视性追诉条款是指引渡条约中规定，如果被请求引渡人有可能受到国籍、宗教、种族、政治见解等歧视性因素追诉，则不予引渡的条款。该类条款前被称为“政治迫害(追诉)条款”③，后被称为“防止迫害条款”④，而在英国

---

① 徐留成译：《蒙古国刑法典》，谢望原等审校，北京大学出版社2008年版，第68~73页。

② 参见李双元主编：《国际私法》，北京大学出版社2008年版，第159页。

③ 黄风著：《中国引渡制度研究》，中国政法大学出版社1997年版，第73页。

④ 黄风著：《引渡问题研究》，中国政法大学出版社2006年版，第19页。

2003年《引渡法》中称“非分考虑(条款)”①，也有称之为“不正当追诉目的”(条款)②。该类条款以《中华人民共和国和泰王国引渡条约》为例，其规定：“有下列情形之一的，不应根据本条约予以引渡：……被请求方有充分理由认为请求方提出的引渡请求旨在对被请求引渡人因其种族、宗教、国籍、政治见解等原因而提起刑事诉讼或者执行刑罚，或者被请求引渡人在司法程序中的地位将会因上述原因受到损害。”③在我国所签双边引渡条约57项中，有36项规定涉及禁止歧视性的追诉。

一、立法缘由

这些条款具有很强的人权色彩，直接指向宗教权、公民权、言论自由权、少数人权利等涉及歧视性人权因素。

自“二战”结束以后世界人权事业取得了惊人的成就，诞生了令人瞩目的《世界人权宪章》以及众多的人权文件。人权因素被普遍引入引渡条约中，是世界人权事业发展的结果。在防止歧视方面“二战”以后有长足的进步。与此相关的法律救济方面的权利在很多公约得到了规定。1966年《公民权利和政治权利国际公约》第9条规定，任何人不得无理予以逮捕或拘禁，非依法定理由及程序，不得剥夺任何人之自由。该公约第26条规定，人人在法律上一律平等，且应受法律平等保护，无所歧视；在此方面，法律应禁止任何歧视，并保证人人享受平等而有效之保护，以防因种族、肤色、性别、语言、宗教、政见或其他主张、民族本源或社会阶级、财产、出生或其他身份而生之歧视。1965年《禁止一切形式种族歧视国际公约》规定，禁止并消除一切形式种族歧视，保证人人有不分种族、肤色或民族或人种在法律上一律平等的权利，保证人人均能经由国内主管机关对任何种族歧视行为，享有获得有效保护与救济。1967年《消除对妇女一切形式歧视公约》要求，缔约国应为妇女与男子平等的权利确立法律保护，通过各国的主管法庭及其他公共机构，采取适当立法或其他措施，包括适当时采取制裁，以禁止和消除任何个人、组织或企业对妇女的歧视。1959年《儿童权利公约》规定，对未满18岁人所犯罪行

---

① 许文琼等译：《英国2003年引渡法》，黄风审订，中国政法大学出版社2007年版，第12页。

② 司法部司法协助外事司编：《双边引渡条约规则概览》，中国方正出版社2006年版，第30页。

③ 如《中华人民共和国和泰王国引渡条约》第3条第2款。我国双边引渡条约中有20项以上的条约有该类条款。

不应判处死刑或无期徒刑，不得对儿童施以酷刑或残忍、不人道或有辱人格的待遇或处罚等。

在引渡的情形，如果被请求国有充分证据表明，请求的目的是基于种族、宗教、国籍、政治见解、性别等方面的原因而对该人起诉或处罚，则应拒绝引渡。在《联合国引渡示范条约》的序言中说："意识到必须尊重人的尊严，并忆及《世界人权宣言》和《公民权利和政治权利国际公约》所体现的涉及刑事诉讼的每个人所应有的权利。"在其第 3 条"拒绝引渡之强制性理由"第 2 款规定："被请求国有充分理由确信，提出引渡请求是为了某人的种族、宗教、国籍、族裔本源、政治见解、性别或身份等原因而欲对其进行起诉或惩处，或确信该人的地位会因其中任一原因而受到损害。"1981 年《美洲国家间引渡公约》第 4 条"拒绝引渡的根据"第 5 款规定："依据案件情节可以推定起诉为出于种族、宗教或国籍的原因，或被请求引渡人的地位会因上述原因而受到损害。"①《西非国家经济共同体引渡公约》第 4 条第 2 款规定："如果有重大理由相信，就一项普通刑事犯罪提出的引渡请求旨在因该人的种族、部落、宗教、国籍、政治见解、性别或身份对其进行起诉或惩罚，则适用上述同样的原则。"1966 年《英联邦内移交逃犯的安排》也规定禁止引渡的情形为，该逃犯可能因其种族、宗教、国籍或政治见解在受审时受到损害，或被惩罚、拘禁，或其人身自由受到限制，则不予遣返。② 根据 1957 年《欧洲引渡公约》第 3 条第 2 款规定，如果被请求方确有理由相信，就某一项普通刑事犯罪提出的引渡请求是为了对某人基于种族、宗教、国籍或政治见解进行追诉或处罚，或该人的地位可能因上述原因受到损害，则不得引渡。③ 这些公约或条约具有较大的普遍性、代表性和现代性，并对后续引渡条约和引渡国内法的制定产生深刻影响。1999 年《新西兰引渡法》、1999 年《加拿大引渡法》、2003 年《英国引渡法》等都有这样的规定。④ 我国引渡条约就是此类条款影响的结果，基本上我国引渡条约和引渡法都有这样的强制性条款。

二、域外案例及其启示

因为美国引渡条约中也有相关类似条款，它们在实践中得到了很好的适

① 外交部条约法律司编：《引渡法资料选编》，世界知识出版社 1998 年版，第 601 页。
② 外交部条约法律司编：《引渡法资料选编》，世界知识出版社 1998 年版，第 628 页。
③ 外交部条约法律司编：《引渡犯资料选编》，世界知识出版社 1998 年版，第 587 页。
④ 参见黄风著：《引渡问题研究》，中国政法大学出版社 2006 年版，第 19 页。

用，可以借用来理解该类条款。还有与我国直接相关的案例也有助于解读该类条款。

案例一：

霍华德案①：种族与国籍因素

该案被告霍华德(Howard)为美国公民，一名黑人，在英国旅游时涉嫌谋杀一名英国人，逃回美国后被逮捕。英国请求美国引渡嫌犯霍华德。霍华德认为，根据英美引渡条约规定，他不能被引渡到英国，因为其种族和国籍的原因可能在英国面临不公正的审判。美国治安法官认为，英国社会对该罪行或嫌犯的广泛了解并不足以内在地导致宪法意义上的审判不公平。因此，判定可以引渡。

被告霍华德认为，审判前的新闻媒体和公众一起指向其黑人和美国国民的身份，使其合理推断他可能面临不公正的审判，并根据英美之间的引渡补充条约第3条a款的规定，请求不予引渡到英国。而1977年英美引渡补充条约第3条a款的相关内容规定："尽管本条约有任何其他规定，假如被请求引渡人有充分证据让司法机关相信，如果他被引渡，他会由于种族、宗教、国籍或政治观点的原因在审判中受到歧视或受到惩罚、拘留或限制个人自由，则不应予以引渡。"1985年英美引渡补充条约也有相似内容。

关于英国的司法制度以及如同被告所言媒体宣传致陪审员不受约束的问题，法院认为，西方世界在很大程度上从英国继承了个人自由、尊严和每个人的价值的观念，而英国又将保护这些观念的措施传给了美国，其中最宝贵的就是陪审团审判制度，并且这种权利已经变得美国化了。法院认为，从本质上讲，陪审团审判权保证了刑事被告由一群公正、"冷漠"的陪审员进行公正审判，如果未能给予被告公平的听证，那就违反了正当程序的最低标准。

关于新闻媒体影响程度的问题，法院作了三个方面的分析。首先是持续的时间。法院认为，新闻媒体的报道持续时间其实很短，只有三天，即从1991年的6月1日至6月4日，因此不够强烈和普遍。其次是时间的流逝。持续时间的元素与时间的流逝是密切相关的，有理由相信，"今天

---

① United States v. Howard, 1991 U.S. Dist, Lexis 16729.

的报纸用来包装明天的鱼”①这句老话在英国和在美国一样有意义。引渡程序拖沓冗长，随着时间的流逝，所谓潜在的偏见也会消失不见。

最后是宣传的性质。法院认为，有一些——但肯定不是所有的最初新闻报道都存在种族偏见。确实，很明显，一些“小报”以一种可悲的、愚蠢的、明显站不住脚的企图来煽动激情。当然，还有其他的宣传——英国《藐视法庭法》禁止的宣传，以及在公众记录中传播的大量信息表明被告有罪的宣传。后面这种宣传显然不是出于种族偏见。

法院的结论是，鉴于涉及种族和/或民族血统的宣传持续时间很短，而且力度不大，被告根本没有满足使法院满意的证据担当，即他所提及的宣传会使他因其种族和/或民族血统而得不到公平审判。因此，根据条约的规定，应该予以引渡。

本案围绕着英国的司法制度及新闻影响司法的证据而展开，由于被告未能提供充分证据来支持其英国司法可能因种族或国籍等存在偏见的主张，法院根据条约的规定，最终证实被告可以引渡到英国受审。

案例二：

史密斯案②：种族与宗教因素

在该案中，被请求引渡人史密斯(Smyth)于1978年在英国北爱尔兰企图谋杀狱警，被判刑20年。1983年9月从英国北爱尔兰梅兹(Maze)监狱逃脱，并逃到了美国。英国寻求对史密斯的引渡。

在美国地区法院的引渡程序中，该院签发了拒绝引渡的证明书，认为嫌犯史密斯的辩护理由符合英美1985年引渡补充条约第3条a款的规定。该款规定：“尽管该补充条约另有规定，如果被请求引渡人有充分证据让司法机关相信，引渡请求实际上是根据以种族、宗教、国籍和政治见解的理由受到审判或惩罚的观点作出，或假如他被引渡，他会由于种族、宗教、国籍和政治见解的原因而在审判中受到歧视、惩罚、拘禁或限制人身自由，则不应予以引渡。”

① 意思是，今天还是当新闻看的报纸，明天可能就用来包鱼了，比喻新闻价值的易逝。

② United States v. Smyth, 61 F. 3d 711(9th Cir, 1995).

在听证过程中，法院基于两个事实作出了一个推断。这两项事实是：(1)被指控或被认定对安全部队成员或监狱官员犯罪的爱尔兰天主教国民在北爱尔兰受到有系统的报复性伤害、人身恐吓和杀戮；(2)北爱尔兰的安全部队成员要么直接参与，要么默许这些行动。由此推断史密斯回国后将会受到北爱尔兰安全部队的报复性伤害。

为回应这样的推断，代表英国的美国政府传唤了四名官员分别代表英国政府、警察、军队和监狱服务的官员，就英国的一般政策和北爱尔兰安全部队和监狱部队的现行做法作证。证人作证说，过去曾发生过信息泄露的事件，以及皇家阿尔斯特警察部队、英国军队和监狱服务部门与忠诚的准军事组织之间的勾结，但这些问题现在已经不存在了。

史密斯传唤了22名自己的证人，并介绍了数十件证物，试图以此确立北爱尔兰歧视天主教徒的历史模式，包括对共和党人(特别是爱尔兰共和军)的前囚犯反复拘押和审讯的模式和做法。证据描述了史密斯本人在1977年被捕之前，基于本次引渡程序有关的定罪和判刑的指控经常受到拘留和讯问。史密斯还提供了在梅兹监狱关押的保皇派和共和党囚犯被分开的证据，以及1983年梅兹监狱越狱事件后被俘的共和党人所受到的残酷待遇。他们被送回时，被要求在一群狼狗的撕咬声中跑过，并伴随着种族和宗教的辱骂声。

地区法院最终拒绝引渡的结论来自三个独立的理由。第一，英国没有反驳史密斯回到北爱尔兰后将面临报复性惩罚和伤害的推断。其次，即使没有作出这样的推定，史密斯也确定他将在返回北爱尔兰监狱时受到惩罚。第三，即使没有这种推定的情况下，史密斯确信，在他在北爱尔兰服刑结束后被释放到普通民众中时，他将受到惩罚、拘留和限制个人自由。

巡回上诉法院认为地区法院有两个方面的推理错误。第一，如果根据过去的迫害经历假定目前存在迫害危险，而诉诸暂缓执行驱逐条例，则无法证实地区法院关于未来2~5年有迫害危险的假设。第二，地区法院错误地广泛依赖过往制度对天主教徒和疑似共和党同情者的普遍歧视效果的证据，根据该证据及英美补充引渡条约第3条a款的要求，与史密斯可能因引渡而受到的待遇无关。

上诉法院认为，即使史密斯提供的证据毫无疑问预见了其回到英国后的恶劣待遇前景，但关键的问题是，确定史密斯面临残酷或报复性状况的证据的理由是否基于他的宗教信仰或政治观点，而不是政府所主张的，要么是基于他试图杀害狱警的犯罪，或是定罪服刑之后的逃脱。

上诉法院认为，地方法院的部分依据是北爱尔兰的监狱，如梅兹监狱，对被称为“红书”囚犯的高风险囚犯采取了更严格的安全措施。鉴于史密斯的政治观点，地区法院决定将其作为“红书”囚犯对待。然而，政府正确地指出，红书地位是给予那些有“逃跑风险”的人，如果这种地位给予史密斯，一个前逃跑者，那不一定与他的政治或宗教观点有关。

上诉法院进一步认为，虽然，关于史密斯回国后可能遭受的政治性虐待的最有力的证据是，狱警在虐待10年前从梅兹监狱逃回来的同伴时，大喊着种族主义和宗教的字眼，然而，目前缺乏政治性虐待的证据。政府提供的证据表明，史密斯的案子在北爱尔兰是众所周知的，监狱官员担心如果他们伤害了他，就会报复。事实上，史密斯自己的一些证人作证说，梅兹监狱的条件在20世纪80年代后期有了很大的改善。一名证人在谈到1989年的梅兹监狱时表示：“我不敢相信几年前的变化。”

上诉法院最后的结论是，目前证据不足以支持史密斯将因其政治或宗教信仰而在狱中面临虐待的观点。并认为地区法院在预测史密斯可能在监狱中受到的待遇时，没有在戴罪越狱与政治或宗教见解之间区分出轻重。证据并不支持这样一种结论，即史密斯在返回监狱后将根据补充条约所要求的“种族、宗教、国籍或政治观点”受到惩罚。因此最终判定准予引渡。

从上诉法院的判词来看，它认为本案中引渡客体史密斯在戴罪越狱的证据特征方面更明显一点，而其政治见解或宗教角色的证据特征相对较弱，因此并不符合条约规定的“种族、宗教、国籍或政治观点”不予引渡的规定。该案类似于上述“相关的政治犯罪”，而可以定性为“相关的人权因素引渡”，因为该案件掺和了暴力犯罪与人权的混合因素。根据上述“政治附从”理论的判断标准，即应择一重罪的要求，反观该案，所谓的“重要因素”是暴力犯罪而不是人权，因此，应根据暴力犯罪的性质来加以定夺。

当然，该案巡回法院的判决意见其实与美国当时的政治背景有关，即美国吸取过往几年容纳太多来自英国政治暴乱分子遭致英国强烈反对的教训，当时的里根政府决定减少容纳这方面的人员数量，而是尽量将他们引渡出去。

以上两案所适用的条约条款与我国相关条款的内容几无二致，因此对我国相关条款的适用具有相当大的类比效果。该类阻抗引渡的因素可能与请求引渡的犯罪没有关系，不论是普通犯罪还是政治犯罪，即是犯罪以外的因素所起的阻抗引渡。正因如此，阻抗引渡的证据(即各种歧视性追诉方面的证据)必须要非常充分，完全能够盖住犯罪的因素才能起到阻止引渡的效果，否则就很有可能被准予引渡。当然，某些政治方面的因素也会强化“充分证据”的要求，以促成引渡。

评注 7 酷刑不引渡条款

所谓酷刑不引渡条款是指可以请求请求国对酷刑问题拒绝引渡的条款。在我国所签双边引渡条约中，有三项涉及酷刑不引渡的明确规定。① 根据与澳大利亚引渡条约第 3 条第 7 款的规定，被请求方有充分理由认为被请求引渡人在请求方曾经遭受或可能将会遭受酷刑或者其他残忍、不人道或者有辱人格的待遇或处罚的，应当拒绝引渡。这些条款都出现在今世纪，具有现代色彩。

根据 1984 年《禁止酷刑和其他残忍、不人道或有辱人格待遇的公约》的规定，所谓“酷刑”是指为了向某人或第三者取得情报或供状，为了他或第三者所作或被怀疑所作的行为对他加以处罚，或为了恐吓或威胁他或第三者，或为了基于任何一种歧视的任何理由，蓄意使某人在肉体或精神上遭受剧烈疼痛或痛苦的任何行为，而这种疼痛或痛苦又是在公职人员或以官方身份行使职权的其他人所造成或在其唆使、同意或默许下造成的。纯因法律制裁而引起或法律制裁所固有或附随的疼痛或痛苦则不包括在内。任何意外情况，如战争状态、战争威胁、国内政局不稳定或任何其他社会紧急状态、上级官员或政府当局的命令，均不得作为施行酷刑的理由。

一、立法缘由

(一)有关法律规定

1984 年《禁止酷刑和其他残忍、不人道或有辱人格待遇的公约》直接与引渡问题挂钩，其规定：“如有充分理由相信任何人在另一国家将有遭受酷刑的危险，任何缔约国不得将该人驱逐、遣返或引渡至该国。”《西非国家经济共同体引渡公约》第 5 条规定，“如果被请求引渡人在请求国已经或将会受到酷刑、不人道或有辱人格的待遇或处罚，或该人没有或将不会得到《非洲人权和民族

① 见《中华人民共和国和澳大利亚引渡条约》第 3 条第 7 款、《中华人民共和国与意大利共和国引渡条约》《中华人民共和国与阿富汗伊斯兰共和国引渡条约》第 3 条第 6 款。

权宪章》第 7 条所含的刑事诉讼中的最低保障，则不得准予引渡”。① 根据中国《引渡法》第 8 条第 9 款，被请求引渡人在请求国尊敬遭受或者可能遭受酷刑或者其他残忍、不人道或者有辱人格的待遇或者处罚的，应当拒绝引渡。

(二)先例的存在

欧洲人权法院在 20 世纪末以来已受理多起引渡问题的人权案件。1989 年该法院受理的索艾林案(Soering)是该类国际实践的肇始。在该法院的诉讼程序中，原告索艾林(德国人)指控英国在对其裁决的引渡中违反了《欧洲人权公约》的相关规定。在法院的最终判决中，法院一致认为，如果英国将索艾林引渡到美国，则违反了《欧洲人权公约》第 3 条(该条禁止酷刑和残忍或不人道的待遇或处罚)，因为英国的决定将会使索艾林面临死刑，并经历“死刑等待现象”(death row phenomenon)。② 意思是这种等待死刑的现象等同于酷刑。在该案中，美国作为欧洲人权法院的第三国也接受了法院的人权审查。该案在人权领域具有里程碑的意义。之后该法院受理了多起引渡案例，如 Chahal 诉英国(1996)、Saadi 诉意大利(2008)、Daoudi 诉法国(2009)、M. S. 诉比利时(2012)、Trabelsi 诉比利时(2014)、Hutchinson 诉英国(2015)等。③

在国际的层面上，继索艾林案之后，在 1990—1994 年，联合国人权事务委员会(《公民权利和政治权利国际公约》的条约机构)先后受理了四起针对加拿大的个人来文申请，涉及引渡与人权的关系问题。这四起案件分别为托雷斯诉芬兰(Terres v. Finland)④、德勒诉加拿大案(Kindler v. Cananda)、吴智达诉加拿大案(Chitit NG v. Cananda)和考克斯诉加拿大案(Cox v. Canada)。⑤ 在托雷斯诉芬兰案(1990)中，委员会第一次裁决引渡国有可能在为请求引渡国的行动中违反 ICCPR。而在吴智达诉加拿大案(1993)中，委员会才明确认定引渡国的引渡决定违反了 ICCPR。根据案情，它最终认为，申请人未能充分证明

---

① 外交部条约法律司编:《引渡法资料选编》，世界知识出版社 1998 年版，第 613 页。

② Stephan Breitenmoser & Gunter E. Wilms, Human Rights v. Extradition: The Soering Case, 11 Mich. J. Int'l L. 845(1990), p. 846.

③ Miguel João Costa, Extradition Law: Reviewing Grounds for Refusal from the Classic Paradigm to Mutual Recognition and Beyond, Brill Nijhoff, 2019, p. 83.

④ Miguel João Costa, Extradition Law: Reviewing Grounds for Refusal from the Classic Paradigm to Mutual Recognition and Beyond, Brill Nijhoff, 2019, p. 81.

⑤ 郝鲁怡:《引渡中的人权问题探究》，载《国际法研究》2015 年第 6 期，第 53 页。

他害怕在西班牙受到酷刑，但它因此含蓄地拒绝了芬兰的“绝对立场”，即ICCPR根本不能适用于引渡。但假如申请人有充分证据证明其在西班牙会遭到酷刑，而芬兰决定引渡他到西班牙，则芬兰违反了人权公约的规定。

二、我国引渡条约酷刑条款的适用：黄某勇引渡案①

黄某勇因涉嫌犯走私普通物品罪于1998年从中国逃到美国，后转到秘鲁。2008年中国向秘鲁提出引渡黄某勇的请求。2010年1月，秘鲁最高法院作出判决同意引渡黄某勇。2011年5月，秘鲁宪法法院推翻了秘鲁最高法院同意引渡黄某勇的判决，引渡被迫中止。与此同时，黄某勇还向美洲人权委员会提出申诉，2013年10月，美洲人权委员会将此案提交给美洲人权法院审理。2014年9月，美洲人权法院开庭审理“黄某勇诉秘鲁政府”一案。2015年6月作出判决，判定由于引渡黄某勇回国不存在其被判处死刑和遭受酷刑的风险，所以秘鲁政府可以引渡黄某勇回国。2016年7月17日黄某勇终被引渡回中国。

《中华人民共和国和秘鲁共和国引渡条约》于2001年签署，2003年生效。该条约没有酷刑不引渡条款。但其第5条规定，“只有在不违反被请求国法律体系时，才能进行引渡”。对其“法律体系”的解释可以引起禁止酷刑的要求。秘鲁于1978年4月28日批准加入了《公民权利和政治权利国际公约》，② 该公约第7条就是禁止酷刑的规定。秘鲁于1988年7月7日批准加入《禁止酷刑和其他残忍、不人道或有辱人格待遇的公约》。③ 正如前述，该条约明确规定酷刑不引渡。同时秘鲁也是《美洲人权公约》的缔约国，该公约第5条第2款规定：“不得对任何人施以酷刑或残暴的、非人道的或侮辱性的惩罚或待遇，所有被剥夺自由的人都应受到尊重人类固有的尊严的待遇。”秘鲁作为成员国的《美洲地区预防和惩治酷刑公约》规定了因酷刑问题的不遣返原则。《秘鲁宪

---

① 参见赵秉志、张磊：《黄海勇案引渡程序研究——以美洲人权法院黄某勇诉秘鲁案判决书为主要依据》，载《法学杂志》2018年第1、2期；另见柳华文：《美洲人权法院引渡第一案的意义及其启示》，载《东南大学学报(社会科学版)》2016年第6期。

② 联合国秘书长所保存的条约：《公民权利和政治权利国际公约》的登记情况，https：//treaties. un. org/Pages/ViewDetails. aspx？ src = TREATY&mtdsg _ no = IV-4&chapter = 4&clang = _en，2021年2月1日最后访问。

③ 联合国秘书长所保存的条约：《禁止酷刑和其他残忍、不人道或有辱人格待遇的公约》的登记情况，https：//treaties. un. org/Pages/ViewDetails. aspx？ src = TREATY&mtdsg_ no = I-9&chapter = 4&clang = _en，2012年2月1日最后访问。

法》第(2)(24)(h)条规定，禁止通过酷刑或其他禁止的待遇获得的陈述或供词在司法程序中使用和受理，以暴力获得的陈述无效，使用暴力负有刑事责任。① 酷刑罪被纳入《秘鲁刑法》第321条；该条规定酷刑罪发生的情形是："公职人员或公务员，或任何在其同意或默许下行事的人，给人造成严重的身体或精神上的痛苦或折磨；或者即使他所采取的手段或方法不会引起身体痛苦或心理困扰，但是损害他的人格或削弱他的身体或精神能力。这些行为的目的在于：从他或第三人那里获得信息或供认，同时，为他实施或怀疑实施的行为而惩罚、恐吓或胁迫他。"根据《秘鲁刑法》第321条应受到处罚，对于符合该条基本定义的行为，应处以8~14年有期徒刑，严重情况或涉及受特殊保护的群体(儿童、青少年、60岁以上的人、残疾人、孕妇或被剥夺自由的人)以及受害者死亡的情况则应处以15~20年有期徒刑。② 因此，以秘鲁法律体系中酷刑的存在作为抗辩引渡的理由是可以成立的。

同时，中国派出的专家证人在美洲人权法院针对酷刑问题的反抗辩同样获得了成功。我国专家证人就中国刑事法治和人权状况作出了圆满陈述和答辩，获得了法院的肯定，为引渡黄某勇奠定了基础。

评注8　死刑不引渡条款

死刑(不)引渡条款在目前我国所签双边引渡条约中有四项，分别为与法国、西班牙、澳大利亚和智利，其中前两项已经生效。在条款内容方面，与法国条约第3条第7款规定："引渡请求所针对的犯罪依照请求方的法律应判处死刑，除非请求方作出被请求方认为足够的保证不判处死刑，或者在判处死刑的情况下不予执行。"其他三项条约规定基本完全相同，为"强制性义务+例外规定"的条款类型，即死刑不引渡为根本原则，引渡为例外，而例外的条件是请求方作出严格的外交承诺。有的条约则规定得比较模糊，有可能被解释为死刑犯不引渡的意思。如有的规定：如果请求方可能判处的刑罚与被请求方的宪

① United Nations Human Rights Committee, ConsIderation of Reports Submitted by States Parties-Peru under article 40 of the International Covenant on Civil and Political Rights, Fifth Periodic report, 2011, pp. 23-24.

② United Nations Human Rights Committee, Sixth Periodic Report Submitted by States Parties-Peru under Article 40 of the International Covenant on Civil and Political Rights, 2020, p. 22.

法原则或法律的基本原则相抵触，应当或可以拒绝引渡。① 有的规定：如果同意引渡将与被请求方法律的一些基本原则相抵触，应当拒绝引渡。② 因此，如果中国的这些条约伙伴国的宪法或法律中有禁止死刑的规定，则很有可能在引渡的情形采取死刑犯不引渡的做法。

一、立法缘由

我国双边引渡条约中极个别规定死刑不引渡原则，估计是应这几个国家的强烈要求而同意的结果，因为我国引渡法并没有该类规定。我国之所以能够同意该类规则，大概也有几个方面的原因。

一是世界人权运动的发展和影响。1966 年《公民权利和政治权利国际公约》第 6 条第 2 款规定："在未废除死刑的国家，判处死刑只能对最严重的罪行的惩罚，判处应按照犯罪时有效并且不违反本公约规定和防止及惩治灭绝种族罪公约的法律。这种刑罚，非经合格法庭最后判决，不得执行。"第 6 条第 4 款规定："任何被判处死刑的人应有权要求赦免或减刑。对一切判处死刑的案件均得给予大赦、特赦或减刑。"第 6 条第 5 款规定："对 18 岁以下的人所犯的罪，不得判处死刑；对孕妇不得执行死刑。"第 6 条第 6 款规定："本公约的任何缔约国不得援引本条的任何部分来推迟或阻止死刑的废除。"1989 年第 44 届联合国大会通过了《旨在废除死刑的公民权利和政治权利国际公约第二任择议定书》。该议定书第 1 条规定："1. 本议定书缔约国管辖范围内，任何人不得被处以死刑。2. 每一缔约国采取一切措施在其管辖范围内废除死刑。"该公约现有成员国 173 个，该任择议定书的成员国为 88 个。③ 根据联合国秘书长提交给人权理事会的报告，全世界大约有 160 个国家已经完全废除了死刑。④ 我国现已签署了《公民权利和政治权利国际公约》，表明原则上同意该公约的主张。2004 年 3 月 14 日，中国十届全国人大二次会议通过了宪法修正案，首次将"人权"概念引入宪法，在《宪法》第 33 条中明确规定"国家尊重和保障人权"，从而在宪法中确立了人权原则，突出了人权价值和理念，充分表明中国对人权的高度重视。

---

① 如中国与意大利、墨西哥、巴西、纳米比亚和安哥拉的引渡条约。

② 如《中华人民共和国和葡萄牙共和国的引渡条约》第 3 条第 8 款。

③ 详见联合国秘书长保存条约登记信息数据库：https：//treaties. un. org/Pages/Treaties. aspx？ Id = 4&subId = A&clang = _en.

④ 秘书长提交人权理事会的报告，载 A/HRC/27/23(2014)，p. 3.

二是各国引渡立法及实践的影响。自 1872 年巴西与西班牙率先签订包含死刑犯不引渡条款以后，该类条款如同雨后春笋般出现。① 1873 年葡萄牙与瑞士引渡条约以及 1892 年葡萄牙与英格兰引渡条约都包含这样的条款。② 2010 年生效的《欧盟与美国引渡协议》第 13 条为该类条款。③ 1957 年《欧洲引渡公约》第 11 条为该类条款；《西非国家经济共同体引渡公约》第 17 条为死刑犯不引渡条款；1990 年《联合国引渡示范条约》将死刑犯不引渡列为任意性义务条款。④ 在引渡实践方面，死刑不引渡原则适用得非常普遍，诸如意大利与美国之间的雷恩(Lane)引渡案、法国与美国之间的艾乐(Aylor)引渡案、加拿大与美国之间的金德勒(Kindler)引渡案、英国与美国之间的索艾林(Soering)引渡案、荷兰与美国之间的肖特(Short)引渡案、加拿大与美国之间的伯恩斯(Burns)引渡案等均适用了死刑不引渡原则。⑤

三是中国自身的引渡实践。最典型的案例有赖某星案、余某东案和黄某勇案。赖某星和余某东案在新闻媒体、理论界或实务界大多将其归属于遣返案件。但是笔者以为，其实这两个案件应属于引渡案件。引渡本质上就是实现对逃犯的移交，不管是否有条约作为依据。逃犯的移交使其区别于刑事司法协助，因为后者仅是刑事证据或赃物等的移交；也有别于遣返，因为遣返仅是因为违反移民法，而引渡还涉及“移民”以前就违反了其他重要刑事法律，且纯粹的遣返根本不会接受诸如政治犯不引渡原则、死刑犯不引渡原则或酷刑不引渡原则等的审查。所谓对赖某星等的遣返实际上是对其引渡的一个引子。赖某星从 1999 年因犯走私罪潜逃到加拿大，2011 年被追逃回到中国，期间中国作出了不判处赖某星死刑的承诺。⑥ 余某东因犯贪污罪潜逃到美国，2004 年被追逃回中国，在与美国协调过程中，中国也作出了不判处余某东死刑的承

① 马德才著：《国际法中的引渡原则研究》，中国政法大学出版社 2015 年版，第 88 页。

② 马德才著：《国际法中的引渡原则研究》，中国政法大学出版社 2015 年版，第 88 页。

③ 胡城军：《〈欧盟与美国引渡协议〉研究》，载《武大国际法评论》2019 年第 5 期。

④ 外交部条约法律司编：《引渡法资料选编》，世界知识出版社 1998 年版，第 589、616、640 页。

⑤ 马德才著：《国际法中的引渡原则研究》，中国政法大学出版社 2015 年版，第 91 页。

⑥ 见赵秉志、张磊：《赖昌星案件法律问题研究》，载《政法论坛》2014 年第 4 期。

诺。① 前述黄某勇案是典型的引渡案例，因为有引渡条约做基础。尽管中国与秘鲁引渡条约没有死刑犯不引渡的条款，但是秘鲁法院及美洲人权法院从人权角度解释成能够适用该原则。对黄某勇的引渡，中国政府同样作出了不判处其死刑的承诺。②

二、立法方向

目前我国引渡条约数量还是很有限，死刑犯不引渡的规定也较少，可预期未来谈判新条约时死刑犯不引渡条款的条约将会较大扩展。这主要是国际、国内形势发展使然，同时我国也基本具备这样的基础和条件。

第一，是我国相关理论的引领。已故的邱兴隆教授是我国力主废除死刑的学者。他从 20 世纪末开始在重量级的学术刊物和会议上发表了多篇关于废除死刑的论文和观点，③ 在学术界和实务界都产生了较大影响。他的主要观点是：死刑虽然具有遏制犯罪之效，但其大于终身监禁的边际效益是无法证实或证伪的；当代报应观念早已抛弃等害报复而演化成了等序报应，而等序报应并不一定要求对杀人者处以死刑人权的普遍性决定了犯罪人的基本人权具有超然的不可剥夺性，废止死刑是保护作为人的犯罪人的基本人权的直接而现实的要求。④还有学者认为可分阶段废除贪污受贿犯罪的死刑，并提出了相应路径。⑤有学者经过调查后认为，中国主流民意对死刑的认同已经发生了明显松动，不再绝对认同死刑，绝大多数中国民众已经无条件地支持或有条件地接受废除死刑。⑥ 在死刑犯不引渡问题上，我国学者认为，该原则已经成为一种“刚性”原则。⑦ 按照该学者的说法，所谓“刚性原则”就是指死刑不引渡正在从特殊

---

① 见刘仁文：《余振东案与“刑法面前人人平等”》，载《观察与思考》2006 年第 8 期。

② 见赵秉志：《黄海勇引渡案：中国最复杂引渡案之观察》，载《东南法学》2017 年第 1 期。

③ 参见邱兴隆：《死刑的德性》，载《政治与法律》2002 年第 2 期；《死刑的价值分析》，载《华东政法评论》2004 年第 2 期；《从信仰到人权——死刑废止论的起源》，载《法学评论》2002 年第 5 期；《死刑的效益之维》，载《法学家》2003 年第 2 期；《死刑断想——从死刑问题国际研讨会谈起》，载《法学评论》2004 年第 5 期。

④ 但是，笔者有点疑问的是，“人权的普遍性”这个大前提暗含了包括杀人犯在内的人权吗？

⑤ 见徐楠：《阶段性废除贪污受贿犯罪死刑的路径构想》，载《中州学刊》2020 年第 3 期。

⑥ 见梁根林：《中国死刑民意：测量、解构与沟通》，载《中外法学》2020 年第 5 期。

⑦ 见黄风著：《引渡问题研究》，中国政法大学出版社 2006 年版，第 24~28 页。

规则上升为普遍规则，它的伸缩性不断在降低，有时候坚硬得不容妥协或商量。有学者甚至将死刑犯不引渡原则推演为国际习惯法。① 实务界的学者也认为，死刑不引渡问题，无论是在引渡条约的缔结中，还是在引渡个案合作时，都对我国的死刑刑罚造成了猛烈的冲击。②

第二，是追逃追赃的需要。中国的外逃犯罪人员有很大一部分逃亡北美、澳大利亚等西方发达国家，但中国与这些国家之间大多尚未签署或生效引渡条约，而有些国家在引渡事项上实行条约前置主义，且美国在有关多边条约引渡事项的通知中，声明不以多边条约作为引渡的基础；况且目前通过遣返的方式也有它的局限性，就是有些外逃犯罪分子已经获得驻在国合法居民身份，并难以通过违反移民法的方式进行强制遣返。因此，缔结引渡条约是取得追逃追赃攻坚战的关键一环。而这些国家有的已经废除死刑，有的则在已缔结条约中设定了很多死刑不引渡的条款。在美国所签双边引渡条约 110 项中有过一半包含该类条款，时间跨度从 19 世纪至 21 世纪。在加拿大所签双边引渡条约 51 项中有 15 项包含该类条款，③ 20 世纪 60 年代以来的条约大多有死刑犯不引渡条款。条约伙伴国分别为：阿根廷、丹麦、芬兰、法国、德国、印度、以色列、韩国、墨西哥、菲律宾、南非、西班牙、瑞典、瑞士和美国。正如前述，欧盟与美国引渡条约规定了死刑不引渡问题。因此，与欧美国家或废除死刑国家谈签引渡条约的话，很大可能设定死刑不引渡条款，我国要做好充分准备。

第三，是我国刑法制度和实践的改革。2011 年我国《刑法修正案(八)》首次废除了 13 个罪名的死刑，2015 年《刑法修正案(九)》废除了 9 种罪名的死刑。前 13 个罪名包括：走私罪(4 项)、票据/金融凭证/信用证诈骗罪(3 项)、涉及增值税专用发票犯罪(2 项)、盗窃罪、传授犯罪方法罪和盗掘古墓/古文化遗址/古人类化石/古脊椎动物化石罪(2 项)。后 9 项罪名包括：走私武器/弹药罪、走私核材料罪、走私假币罪、伪造货币罪、集资诈骗罪、组织卖淫罪、强迫卖淫罪、阻碍执行军事职务罪和战时造谣惑众罪。在司法实践中，因

---

① 见马德才著：《国际法中的引渡原则研究》，中国政法大学出版社 2015 年版，第 94~97 页。但是笔者还是不赞同作者死刑犯不引渡已经成为国际习惯法的观点，因为，就国际习惯法的“通例”而言，是指极少的不一致案例或情况的出现，但是在该情形，其普遍一致性还是不够的，起码我国引渡条约的规定极少，美国引渡条约也不像政治犯不引渡的规定那么普遍且几乎很少有异议。

② 见薛淑兰著：《引渡司法审查研究》，中国人民大学出版社 2008 年版，第 217 页。

③ Gary Botting, Canadian Extradition Law Practice, fifth edition, Lexisnexis, 2015, pp. 481-849.

贪污贿赂罪被判处死刑立即执行的已经屈指可数。自 1991 年至 2015 年 8 月，在判处死刑的 28 起案件中，仅有 4 起因受贿罪被判处死刑立即执行，其余皆被判死刑缓期两年执行。①并且，《刑法修正案(九)》还规定，犯贪污受贿行为，罪行极其严重，判处死缓二年期满，依法减为无期徒刑后，不得减刑、假释，即以终身监禁来取代死刑。2016 年白恩培案是刑法规定终身监禁后被决定适用的首例。根据学者人的生命价值与财产价值是不能等价的观点，首先在经济领域全面废止死刑应该指日可待。

三、司法实践

以下案例相关国家可能并没有引渡条约，或有引渡条约但是没有死刑犯(不)引渡条款，但是死刑犯不引渡成为从发达国家(或地区)引渡的标配，并在实践中实际按照引渡条约的相关规定进行办理，因此对于理解条约中相关规定有积极意义。

案例一：

杨某亮引渡案②

香港人杨某亮与内地人相恋，1990 年 6 月他致恋人死亡，后逃往澳门。1993 年，澳门警方抓获了杨某亮，并根据《葡萄牙引渡法》对其采取了临时拘留措施。随后广东警方向澳门警方提出将杨某亮移交内地审理的请求。后中国政府考虑到澳门的特殊地位及葡萄牙法律死刑犯不引渡的规定，决定向葡萄牙政府提出引渡请求并对其承诺不判处杨某亮死刑。1994 年澳门高等法院一、二审均判决准予引渡杨某亮。当年 7 月，葡萄牙宪法法院决定受理杨某亮案，并中止了对杨的引渡程序。几乎与此同时，欧洲人权法院受理了杨某亮的申诉，并对其采取临时保护措施。1995 年 7 月葡萄牙宪法法院裁定驳回同意引渡杨某亮的裁决。同年 10 月澳门高等法院否决引渡杨某亮。第二年以中方未提供相关证据配合审判为由释放了杨某亮。这是一起涉及死刑犯而引渡不成功的案例。缘由就是《葡萄牙宪法》第 33 条第 3 款规定，对于根据请求国法律可判处死刑的犯罪不得引

① 林维：《死刑控制与高压反腐的司法适用平衡》，载《人民法院报》2016 年 10 月 10 日，第 2 版。

② 黄风主编：《中国境外追逃追赃经验与反思》，中国政法大学出版社 2016 年版，第 121~129 页。

渡；其引渡法也有相关规定；且这些规定中都没有关于外交承诺(即承诺引渡后不判处死刑)的内容。嗣后订立生效(2009 年)的《中华人民共和国和葡萄牙共和国引渡法》第 3 条第 8 款“违背其法律的基本原则”可解释为具有死刑犯不引渡的意思存在，但依然没有明确外交承诺的内容，因此中葡之间关于死刑犯的引渡依然有变数。但愿外交承诺成为一种惯例，则变数会小些。

案例二：

赖某星引渡案①

赖某星在国内实施的犯罪事实主要有走私普通货物和行贿，前者涉及偷逃税款 140 多亿元，后者涉及金额 900 余万元。依照我国 1997 年《刑法》第 153 条，犯走私普通货物、物品罪最高可判处死刑。案发后赖某星出逃加拿大。中方多次向加方提出遣送赖某星回中国受审的请求。赖某星被遣送(或说引渡)回中国的难点之一就是死刑问题。1998 年后加拿大废除了所有的死刑，实际上自从 1962 年后就没有人被执行死刑。很显然，如果从没有死刑的法域国家引渡嫌犯到有死刑的法域国家，存在着主权不对等的情形。2011 年我国《刑法修正案(八)》将原先的第 153 条最高刑死刑改为无期徒刑。这在某种程度上配合并加快了对赖某星的引渡步伐。2011 年 7 月 23 日，经过中加双方的共同努力，其中涉及中方作出的不判处赖某星死刑的承诺，赖某星被遣返回国。2012 年 5 月 18 日，厦门市中级人民法院一审宣判赖某星犯走私普通货物罪，判处无期徒刑，剥夺政治权利终身，并处没收个人全部财产；犯行贿罪，判处有期徒刑 15 年，并处没收个人财产人民币 2000 万元，决定执行无期徒刑，剥夺政治权利终身，并处没收个人全部财产。这是一起死刑犯被成功引渡的案例。

案例三：

黄某勇引渡案②

与赖某星类似，黄某勇在 20 世纪 90 年代犯走私罪，偷逃关税 7 亿多

① 赵秉志、张磊：《赖昌星案件法律问题研究》，载《政法论坛》2014 年第 4 期。
② 赵秉志：《黄海勇引渡案：中国最复杂引渡案之观察》，载《东南法学》2017 年第 1 期。

元，依照我国1997年《刑法》第153条，可判处死刑。案发后黄犯潜逃秘鲁。2008年我国根据当时已生效的《中华人民共和国和秘鲁共和国引渡条约》，正式提出引渡黄某勇。2009年12月，经我国最高人民法院决定，外交部代表中国政府向秘鲁政府作出了对黄某勇不判处死刑的外交承诺。2010年秘鲁最高法院判决同意引渡黄某勇。随后秘鲁宪法法院受理了黄某勇的申述，2011年该法院认为我国的外交承诺不充分，要求秘鲁政府立即停止引渡程序。与此同时，黄某勇还向美洲人权法院申诉。2014年，在该法院的法庭中，专家证人赵秉志回答了包括死刑问题、《刑法修正案(八)》在内的61个问题，专家证人孙昂参赞回答了包括外交承诺在内的52个问题。2015年6月，美洲人权法院正式作出判决：由于引渡黄某勇回到中国不存在被判处死刑和遭受酷刑的风险，秘鲁政府可以让中国引渡黄某勇回国。这又是一起死刑犯被成功引渡的案例。该案根据《中华人民共和国和秘鲁共和国引渡条约》第5条“引渡的国内法条件”，可以解释为在秘鲁含有死刑犯不引渡的规定(见后文评注20的分析)；另外，该案最明显的特征就是凸显了专家证人和外交承诺的作用。

评注9　国民(不)引渡条款

在考察我国所签双边引渡条约44项中，25项将国民不引渡问题设置为强制性义务条款，① 17项为任意性条款，② 2项未作规定。而在该国民不引渡问题上基本设置了“不引渡则起诉”的规定。强制性义务条款规定，如与白俄罗斯引渡条约规定：“有下列情形之一的，不应予以引渡：(1)被请求引渡人系被请求的缔约一方国民。……”③任意性义务条款，如与泰国引渡条约规定：

① 这些与我国缔约的伙伴国是：白俄罗斯、俄罗斯、保加利亚、罗马尼亚、哈萨克斯坦、蒙古、吉尔吉斯、乌克兰、乌兹别克斯坦、老挝、阿联酋、立陶宛、巴基斯坦、巴西、阿塞拜疆、西班牙、安哥拉、阿尔及利亚、葡萄牙、法国、突尼斯、伊朗、塔吉克斯坦、越南(未)和斯里兰卡(未)。“未”指未生效。

② 这些与我国缔约的伙伴国是：泰国、柬埔寨、韩国、菲律宾、南非、莱索托、澳大利亚(未)、墨西哥、印尼、意大利、波黑、阿根廷(未)、阿富汗、埃塞俄比亚、智利(未)、巴巴多斯和格林纳达。“未”指未生效。

③ 见《中华人民共和国和白俄罗斯共和国引渡条约》第3条第1款。

"缔约双方有权拒绝引渡其本国国民。"①"有权拒绝"含有"任意处置"的意思。对"不引渡则起诉"，一般是这样规定的：如果根据本条约……不同意引渡，则被请求方应当根据请求方的要求，将案件提交其主管机关以便根据其国内法提起刑事诉讼；为此目的，请求方应向被请求方提供与案件有关的文件和证据。②

由此可见，在我国所签双边引渡条约中，国民不引渡问题的强制性拒绝义务与任意性拒绝义务基本平衡，但是前者仍然占一定优势。但不管怎样，都没有强制性准予引渡的义务条款，因此，我国条约总体上偏向于拒绝引渡本国人的立场。

一、拒绝引渡本国人的考虑因素

强制性条款是绝对的不引渡，而任意性条款则是可能不引渡。从历史和现实来看，拒绝引渡本国人主要有以下方面的考虑：

(1)在古代世界是这样的，把一个臣民从他自己的国家中驱逐出来接受另一个国家的惩罚，就等于把他抛弃到一个不愉快的、可能是永久的流放中，即使不是死亡；

(2)一个国民不应该放弃其本国对他的当然管辖；

(3)国家有义务让其公民受到其法律的保护；

(4)完全相信外国是公正的是不可能的；

(5)对一个用外语受审的人来说，这是一个非常不利的条件，他与他的朋友和资源以及那些可以证明其前世生活和性格的人分开；

(6)国家要保护它的子民，如果他们被指控犯罪，不能任由外国法律和法官处置；

(7)国家尊严不能同意一个公民或一个国家的成员，被迫低头服从外国当局的命令；

(8)国家主权的谨慎考虑，因为国家之间的刑事司法体系存在着尖锐的对比，到外国受审可能引发不公平的待遇；

(9)公民的基本庇护权；

(10)公民社会的普遍本能；

(11)国内法律制度在实体法和程序法方面的差异；

① 见《中华人民共和国和泰王国引渡条约》第5条第1款。

② 见《中华人民共和国和巴西联邦共和国引渡条约》第5条。

(12)仅仅基于被移交者的外国血统，可能对其产生偏见，等等。①

总体来说，拒绝引渡本国国民的理由来自于该国秉持的属人管辖权原则以及对本国人保护的原则。② 采严格拒绝引渡本国人的一般为大陆法系国家和拉丁美洲国家，特别是德国。③ 该类规定可能为大多数社会公众的心理所接受。但是其弊端也是很明显的，那就是本国既不引渡也不起诉，有可能使犯罪分子逃避惩罚；或者即使在本国受审也面临证据不易搜集的困境。我国《刑法》(第7条)规定有属人管辖权："中华人民共和国公民在中华人民共和国领域外犯本法规定之罪的，适用本法。"因此，我国引渡条约，还有引渡国内法，大多设置了拒绝引渡本国人的规定。

二、国民可以引渡的考虑因素

任意性条款还蕴含准予引渡的可能性。赞同引渡本国人大概有以下的一般考虑因素：(1)管辖权属于犯罪发生地法院，这是公认的刑事诉讼规则，因为该规则有利于搜集证据和证人出庭等一系列程序工作的顺利进行，同时也符合国际私法中的最密切联系原则。④

(2)如果对外国司法公正性不信任的话，则莫说不引渡本国人，连引渡制度本身都不应该存在。⑤

(3)不引渡本国人很有可能使罪犯逍遥法外。假设A国人在B国犯罪，后又逃回A国，而A国没有属人管辖权，即本国人在外国犯罪的管辖权，且引渡条约也规定拒绝引渡本国人，则该罪犯很有可能逃避惩罚。在上述情形下如果没有引渡条约，则逃避惩罚的可能性更大。类似可比的案例可见于区际引渡案——陈同佳案。⑥

---

① Michael Plachta, (Non-)Extradition of Nationals: A Neverending Story, 13 Emory Int'l L. Rev. 77(1999); Ivan A. Shearer, Non-Extradition of Nationals-A Review and Proposal, 2 Adel. L. Rev. 273(1963).

② 参见黄风著：《〈中华人民共和国引渡法〉评注》，中国政法大学出版社2001年版，第44页。

③ 参见黄亚英：《论对本国人的引渡问题》，载《法学研究》1993年第6期。

④ 参见黄亚英：《论对本国人的引渡问题》，载《法学研究》1993年第6期。

⑤ Harvard Research in International Law, Draft Convention on Extradition, 29 Am. J. Int'l L. (Supp. 1935), p. 15, 296.

⑥ 在该案中，香港人陈同佳于2018年2月与女友在台湾旅游时将其女友杀害，后逃回香港，因香港刑法没有规定属人管辖权，且香港与台湾没有引渡协议，因此，不能移交台湾受审，最后该犯在香港只被判处了29个月的监禁。

还有一些酌情的考虑因素：互惠的承诺和做法；良好的政治或司法关系的国家，或友好邻邦；在外国的本国常住居民；被请求人愿意引渡；在请求国判刑后，交由被请求国服刑，等等。① 以及该人在两国具有犯罪记录或犯罪对请求国产生较大影响、已由请求国定罪等因素。如基于案犯自愿以及犯罪对美国产生的影响和效果(效果原则)，2017年1月20日，墨西哥大毒枭华金·古斯曼被该国引渡至美国。

根据《美国与墨西哥引渡条约》第9条“引渡国民”，缔约双方一般不承担引渡其本国国民的义务，但是被请求方行政机关在其法律未禁止的情况下，有权在其认为适当时酌情决定移交本国国民。在打击毒品这一共同事项上，美国与墨西哥意见和政策一致，且从监管安全角度考虑也有必要移交美国，因此总体而言，墨西哥将本国公民古斯曼引渡到美国，应该不成问题。且古斯曼的两次逃脱也加剧了人们对墨西哥监狱制度的担忧，因此引渡到美国有其必然性。

在主张刑事管辖属地优先的英美法系国家赞同引渡国民的政策和法律。我国《刑法》和《刑事诉讼法》都有属地管辖的规定。我国《刑法》第6条规定，凡在中华人民共和国领域内犯罪的，除法律另有规定的，都适用本法。我国《刑事诉讼法》第25条规定，犯罪案件由犯罪地的人民法院管辖。因此，我国其实也有任意性引渡本国人的法源基础。

三、如何理解“不引渡则起诉”?

我国引渡条约中的“不引渡则起诉”是从古老国际法中“或引渡或起诉”的谚语中发展而来。如果说在“或引渡或起诉”法谚的讨论中对“或起诉”是否构成一种义务还有疑问的话,② 那么“不引渡则起诉”就已不存在这样的问题。“则起诉”很显然应被理解为缔约国作出拒绝引渡的决定后所承担的一种条约设定的起诉义务。根据习惯国际法和《维也纳条约法公约》第27条，该国不得以国内法为理由作为不履行条约的辩护。③ 即拒绝引渡国应履行条约中规定的起诉和审判犯罪嫌疑人的责任。因此该类规定是作为国民引渡办法的一种替代，是对有罪必罚的有力保障。

---

① 参见薛淑兰著：《引渡司法审查研究》，中国人民大学出版社2008年版，第145页。

② 参见黄风著：《或引渡或起诉》，中国政法大学出版社2013年版，第65~68，144~146页。

③ 参见联合国国际法委员会“或引渡或起诉”报告(中文版)，载联合国大会文件：A/69/10(2013)，第149、153页。

应特别强调的是，我国引渡条约明确规定仅针对“本国国民”的不引渡问题时，才有“起诉”的义务。当然，我国引渡条约中政治犯罪条款的“根据国际公约加以排除政治犯罪”的情形，也可能出现“不引渡则起诉”的情况(如上文所述)。其他情况，比如政治犯罪或军事犯罪的不引渡的情形，是不可能出现“不引渡则起诉”的。根据条约的规定，一旦被请求国作出不引渡的决定，请求国将配合被请求国将有关的文件、证据和赃物等移交给被请求国。还有一个很特殊的情况——唯一的情况，就是我国与泰国的引渡条约——我国最早的引渡条约，在其“不引渡则起诉”条款的最末款项规定，尽管有上述不引渡应起诉的规定，但是如果被请求国对此引渡犯罪没有管辖权，则不应要求将该案提交其主管机关以便起诉。而这种没有管辖权的情形，大概是该国规定了属地管辖权，但没有规定属人管辖权或普遍管辖权的情形。

相关实践：

先看王某某案：2001 年 2 月，中国留学生王某某与同居女友(中国留法学生)发生矛盾，其女友搬到台湾留法学生魏某的住处。王某某到魏某处寻找女友，恰好其女友不在。魏某为王某某与其之间的矛盾指责王某某，两人开始争吵并互相打斗。王某某将魏某杀害，并于案发后潜逃回国。随后，我国主管机关依据中国法律对王某某提起诉讼，由于案件的主要证据材料存在于法国，经多方协调中法就中方警官小组赴法调查取证之事达成协议。2003 年 2 月，中方警官小组顺利完成了取证工作。在判刑方面，法国要求中国根据法国公共政策不判处王某某死刑。2003 年 12 月，王某某被青岛市中级人民法院判处死缓。①

该案例严格地说并不是国民不引渡则起诉的案件类型，原著者将其列入国际刑事司法协助的范畴，即不是引渡类型案例，但这是最接近的一个案例，因为涉及对国民在外犯罪的起诉问题。该案最后是以中国法律判处刑罚，是对“不引渡则起诉”规定的切实适用。

再看卓某仁劫机案：1983 年卓某仁等六人劫持中国民航 296 号班机从沈阳到韩国。对于六名劫机嫌犯的处理，中国与韩国没有达成一致意

① 参见段洁龙主编：《中国国际法实践与案例》，法律出版社 2011 年版，第 242~243 页。另见黄风著：《或引渡或起诉》，中国政法大学出版社 2013 年版，第 63~64 页。

见。中国认为，这六名罪犯在劫机前就已犯下窃枪潜逃等罪行，且武力劫持民航飞机是国际社会公认的严重犯罪行为，因此，要求韩国将六名罪犯交由中国司法机关依法惩处。韩国拒绝了中国的引渡要求，认为按照1970年《海牙公约》的规定，飞机降落地国对劫机犯也有管辖权，因而坚持由其自行进行审判和处罚。1983年6月1日，汉城(现首尔)地方检察院以违反大韩《航空安全法》《移民管制法》《武器及爆炸物品管制法》，对六名嫌疑犯提起诉讼，7月18日汉城地方刑事法院开始审判。经审理后法院作出判决，判处卓某仁、江某军有期徒刑6年，安某建、王某大有期徒刑4年，吴某飞和高某萍有期徒刑2年。①

该案例也不是严格的国民不引渡则起诉的案例，但也是比较接近的，起码是符合“不引渡则起诉”的情形。在本案中，韩国不引渡可能与当时中韩还没有建立外交关系有关，而在另一起与日本有关的引渡案中，日本则准予了引渡，因为当时日本与中国已经建立外交关系，且当时外交关系还比较和谐。但其不引渡是符合公约规定的。该案判刑的法律依据是韩国国内法。该类犯罪具有跨国犯罪或国际犯罪的特征，因此，该类公约规定的犯罪一般都会在各国刑法中得到规定或类比设定，最关键的是它们侵犯的法益是公共的，因此，判刑的合理性很少得到质疑。但是双边引渡条约下的犯罪一般为国内法意义的普通犯罪，侵犯的法益一般仅与本国有关，因此如果一国对在另一个所犯罪行的判决一般只能采取拟制适法的形式进行，即不是以犯罪地国法而是以本国法对外国的犯罪进行判决。

四、如何解决该类条款与国内法的冲突?

国民不引渡的问题在中国《引渡法》设定为强制性义务条款，② 但是正如前述，我国双边引渡条约有一定数量的该类规定为任意性义务条款，因此两者之间可能存在冲突。这实际上涉及条约与国内法的冲突问题。

在完全没有冲突条款的情况下，一般会首先看该国是否加入了《维也纳条

---

① 马呈元、张力编著：《国际法案例研习》，中国政法大学出版社2014年版，第122~124页。

② 《中华人民共和国引渡法》第8条规定：“外国向中华人民共和国提出的引渡要求，有下列情形之一的，应当拒绝引渡：(一)根据中华人民共和国法律，被请求引渡人具有中华人民共和国国籍的；……”

约法公约》，并是否对该公约第27条作出保留。如果加入了该公约，且没有对其第27条作出保留的话，则在条约与国内法之间应选择以条约优先，且不管条约的缔约时间在国内法之前还是之后。我国如果处于被请求国的地位，则应这样去做，因为我国就是符合前述条件的国家。当然，根据该公约情势根本变更的原则，立法时间处于条约之后的国内法也可以情势发生了根本的变化为由，主张国内法优先。但是在适用该原则时，证明情势发生根本变化往往很难。

如果引渡条约或国内法都没有设定冲突条款，但是其国内法中其他法律(特别是宪法)设定了冲突条款，这对解决该类冲突有重大意义，特别是由国内法院作为主体来处理该类冲突的时候。像美国这样的国家(假设为我国双边条约的伙伴国)，它们在宪法中规定条约和联邦法律都为同一级的国家法律，在它们发生冲突时，则根据后法优于先法的原则，适用后法而不是先法。即如果条约为先法，国内法为后法，则它们发生冲突时应以国内法为优先；反之，则以条约为优先。① 持条约与国内法“同等说”，且在二者发生冲突时以后者优先观点的国家还有意大利②和韩国。③ 持条约与宪法地位相等同的国家有荷兰和秘鲁等，很显然这类国家是以条约为优先的。④ 持条约低于宪法但高于国内法观点的国家有俄罗斯和法国等。⑤

五、国民不引渡条款适用的技术性细节

(一)国民国籍认定的时间点

在此问题上，我国所签双边引渡条约中在国民国籍认定的时间点上有四种情况：一是没有作出规定，如与哈萨克斯坦的引渡条约；二是以作出引渡决定的时间点来确定，如与乌兹别克斯坦、立陶宛、保加利亚的引渡条约；三是以收到引渡请求的时间点来确定，如与西班牙、阿尔及利亚等的引渡条约；四是以犯罪发生后完成的时间点来确定，如与法国的引渡条约。

很显然，在我国引渡条约中并没有对国民国籍认定的时间点设置连续性的

① 参见万鄂湘主编:《国际法与国内法关系研究》，北京大学出版社2011年版，第175~190页。

② 参见黄风著:《引渡制度》，法律出版社1997年版，第35~36页。

③ 曾令良主编:《国际公法》，高等教育出版社2016年版，第89页。

④ 曾令良主编:《国际公法》，高等教育出版社2016年版，第87~88页。

⑤ 曾令良主编:《国际公法》，高等教育出版社2016年版，第88~89页。

要求，即在国民不引渡的情形，国民国籍必须符合从犯罪时间点到引渡决定作出时间点之间连续为一国国籍的要求。为什么这样规定，就是因为“国民”尽管是犯罪嫌疑人，保不住有恶意改变国籍之嫌，但是也不能禁止其正常地改变国籍，毕竟这两个时间点之间的期限可能会是很长的。同时，它也不像外交保护那样要求国籍连续以防止出现国家之间对抗错乱的情况。

因此，如果条约明确规定了国籍认定的时间点，则按其规定办理，不要节外生枝，毕竟这是当事国约定的结果。如果没有作出规定，则由被请求国自由裁量决定。以上几种方式都可参考适用。如果以犯罪时来确定，则不论后来被请求人国籍如何变化，都应以起初的国籍为准。如果以收到引渡请求时间点来确定，则不论在此之前或之后被请求人国籍有何变化。如果以引渡决定作出时来确定，则不论被请求人国籍在此之前是何国籍。被请求国可以根据互惠或先例作出适当的安排。

(二)如何处理双重国籍居民和港澳台居民?

如果被请求引渡人为双重国籍人，他可能会以 1930 年《国籍法公约》第 3 条为其辩护，该款规定，凡具有两个以上国籍者，各该国均得视为国民，以此作为其不引渡的理由。但是我国并不承认双重国籍，因此，如果我国为被请求国，可以根据我国《国籍法》首先加以判定其国籍。根据中国《国籍法》第 8 条的规定，申请加入中国国籍获得批准的，即取得中国国籍；被批准加入中国国籍的，不得再保留外国国籍。因此，如果在中国国土上被认为是包括中国国籍在内的双重国籍的人，最终一般被认定为是中国国籍。其次，如果不包括中国国籍在内的双重国籍，即全外籍情形，根据我国《涉外民事关系法律适用法》第 19 条的规定，自然人具有两个以上国籍的，适用有经常居所的国籍国法律；在所有国籍国均无经常居所的，适用与其有最密切联系的国籍国法律。有些双边条约也可以调整解决双重国籍问题，如 1965 年《中华人民共和国和印度尼西亚共和国双重国籍问题的条约》。如果同时存在双边条约的冲突规范与国内法的冲突规范，则应主要以条约的冲突规范为准。① 即通过条约指引的准据法来最终确定案犯的国籍。

港澳台居民毫无疑问属于“中华人民共和国公民”，不属于“外国人”范畴。“根据《香港特别行政区基本法》附件 3 和《澳门特别行政区基本法》附件 3 的规

① 陈卫佐:《法院地国家国内法中的冲突规则与国际条约的关系》，载《法学研究》2013 年第 2 期。

定，《国籍法》是在两个特别行政区实施的全国性法律之一，因此符合法定条件的特别行政区居民将自动具有中华人民共和国国籍。1996 年 5 月 15 日通过的《全国人民代表大会常务委员会关于〈中华人民共和国国籍法〉在香港特别行政区实施的几个问题的解释》第 1 条对此作了非常明确的规定："凡具有中国血统的香港居民，本人出生在中国领土(含香港)者，以及其他符合《中华人民共和国国籍法》规定的具有中国国籍的条件者，都是中国公民。"全国人大常委会对《国籍法》在澳门特别行政区实施的解释中也有同样的规定。① 因此，港澳居民具有中国国籍。另外，从"一个中国"的立场出发，台湾居民也应具有中国国籍。因此，他们都属于引渡条约中不引渡的保护范畴。当然，根据引渡条约对于不引渡的后果是"起诉"，他们是否愿意在内地受审则是另一个问题。如果相关条约有简易引渡程序，则可尊重被请求人的自愿，由其选择在请求国法院受审。到目前为止，仍未收到该三类人员逃到内地的案例报告。

评注 10　特定性原则条款②

特定性原则又称专门原则、同一原则等，是指被请求引渡人移交给请求国后，该国只能就引渡请求书中对引渡人所指控的罪行进行追诉或惩处。而在我国所签双边引渡条约的特定性原则条款中，一般以特定性原则为根本，非特定性原则为例外。比较典型的如与泰国的条约。该条约第 13 条规定：

> 一、根据本条约被引渡的人，除引渡所涉及的犯罪外，不得在请求方境内因其他犯罪而被拘禁、审判或处罚，或者由该方引渡给第三国，但下列情况除外：
>
> (一)该人在引渡后已离开请求方领土但又自愿返回；
>
> (二)该人未在其可自由离开请求方之日起三十天内离开请求方领土；
>
> (三)被请求方同意对引渡所涉及的犯罪以外的犯罪拘禁、审判或处罚该人或将其引渡给第三国。为此目的，被请求方可以要求提交第七条所述的文件和说明，包括被引渡人就有关犯罪所作的陈述。

① 黄风著：《〈中华人民共和国引渡法〉评注》，中国法制出版社 2001 年版，第 45 页。

② 本书将"特定性原则条款"列入实体范畴，是考虑到在实际操作过程中，国家常常会将该原则作为阻抗引渡的重要因素，尽管该原则在引渡条约中通常被列为程序范畴。

二、此种规定不适用于引渡之后实施的犯罪行为。

我国所签双边引渡条约 44 项(截至 2016 年)，除与印尼的引渡条约没有特定性原则外，其余都有该类条款。

一、立法缘由

主干条款。该类条款的前半部分为主干条款，阐述了特定性原则的主要内容。正如韩国学者所言："严格实行特定性原则，有利于尊重被请求国的主权和保护犯罪人的人权。"①被请求引渡国如果将在其领土范围内的犯罪嫌疑人移交给请求国，且按照本国法律也构成犯罪的话，相当于放弃自己的属地管辖权，但是以此作为交换的条件是，要求请求国只能以引渡请求中指控的罪行，即被请求国也认证过的罪行进行起诉、审判或惩罚，或不得引渡给第三方。这是对被请求国主权的一种尊重。其次，也是对请求国国家信义和人权状况的检验。请求国既已在其请求书中提出追诉犯罪的性质和处罚措施，并向被请求国作出了承诺，在引渡后就应按照该种定性和处罚去做，否则就有违国家信义；同时也是防止请求国恣意审判、惩罚或处置，造成对被引渡人人权的侵犯。特别是防止请求国以普通罪提出请求却以政治罪进行审判，而政治罪是绝对不引渡的范畴。

例外情形。该类条款设置了多种例外规定，算是对特定性原则的灵活处理。"该人在引渡后已离开请求方领土但又自愿返回。""离开请求方领土"意味着摆脱了请求国法律控制，也即宣告引渡请求活动的终结。但是如果被引渡人后来又"自愿返回"请求国的话，则是另一段属地管辖权活动的开启，与前段引渡请求活动无关，因此请求国可以根据自己的判断进行管辖。"该人未在其可自由离开请求方之日起三十天内离开请求方领土。"法理与前述基本相同。但是如果可离开而未离开则视同已经离开，请求国可开启另一段属地管辖权，并自主对该人作出判断。"被请求方同意对引渡所涉及的犯罪以外的犯罪拘禁、审判或处罚该人或将其引渡给第三国。"引渡所涉及的犯罪域外的犯罪不在特定性原则的管辖范围，被请求国当然同意请求国就此"之外的"犯罪进行拘禁、审判或处罚或引渡给第三国。"此种规定不适用于引渡之后实施的犯罪行为。"引渡之后实施的犯罪行为在引渡请求之外，当然不受特定性原则的

① [韩]李万熙著：《引渡与国际法》，马相哲译，黄河、黄芳审校，法律出版社 2002 年版，第 57 页。

约束。

特殊情形。就是指请求国引渡被请求人后在本国的诉讼活动，并没有根据期引渡请求书中写明的罪名进行定性处罚，而是根据新的法律重新进行定性处罚，此时是否违反特定性原则？此时如果符合两个条件就不算是对特定性原则的违反。一是“基于引渡请求及其附件中写明的相同的犯罪事实进行审判和处罚”。① 如果是基于相同的犯罪事实进行审判，即使最终判决不是请求中所指控的犯罪也是允许的，因为这仅仅是罪名不同而已，只要根据相同事实判案，则实质的服刑力度也不会被减轻多少。二是“可判处的最高刑与被引渡的犯罪可判处的最高刑相同或者较轻”。② 如果不按照请求中指控的犯罪进行判决，但是最终判处的最高刑与引渡请求所指控的犯罪所获刑相同或较轻，也是允许的，因为被引渡人的责任并没有增加。

二、特定性原则的实践

案例一：

邱某某引渡案

邱某某，浙江省人，2002 年 3 月 7 日伙同陈某平、项某华等在前南地区对中国公民沈某实施绑架，并向沈某的父亲勒索赎金 200 万元人民币。在收到赎金后，邱某某将沈某释放。2002 年 3 月 15 日，中国公安机关在接到沈某家属报案后，即展开侦查，并于 6 月 28 日通过国际刑警组织对邱某某发布红色通缉令。2006 年 6 月 28 日，意大利外交部照会中国驻意大利大使馆，称意警方已于 5 月 9 日将邱某某临时拘留，希望中方于 7 月 1 日前提出正式引渡请求。6 月底，中国驻意使馆向意方提出引渡请求。2007 年 2 月 7 日，意外交部照会中国驻意使馆，表示准予引渡邱某某，并将在从 3 月 2 日起的 15 天内将邱某某移交给中方。同时，意方强调，在未事先征得意方同意的情况下，该犯不能因引渡请求所列罪名之外的其他罪名受到起诉和审判，也不得引渡给第三国。3 月 8 日，中方将邱某某引渡回国。③

---

① 见《中华人民共和国和墨西哥合众国引渡条约》第 15 条第 2 款第 1 项。

② 见《中华人民共和国和墨西哥合众国引渡条约》第 15 条第 2 款第 2 项。

③ 段洁龙主编：《中国国际法实践与案例》，法律出版社 2011 年版，第 256~257 页。

案例二：

余某东案

上文的余某东案中，根据余某东与美方达成的辩诉交易协议，美国政府把余某东遣送回中国以前，应从中国政府得到关于余某东在中国起诉和监禁的相应保证，即假如余某东在中国被起诉的话，应当被判处不超过12年刑期的有期徒刑，并不得对余进行刑讯逼供和判处死刑。中国广东省江门中院宣布的对余处以有期徒刑的期限恰好是“12年”，符合特定性原则。

案例三：

吕某康案

吕某康因在香港涉嫌受贿被通缉，于1995年12月在美国波士顿被捕，而后，吕某康向美国法院申请人身保护令。案件最后由美国上诉法院作出裁决，推翻原先地方法院发出的人身保护令。在该案中其中一个争论点是1997年香港即将回归中国，而当时将吕某康引渡到香港的法律依据是美国与英国之间签订的引渡协议，但美国与中国包括香港并没有签订引渡协议或条约，美国以不能保证中国会承诺遵守特定性原则而拒绝引渡吕某康。①

案例四：

袁某达案

英国法院在1996年8月曾以1997年香港回归中国后，逃犯人权可能受到侵犯为理由，裁定拒绝将一名香港逃犯袁某达引渡给香港。其中一个最主要的争论点就是，如袁某达被引渡到香港后，是否再被移交到中国内地，因为此时中国将采用“一国两制”的制度，当将袁某达引渡到香港后，那就是一个主权国家内部的事情。在1997年12月，在香港行政长官向英

---

① 王强军：《国家信义的试金石——引渡中特定性原则的价值内涵解读》，载《四川警官高等专科学校学报》2007年第5期。

国政府提出不会将涉案人袁某达移交到中国内地的保证后，才将袁某达引渡回香港。①

三、是否须得到条约规定才可以援引?

相关案例可参看美国第十一巡回法院判决的一个案件——瓦伦西亚案。②2002年8月22日，美国一个联邦大陪审团指控哥伦比亚人华金·马里奥·瓦伦西亚-特鲁希略(Joaquin Mario Valencia-Trujillo，中文简称“瓦伦西亚”)犯有三项共谋罪和一项持续性犯罪集团(CCE)罪。瓦伦西亚据称是卡利(Cali)贩毒集团的成员。哥伦比亚政府根据美国要求逮捕瓦伦西亚后，美国大使馆发出外交照会，要求哥伦比亚引渡他到美国受审，并向哥伦比亚政府提供了起诉书、美国逮捕令和一份证词，证词中描述了瓦伦西亚追溯到1988年的犯罪活动证据。哥伦比亚内政部和司法部批准了引渡瓦伦西亚的决定，但在执行决议中指出：“请求国……只能就被引渡人被要求的指控和1997年12月17日(哥伦比亚宪法修订允许引渡的日期)之后发生的行为审判他。”该修正案规定，“引渡可以……根据条约或在没有条约时依法给予或提供……如果事实发生在本规范颁布之前，则引渡不适用。”在引渡后母国的审判中，瓦伦西亚提议执行特定性原则。他试图修正部分在1988年发生的共谋罪以及1997年以前以CCE名义从事的犯罪。治安法官建议，被告关于共谋罪的动议被拒绝，但是关于以CCE名义所犯的罪的动议被准予同意，以此来服从特定性原则。2005年12月12日，地区法官通过了治安法官的裁决。瓦伦西亚随后被判四种罪，且被课以480个月的监禁。在上诉过程中，瓦伦西亚认为，地区法院的裁决违反了特定性原则，因为它允许提及1997年12月17日以前所犯的共谋罪，且允许陪审团考虑发送给哥伦比亚的引渡请求中没有被包含的以CCE名义所犯的罪行。卡恩斯法官代表第十一巡回上诉法院驳回了这些挑战，且是根据意见一致的小组作出。法院给出的理由是：特定性原则并不是习惯国际法，而当事人瓦伦西亚也不是根据规定特定性原则的引渡条约被引渡；当事人瓦伦西亚没有提出特定性原则适用的资格，因为在国家之间的协议一般由国家予以执行，如果该协议没有被认定为自执行特征，个人则不能援引该协议。

① 王强军：《国家信义的试金石——引渡中特定性原则的价值内涵解读》，载《四川警官高等专科学校学报》2007年第5期。

② United States v. Valencia-Trujillo，573 F. 3d 1171(11th Cir. 2009).

笔者以为，从特定性原则在引渡条约中的广泛设定来看，其具有形成习惯国际法的基础。其次，在引渡中国家之间达成的安排(实为协议)，是它们之间意思自治的结果，应按照约定的内容去办，否则就违背了信守承诺的基本法理。如果请求国无视这种安排，实际上等同于对被请求国主权的蔑视，背叛了其在引渡请求时的善意，完全否定了维持正常引渡关系的任何可能性——笼统点说，是对国际公共秩序的严重破坏。①

四、被告个人是否享有救济权?

被告个人，即被引渡人在法院违反特定性原则时是否可以有资格主张自己的权利？在美国巡回上诉法院有两种不同的主张，一种是认为被引渡人不需要被请求引渡国抗议而提出自己的反对，一种则是正好相反。

(一)相关判例及观点

在美国诉蒂里翁(Thirion)案中,② 被引渡人蒂里翁认为，根据引渡条约，其共谋的指控应当被驳回，因为被请求引渡国摩纳哥同意引渡的所有指控中没有提到共谋罪。法院驳回了政府关于被引渡的人缺乏质疑违反引渡条约的资格的论点。审理蒂里翁案件的陪审团认为，被引渡的个人可以提出引渡国拥有的对其起诉可能提出的任何反对意见。法院还认为，尽管陪审团指示不要对起诉书中的共谋罪作出裁决，但是政府也没有被禁止将蒂里翁参与共谋作为证明他犯有其他实质性罪行的证据事实。由于蒂里翁只是因为那些他被引渡的罪行而受到审判，因此无论是蒂里翁还是摩纳哥都无法提出申诉。这是一起个人申诉权利得到肯定，并且其主张得到实现的案例。

第九巡回法院在美国诉汗一案中,③ 也给予了被引渡人在没有引渡国明确抗议的情况下根据特定性原则对其起诉提出质疑的资格。这名被引渡者辩称，因为引渡文件没有具体提到根据《美国法典》第 21 编第 843 条，利用电话为犯毒品重罪提供便利的指控，所以对他的定罪应该被驳回。在没有相反证据的情况下，假定巴基斯坦会反对以这项指控进行引渡，因为在巴基斯坦这一罪名不构成犯罪，法院由此认为巴基斯坦在这一罪名上含糊不清地同意引渡关系人不

① S. Z. Feller, Reflections on the Nature of the Speciality Principle in Extradition Relations, 12 Isr. L. Rev. 1977, p. 485.

② United States v. Thirion, 813 F. 2d 146(8th Cir., 1993).

③ United States v. Khan, 993 F. 2d 1368(9th Cir., 1993).

符合特定性原则，并推翻了对引渡人的额外定罪。

而在夏皮罗(Shapiro)案中,① 法院指出，特定性原则一直被视为引渡国的一项特权，旨在保护其尊严和利益，而不是被告个人应得的权利。在美国诉昆西诺·德拉帕瓦案②(伊利诺伊州北部地区的某法院案件)中，被引渡人声称他们对一笔215千克的可卡因交易的起诉违反了特定性原则，因为美国只对一笔34千克的交易寻求引渡。法院依据第七巡回法院案例——马塔诉亨曼案,③ 确定坚持适用特定性原则的权利只属于引渡条约的国家一方，而不属于引渡个人。马塔案认为，在相关主权国没有提出抗议的情况下，个人没有资格质疑违反国际条约的行为。特别是，马塔案的合议庭认为，如果没有被请求国的正式抗议，法院不能确定引渡国反对逮捕引渡人，因此他关于违反国际法的主张并不使他有权获得救济。因此，被引渡人的诉求被驳回。

前两则案例是支持个人享有对特定性原则违反的救济权的，后两则案例则不承认个人享有这种救济权。否认被告个人具有救济权资格的法院的理由是，因为特定性原则的存在只是为了保护引渡国，只有引渡国可以坚持严格遵守特定性原则。一些持实在法观点的法院认为，只有引渡国反对违反条约，被告个人才有这样的资格。④

而承认引渡人具有这种资格的法院的推理是：被告的救济权是由国家救济权派生出来的权利，而国家一般来说都是反对(或推定反对)对特定性原则的违反的，因此，个人是具有这样的救济权的。⑤ 而引渡国为什么一般会反对或推定反对对特定性原则的违反，则是因为引渡程序需要引渡国的合作，因此请求国必须遵守其本身作出的任何确保引渡的承诺，促使请求国执行承诺才能有力地维护"引渡制度"。⑥ 也就是说，引渡是一个合作的过程，其中引渡国的角色至关重要，或起到主导作用；如果请求国不予配合，引渡国必将敦促其遵守承诺，以维护引渡制度。

---

① Shapiro v. Ferrandina, 478 F. 2d 894, 906(2d Cir., 1973).

② United States v. Quinceno De La Pava, 1993 WL 50943(N. D. Ill. Feb. 23, 1993).

③ Matta-Ballesteros v. Henman, 896 F. 2d 255, 259 (7th Cir.), cert. denied, 498 U. S. 878(1990).

④ E. g., United States v. Evans, 667 F. Supp. 974, 979(S. D. N. Y 1987).

⑤ E. g., United States v. Diwan, 864 F. 2d 715, 721 (11th Cir.), cert. denied, 492 U. S. 921(1989).

⑥ United States v. Najohn, 785 F. 2d 1420, 1422 (9th Cir.), cert denied, 479 U. S. 1009(1986).

(二)学者观点①

拉菲特(Levitt)认为，应承认个人具有这样的救济权，一是政治的因素，二是更有利于条约的实施的角度。首先，从政治因素来看。引渡国出于利益冲突的考虑以及面临引渡出去的政治压力，可能不会抗议违反条约的行为，特别是如果这种行为轻微或有存疑问题的话。而这种不抗议行为的受害者是引渡国的主权、引渡程序本身以及被告个人的利益。再是从条约实施来看。对特定性原则的违反行为不能等待引渡的国家来抗议。如果引渡国无动于衷或有更紧迫的事情必须处理，除非被告个人有可执行的特殊权利，否则违反行为将不受阻碍。输家将是引渡程序和人权。让被告个人站出来抗议违反条约的行为，是最大限度地减少不公正裁决的危险和确保国际法得到执行的最可靠方式。即使个人是国际法的对象，而不是主体，允许个人执行国家订立的协议也是确保国际法得到执行的最佳方法。

(三)评价

法院或学者在该问题上的分歧来源于其法理学上的不同方法。对条约所产生的权利和义务持狭义看法的法院，不太可能认定国家或个人享有条约所列之外的权利或保护。因此，根据这种观点，当条约的条款没有明确赋予个人执行权利时，个人就缺乏国际诉讼主体资格。这是实在法的方法。如果法院认为条约体现了所有当事方的一套全面的权利和义务，就可能允许个人执行条约的条款。这是一种自然法的方法。

实在法学说源自国家绝对主权这一古老的具有主导地位的原则。它坚持认为，所有的国际法必须是由条约或习惯创造的实在法，国际法只适用于国家。实证主义学说主张个人是国际法的客体而不是主体，因此不能直接从国际法中获得权利。当然，国家可以创造授予个人可执行权利的实在规则。因此，实在法学派可分为绝对地不承认个人的权利和相对地承认个人的权利。而自然法是实在法的反面。它把人看作是理性的存在，以普遍的正义感为指导。自然法学家认为，没有实在的国际法，因为所有的国际法只是自然法的一部分。根据自然法的方法，个人是国际法的主体。因此，根据自然法，个人拥有可执行的权利。

根据实在法学个人的相对权利观，个人是国际法的部分主体或有限主体的

① See Kenneth E. Levitt, International Extradition, the Principle of Speciality, and Effective Treaty Enforcement, 76 Minn. L. Rev. 1017(1992).

观点。例如《奥本海国际法》提道："国家可以将个人或其他人格者视为是直接被赋予国际权利和义务的，而且在这个限度内使他们成为国际法的主体。"①布朗利说道："一般来说，条约并不直接为私人创设权利和义务，但是，如果缔约方有此意图，也可以使条约有此效果。"②持有这样观点的学者还有劳特派特、杰塞普、奥布利昂等。③ 上述美国法院同意个人申述权就是这种学说的反映。而上述学者的观点就是自然法学的立场。

正如本书总论中所述，引渡条约不但主要规定了国家之间的权利义务关系，而且还规定了个人的权利和义务关系，即该类条约具有相当强的自执行特征。如果再结合上述的分析可知，引渡条约首先是国家公权力之间缔结的，因此当然地赋予了国家的申述权，而个人的申述权可由国家的申述权派生出来。而且，引渡条约中个人的角色也不容忽视。在引渡程序的各种国内或国际的法庭中，个人诉国家或国家诉个人的情况非常普遍，已然形成了引渡国、请求国与被引渡人三足鼎立的局面。因此，个人独立执行条约的能力显而易见。

评注 11　已决案件条款

所谓已决案件条款是指引渡条约中规定，如果被请求引渡国已经就引渡请求所指控的罪行作出最终判决(实体已决)或终止诉讼程序(程序已决)，则不得就该罪行准予引渡的条款。这样的条款也可以被称为事先起诉(prior prosecution)条款、一事不再理(*ne bis in idem*)条款、双重危险(double jeopardy)条款、既判案件(*res judicata*)条款等。我国引渡条约大多设置了这样的条款。如根据与泰国引渡条约第 3 条第 5 款，在提出引渡请求前，被请求方已对被请求引渡人就同一犯罪作出判决，则应拒绝引渡。此为"实体已决"条款。有的条约除此之外，还有"程序已决"条款。④ 这些规定除了与韩国、法国和澳大利亚的条约将程序已决条款列为任意性条款，⑤ 与莱索托、西班牙和

---

① [英]詹宁斯、瓦茨修订：《奥本海国际法》(第九版)，第一卷第一分册，王铁崖等译，中国大百科全书出版社 1995 年版，第 10 页。

② [英]伊恩·布朗利著：《国际公法原理》，曾令良、余敏友等译，法律出版社 2003 年版，第 618 页。

③ 邵津主编：《国际法》，北京大学出版社、高等教育出版社 2014 年版，第 10 页。

④ 如《中华人民共和国和俄罗斯联邦引渡条约》第 3 条第 4 款。

⑤ 该三国将程序已决条款列为任意性条款，意味着不排除准予引渡的可能性，其立法缘由可能是：程序相对实体产生的结果较轻、程序裁定相对实体判决的更易更改性等。

法国条约将第三国实体已决事项列为任意性条款外，① 其余条约皆将该两类条款列为强制性条款。

该类条款规定的立法缘由一般来自国内法的基本原则和国际法的相关规定，主要是一事不再理原则。在适用中，有三个问题需要注意，一是该类条款中的“同一犯罪”的判明，二是该类条款中“已作判决”的判明，三是该类条款中“终止诉讼程序”的判明。

一、立法缘由

该类条款的立法缘由来源于国内法刑事诉讼法的基本制度——一事不再理原则或禁止双重危险原则。这两个原则是指在刑事诉讼中不得就同一犯罪事实、针对同一被告人进行两次审理并给予两次刑事处罚。因此，既包括终止诉讼也包括终止审判。这两个原则都有禁止重复追诉的意思和目的。其法理依据在于，任何人不得因同一罪名而处于双重危险之中；这一原则的一个必然结果是，社会(和受害者)只能得到一种满足，而且一种犯罪只能获取不多也不少的一种刑罚；刑事处罚传统上是报复性的，但也从来不要求超过“以眼还眼”。② 这是维护司法公正、权威性和效率的表现。同时也是使相关诉讼参与人的权利处于安定状态及对他们的尊严给予尊重的要求。③

该原则得到了国内法和国际法较为普遍的承认。《德国宪法》第 103 条第 3 款规定：“在一般刑法典的基础上，任何人都不应因同一行为受到多次审判。”④《美国宪法》第五修正案规定：“不得使一人的身体或肢体因同样的犯罪受到两次损害。”⑤意大利《刑事诉讼法典 》第 739 条规定，在为执行外国判决

① 如根据《中华人民共和国和法兰西共和国引渡条约》第 5 条第 2 款第 1 项的规定，第三国已经对被请求引渡人就引渡请求所针对的犯罪作出无罪或者有罪的终审判决，则可以拒绝引渡。该类规定还可见于中国与莱索托引渡条约第 4 条第 3 款，与西班牙引渡条约第 4 条第 2 款。该类条款为任意性条款，意味着不排除准予引渡的可能性，其立法缘由可能是：第三国的判决难以或没有得到请求国或被请求国的承认等。

② M. Cherif Bassiouni，International Extradition：United States Law and Practice，six edition，Oxford Press，2014，p. 754.

③ 参见张文显主编：《法理学》，高等教育出版社、北京大学出版社 2014 年版，第 140、143 页。

④ 参见刘大群：《“一罪不二审原则”及其在国际刑法中的适用》，载《法律适用》2004 年第 10 期。

⑤ 参见刘大群：《“一罪不二审原则”及其在国际刑法中的适用》，载《法律适用》2004 年第 10 期。

而承认的情况下，对于已经在外国被判刑的人，“不得在意大利就同一事实对其重新提起刑事诉讼，即便对这一事实在罪名、程度或情节上有不同的认定”。① 我国《刑法》第 10 条规定：“凡在中华人民共和国领域外犯罪，依照本法应当负刑事责任的，虽然经过外国审判，仍然可以依照本法追究，但是在外国已经受过刑罚处罚的，可以免除或者减轻处罚。”该条前半部分体现了一罪可能二审的思想，但是后半部分却是体现禁止双重危险原则，因此我国刑法总体落脚点是合理的。也就是说在这种跨国的刑事案件中，可能出现刑事已决案件出现二次审判的情况，给当事人带来了诉累，但是最终结果是没有带来多余的损害；且在纯粹国内的刑事案件中则极少出现既审案件再次审判的情况。

《公民权利和政治权利国际公约》第 14 条第 7 款规定：“任何人已依一国的法律及刑事程序被最后定罪或宣告无罪者，不得就同一罪名再予审判或惩罚。”《欧洲人权公约第七约定书》第 1 款规定：“任何人不得在一国家司法权限内对于依照该国的法律及刑事程序对已被最后判定有罪或无罪的判决而再次受到刑事程序的判决或惩罚。”②相类似规定还可见《美洲人权公约》第 8 条第 4 款。③ 在国际刑事公约中也有体现。《国际刑事法院规约》第 20 条“一罪不二审”规定：“(一)除本规约规定的情况外，本法院不得就本法院已经据以判定某人有罪或无罪的行为审判该人。(二)对于第五条所述犯罪，已经被本法院判定有罪或无罪的人，不得因该犯罪再由另一法院审判。”④《前南斯拉夫国际刑事法庭规约》第 10 条规定：“1. 根据本《规约》，任何人如犯有严重违反国际人道主义法行为，而他或她已受到国际法庭的审讯，就不应再受到国内法院的审讯……”⑤《卢旺达国际法庭规约》第 9 条规定了与前南法庭规约相同的内容。⑥ 在此使用了“一罪不二审”的表述，是因为国际刑事法院实行一审终审，

① 黄风：《刑诉法应增加承认与执行外国判决的制度》，载《现代法学》2007 年第 2 期。

② 黄风：《刑诉法应增加承认与执行外国判决的制度》，载《现代法学》2007 年第 2 期。

③ Gerard Conway, *Ne Bis in Idem* in International Law, 3 Int'l Crim. L. Rev., 2003, p. 219.

④ 赵永琛编：《国际刑法约章选编》，中国人民公安大学出版社 1999 年版，第 741~742 页。

⑤ 赵永琛编：《国际刑法约章选编》，中国人民公安大学出版社 1999 年版，第 704 页。

⑥ 赵永琛编：《国际刑法约章选编》，中国人民公安大学出版社 1999 年版，第 713 页。

不像国内法院实行二审终审或三审终审。

如果将国内或国际法庭设置的“一罪不二审”(实为“一事不再理”)的基本原理运用在引渡的场合，实际上就是对已经由被请求国作出最后判决结果的犯罪拒绝引渡，因为引渡的目的无非是对犯罪进行追诉，而如果引渡回去后请求国就同一犯罪进行追诉，不就直接违反了“一罪不二审”或“一事不再理”的基本精神了吗？

“一罪不二审”或“一事不再理”基本原理的运用在引渡的场合得到了很多引渡条约、公约和国内法的印证。《泰王国政府与印度尼西亚共和国政府引渡条约》第 10 条规定：“如果被请求主管机关已对被请求引渡人就引渡请求所依据的一项或数项犯罪作出了终审判决，应不同意引渡。”①根据《澳大利亚和奥地利共和国引渡条约》第 4 条第 1 款第 1 项规定，如果某人因构成引渡请求所针对的犯罪的故意或疏忽行为，已收到被请求国或第三国主管机关的审判、受到处罚，则不应准许引渡该人。② 根据《西班牙和多米尼加共和国引渡条约》第 9 条的规定，如果某人已因与请求中所列的相同罪行受到被请求方主管机关的审判，被请求方可以拒绝引渡。③ 根据《哥伦比亚和委内瑞拉引渡条约》第 3 条第 2 款的规定，被要求引渡者已经服刑、被赦免或减免刑罚，则被请求国无义务引渡。④ 根据《美国和墨西哥引渡条约》第 6 条，当被请求引渡人已就其被请求引渡的犯罪由被请求引渡方起诉或审理并判决或赦免时，将不准予引渡。⑤ 根据《英国与美国引渡条约》第 5 条第 1 款第 1 项，如果在被请求方境内因请求引渡的犯罪而受到起诉，被请求引渡人根据在请求方或被请求方或第三国境内已被宣判的无罪或有罪而有权获得释放，则不得准予引渡。⑥《联合国引渡示范条约》⑦《欧洲引渡公约》⑧《美洲引渡公约》⑨和《西非国家经济共同

① 外交部条约法律司编：《引渡法资料选编》，世界知识出版社 1998 年版，第 417 页。
② 外交部条约法律司编：《引渡法资料选编》，世界知识出版社 1998 年版，第 445 页。
③ 外交部条约法律司编：《引渡法资料选编》，世界知识出版社 1998 年版，第 455 页。
④ 外交部条约法律司编：《引渡法资料选编》，世界知识出版社 1998 年版，第 472 页。
⑤ 外交部条约法律司编：《引渡法资料选编》，世界知识出版社 1998 年版，第 478 页。
⑥ 外交部条约法律司编：《引渡法资料选编》，世界知识出版社 1998 年版，第 488～489 页。
⑦ 外交部条约法律司编：《引渡法资料选编》，世界知识出版社 1998 年版，第 639 页。
⑧ 外交部条约法律司编：《引渡法资料选编》，世界知识出版社 1998 年版，第 589 页。
⑨ 外交部条约法律司编：《引渡法资料选编》，世界知识出版社 1998 年版，第 606 页。

体引渡公约》①都有这样的规定。中国《引渡法》第 8 条第 2 款也是这样的规定。

因此，总体而言，我国所签引渡条约的相关规定就是来自“一事不再理”原理在引渡场合运用的结果。另外，在我国所签双边引渡条约中只规定了“在被请求国已作判决”，而没有“在请求国已作出判决”的字眼，是因为推定请求国没有就被请求人的罪行进行过起诉和审判(缺席审判除外)，不然就不会提出引渡请求。

但也要注意普通法国家提出的“双重主权原则”，它是指同一人单一的行为触犯两个国家的法律时，他就犯了两项罪行，应受到两个国家刑法的处罚；该原则的依据是，犯罪是一种侵犯一国主权的行为，应当受到追究。② 该学说有一定道理，但不可避免地出现重复追诉现象，违反一事不再理原则。③ 解决该冲突的办法惟有友好协商，统筹证据，使该犯罪在一个平面上来解决；或者如同大多数的引渡条约一样，将一事不再理原则直接规定在条约中，因为条约毕竟也是协商的产物。如果有条约明确规定，则应按照条约规定办理。

二、“同一犯罪”或“同一罪行”的判明问题

在我国双边引渡条约中，一般都是将“已决案件”情形规定为强制性拒绝引渡情形，如根据《中华人民共和国和柬埔寨王国引渡条约》第 5 条第 3 款规定，在引渡请求提出前，被请求方已对被请求引渡人就同一犯罪作出判决，则应不予引渡。这种规定的反面解释就是，如果被请求引渡方对被请求引渡人不是针对据以请求引渡的同一罪行作出了最终判决，则可以准予引渡。因此，在条约实践中法院对“同一罪行”的判明非常关键，往往成为能否引渡的重要依据。下文所讨论的案例就是与此有关的典型案例。

(一)埃尔科克案案情概要及判决结论④

1997 年 8 月 29 日，德国人埃尔科克(Elcock)与他的同谋康拉多斯(Conradus)从德国柏林的一家银行偷走了价值 419720 美元的各种外国货币。

① 外交部条约法律司编：《引渡法资料选编》，世界知识出版社 1998 年版，第 615 页。

② United States v. Rashed，83 F. Supp. 2d 96，1999 U. S. Dist. Lexis 20341，p. 6.

③ 史立梅：《论国际刑事司法中的一事不再理原则》，载《刑法论丛》2011 年第 3 卷，第 462 页。

④ Elcock v. United States，80 F. Supp. 2d 70，2000 U. S. Dist. Lexis 593.

康拉多斯是埃尔科克的女朋友，也是该银行的雇员，他协助埃尔科克获得了银行保险箱的密码以及进入金库所需的一套钥匙。然后，康拉多斯和埃尔科克一起去了银行，实施盗窃。接着埃尔科克和康拉多斯回到了康拉多斯的公寓，在那里他们把钱分别藏在一个中空的泰迪熊和三个中空的拼图盒里。然后他们把泰迪熊和三个盒子打包成一个包裹，并于第二天把包裹寄给了埃尔科克在美国的妹妹。包裹上标有虚构的回信地址和“生日快乐”字样。第三天，埃尔科克飞到美国，为了拦截包裹，他住在其妹妹家里。当银行周一上班时，银行官员发现了这起盗窃案，当天晚些时候，康拉多斯被捕。一周后，即 1997 年 9 月 8 日，包裹抵达美国约翰·肯尼迪国际机场的邮件中心。在对包裹进行例行 X 光检查时，美国海关总署的特工发现了被盗的货币。1997 年 9 月 22 日，海关人员将包裹控制，并运送到埃尔科克妹妹地址的住处。埃尔科克接收了包裹，撕开了泰迪熊，随后立即被逮捕。

被捕后，埃尔科克在美国地区法院被起诉并受审，罪名是在外国贸易中运输被盗货币(罪名一)、接收和拥有被盗货币(罪名二)和将盗来的货币走私到美国(罪名三)。1998 年 4 月 3 日审判结束时，陪审团裁定埃尔科克犯有第一条和第三条罪状——在外国贸易中运输被盗货币和将货币走私到美国，但没有对第二条罪状——接收和拥有被盗货币作出判决。最终，埃尔科克被判 30 个月监禁，2000 年 1 月 29 日获释。

当埃尔科克在美国法院被起诉的同时，引渡程序也在该法院展开。1997 年 9 月 17 日，德国柏林蒂尔加滕地区法院对埃尔科克发出了逮捕令，指控他犯有重大盗窃罪和违反德国罪行而密谋犯下重大盗窃罪。根据德国的请求，1997 年 11 月 25 日，美国代表德国提出了对埃尔科克的引渡诉求。1999 年 3 月 29 日，埃尔科克申请人身保护令来阻止对他的引渡。埃尔科克辩解说，由于他在美国已被起诉，美国与德国之间引渡条约的“事先审理条款”(已决案件条款)禁止引渡他。

该案涉及 1978 年 6 月 20 日美利坚合众国与德意志联邦共和国关于引渡的条约第 8 条(“对同一罪行的事先审理”)的解释，其中规定：如果被请求引渡人因被请求引渡的罪行已由被请求国主管机关审判、解除或者受到具有最终约束力的处罚，则不准予引渡。在该案中，与该解释有关的埃尔科克请愿书的主要问题是，美国对运输、走私和接收被盗货币的起诉，以及德国对银行盗窃案的指控，是否构成了条约意义上对同一“罪行”的连续起诉。

法院认为，德国盗窃罪包含了美国盗窃罪所不包含的内容。例如，德国的盗窃指控需要证明埃尔科克盗取了他人的个人财产(或与他人共同盗取)，而美国的国际运输、走私和接收或占有的指控则不需要。相反，美国的指控包括了德国的盗窃指控所没有的内容。因此，德国的盗窃指控与美国起诉书中的指控是不同的“罪行”。法院的结论是，美德引渡条约第 8 条并不阻止埃尔科克被引渡到德国，他将因 1997 年的银行盗窃案在德国受到起诉。因此，埃尔科克提出的阻止引渡他的人身保护令的请求被拒绝。即美国法院准予德国对埃尔科克的引渡请求。

(二)法院的论证过程

1. 确定争议焦点

法院在判决中指出：“本案主要争议点在于：对于美德引渡条约第 8 条的规定‘如果被请求引渡的人已被请求国主管当局对据以请求引渡的罪行进行了审判并被释放或惩罚，且具最终约束力，则不得准予引渡’，各方具有不同的理解。从而涉及美国对埃尔科克运输赃物罪和把外币走私到美国的起诉以及德国对埃尔科克重大盗窃罪的指控是否构成对条约意义上同一‘罪行(offence)’的连续起诉的判断。”①因此该案主要涉及对美德引渡条约中“同一罪行”的解释问题。

2. 展示及评价政府主张②

根据弗兰德利(Friendly)法官在辛多纳(Sindona)案中的部分意见，③ 政府方敦促法院仅根据双重危险(Double Jeopardy)的国内法解释美德引渡条约第 8 条，且敦促法院应适用布洛克伯格(Blockburger)或“相同要素”准则，以确定德国的指控是否与埃尔科克在美国被起诉的指控所涉及的罪行相同。布洛克伯格准则是指，如果每一项罪行均要求另一项罪行并不存在的额外的事实证据来证明，则两项罪行构成引渡条约中双重危险条款所指的“不同罪行”。④ 法院指出，通过国内法来解释条约仅仅是辛多纳案中一个方便的选择，只是第二好的方法，在没有类似条约条款的国内法规定的情况下，法院可能不会仅仅依靠条约条款在国内法范围内的含义，以免失去条约条款的真实意义，法院必须首先求助于已确立的条约解释原则，以辨别条约中所用术语的含义。

---

① Elcock v. United States, 80 F. Supp. 2d 70, 2000 U. S. Dist. Lexis 593, p. 8.

② Elcock v. United States, 80 F. Supp. 2d 70, 2000 U. S. Dist. Lexis 593, pp. 8-10.

③ Sindona v. Grant, 619 F. 2d 167(2d Cir., 1980).

④ Blockburger v. United States, 284 U. S. 299, 304, 52 S. Ct. 180, 182, 76 L. Ed. 306 (1932).

3. 提出条约解释的原则

法院指出，条约解释首先应当从条约的语言开始；因为条约是国家之间的协议，因此，法院有责任将条约的特定用语解释成与缔约方共同期望相一致的含义。法院引用《美国外交关系法重述》的观点指出，美国法院解释的主要目的是确定当事方意图赋予该用语的意思。① 而为了确定该意思，法院可以参考条约的缔约和起草历史(准备资料)②，以及当事方在条约适用时的嗣后惯例③。有鉴于此，参议院批准前的讨论意见④，以及行政机关的解释结论对条约解释有重要指导意义⑤。最后，条约的解释要经"熟悉原则"("善意原则"，笔者注)的检验，即条约义务要实现其目的，须自由地被解释成：移交逃犯以使其受到被请求的犯罪的审判。⑥

4. 讨论双重危险和"一事不再理"原则⑦

法院首先指出，尽管双重危险原则是被广泛接受的根植于罗马法的刑事司法原则，但是关于其确切含义或是否是适用于特定情况的一般规则，尚无国际共识。同时，尽管较为清楚的是，一事不再理原则中的"相同行为"比双重危险原则中的"相同犯罪"有更为广泛的运用来阻抗引渡，而且"一事不再理条款更有可能适用在被请求国已经因相同行为进行起诉"中。

关于"相同犯罪"的理解，依照巴西奥尼的说法，是指"相同指控"或"有更轻型的犯罪包括在内的犯罪"或"与此相关但不包括在内的犯罪"中的任何一种，但按照美国国务院的说法，"相同犯罪"仅指"相同因素的犯罪"或"有更轻型的犯罪包括在内的犯罪"。

关于两种原则的区别。在美国国务院向其参议院外交委员会提交的关于引渡条约的技术分析报告中，解释了引渡条约中双重危险条款的"犯罪"概念时

---

① Restatement(Third) of the Foreign Relations Law of the United States § 325 Reporters' Note 4(1987).

② El Al Israel Airlines, Ltd. v. Tseng, 525 U.S. 155, 119 S.Ct. 662, 671, 142 L.Ed. 2d 576(1999).

③ Restatement(Third) of the Foreign Relations Law of the United States § 325(2) & Cmt. c.

④ United States v. Stuart, 489 U.S. 353, 367 n.7, 109 S.Ct. 1183, 1191 n.7, 103 L.Ed. 2d 388(1989).

⑤ Factor v. Laubenheimer, 290 U.S. 276, 295, 54 S.Ct. 191, 196, 78 L.Ed. 315 (1933).

⑥ Ludecke v. U.S. Marshal, 15 F.3d 496, 498(5th Cir., 1994).

⑦ Elcock v. United States, 80 F. Supp. 2d 70, 2000 U.S. Dist. Lexis 593, pp. 11-14.

指出：虽然行为相同，但罪行有所不同；仅仅涉及相同的事实是不够的。相比之下，大陆法系的一事不再理原则有更为广义的解释，即不但可以相同行为进行起诉，而且可以产生于相同事实的实质性相同的犯罪为依据进行起诉。因此，就此意义上来说，坚持一事不再理原则(“相同行为”)的德国比坚持双重危险原则(“相同犯罪”)的美国会作出更广泛的阻抗引渡的政策。

以此推知，如果德国的国内法在国际引渡的背景下指导该国理解一事不再理原则，那么很有可能，美国与德国在签署引渡条约时并没有形成对“(相同)犯罪”的共同理解。如果这是一项普通的合同诉讼，法院可能会发现美国和德国之间没有订立任何合同，因为就美德引渡条约第 8 条的含义没有达成共识。这实际上产生了对引渡条约理解和适用方面的冲突。

5. 指出冲突应朝利于国务院的解释进行解决①

但是，美国联邦地方法院不能以缔约双方之间没有共识的为由宣布由总统签署并由参议院批准的条约无效。因此，为辨识美德引渡条约第 8 条，有必要先抛开合同法的原则，采用条约解释的其他规则——作出有利于行政机关及促进引渡方面的解释。这两种解释的结果是采用布洛克伯格准则来判明“相同犯罪”问题。其理由在于：首先，如前所述，国务院已经明确表示引渡条约“双重危险”条款中的“犯罪”仅适用于国内起诉和引渡请求中的犯罪要素是相同的，不管形成犯罪的事实是否相同；其次，因为布洛克伯格提供的阻抗引渡的范围要比大陆法系的“一事不再理”概念或判例法中讨论的其他任何标准(例如布伦南大法官的“同一事件或交易”标准)的范围要窄，因此与其他任何可行的对第 8 条的解释相比，引渡都将更加容易，且是自由条约解释“熟悉规则”下的首选。因此，在没有任何进一步解释性原则指导的情况下，必须采用布洛克伯格准则作为确定美德引渡条约第 8 条中“罪行” 身份的有效标准。法院指出，总体而言，国际条约的执行性术语不应当赋予国内法背景下的相同意义，否则就会使得条约的条款无可避免地导致不适当的适用。

6. 适用布洛克伯格准则②

根据布洛克伯格准则，德国指控的罪行与美国起诉书中指控的罪行是两种不同的犯罪。

德国逮捕令中指控埃尔科克违反了《德国刑法典》第 242 条(“盗窃”)和第 243 条(“重大盗窃”)以及共犯责任条款第 25 条(“犯罪预备”)。德国逮捕令中

① Elcock v. United States, 80 F. Supp. 2d 70, 2000 U. S. Dist. Lexis 593, pp. 14-15.

② Elcock v. United States, 80 F. Supp. 2d 70, 2000 U. S. Dist. Lexis 593, pp. 15-16.

列出的每一项实质性罪行都需要证明美国起诉书中的罪行所不要求的额外事实。为了证明埃尔科克犯有德国法规规定的盗窃罪，德国检方必须证明埃尔科克以非法占有他人的个人财产为目的(或他与他人“共同犯罪”)(《德国刑法典》第 25 条第 2 款、第 242 条第 1 款)。

相反，为了证明埃尔科克犯有国际运输赃款罪，美国被要求证明埃尔科克明知和故意在外国商业中运输、传送或转移价值 5000 美元或以上的货币，且明知其被盗(《美国法典》第 18 章第 2314 条)。为了证明埃尔科克犯有走私罪，美国必须证明埃尔科克明知或欺诈性地输入或带入美国，或在输入后收到商品，违反(《美国法典》第 18 章第 545 条)。最后，为了证明埃尔科克收受或持有被盗货币的罪行，美国被要求证明明知或故意收受或持有价值 5000 美元或以上的货币在被盗后越过州或美国边界，且明知这些货币被盗(《美国法典》第 18 章第 2315 条)。

很明显，德国指控的盗窃罪包括了任何美国对其指控的犯罪中都不包括的内容。例如，德国指控的盗窃指控要求提供证据，证明埃尔科克拿走了另一个人的个人财产(或共同拿走)，而美国的国际运输、走私和收受或占有指控则没有。由于德国逮捕令中的任何一项指控与美国起诉书中的任何一项指控都不构成相同的“罪行”，因此，埃尔科克对第一项和第三项指控的定罪以及对起诉书第二项指控的驳回并不妨碍埃尔科克根据美德引渡条约第 8 条被引渡到德国。

7. 驳斥埃尔科克的论证依据①

除了争辩说布洛克伯格准则并不是对美德引渡条约第 8 条所指“罪行”进行身份鉴定的适当标准，埃尔科克还辩称，美国法院一贯认为，不能因盗窃财产和接收被盗财产而分别对被告进行惩罚(意思是，两种罪行是一体的，笔者注)。因此，他认为，既然美国法院已经在其起诉书中驳回了对他的接收被盗财产的指控，则根据美德引渡条约第 8 条双重危险条款提供的保护，不能因盗窃罪而被引渡(因为盗窃罪也应被驳回，笔者注)。

美国法院认为，法院驳回对埃尔科克的接收被盗财产的指控的决定并不是来自宪法或普通法，而是来自联邦法律，而联邦法律只规定有盗窃罪没有接收被盗财产罪，且前者涵盖了后者。则按照法院的推理，既然驳回了接收被盗财产罪，则也说明并不构成盗窃罪(至少在美国)。

埃尔科克还辩称，他因盗窃银行而受到“最终约束力”的处罚，理由是该

① Elcock v. United States, 80 F. Supp. 2d 70, 2000 U. S. Dist. Lexis 593, pp. 16-18.

法院根据《量刑指南》将盗窃银行的证据视为“相关行为”的证据，并根据该证据作出了处罚的向上移动，理由是从事了比较大的谋划行动。但是，法院认为，根据国内法，公认的是，基于相关行为的证据进行的处罚增强不构成出于双重危险目的对该行为的惩罚；在美国法院看来，埃尔科克的刑期得到了提高，是因为有较大的谋划行动，而不是因为盗窃，在德国发生的盗窃案仅被视为计划的证据。

(三)具有跨境因素的特殊“一罪”与“数罪”问题的判明

如果说埃尔科克案仅展现了具有跨国因素“同一罪行”的一种情形的话，那么，类似的具有跨国因素的更多、更特殊的情形依然存在。这些情形往往是由一犯罪主体实施，犯罪行为具有跨国性而导致对“一罪”还是“数罪”的判明问题。

1. 连续性犯罪

从广义上来讲，连续性犯罪是指在时间上连续跨境所犯的不同罪行，比如埃尔科克所犯所的罪行就是这样。在德国犯盗窃罪后，接着就是跨境转移被盗物品(货币)，从而在美国构成运输和走私外汇罪。罪犯为同一人，但是侵犯的犯罪客体在两个国家是不一样的。

从狭义上讲的连续性犯罪，即国内法上讲的连续犯，是指行为人出于连续的同一故意，连续实施数个独立成罪的行为，触犯同一罪名的犯罪。① 其构成要件包括：(1)须有连续的同一犯罪故意；(2)须连续实施数个可以独立成罪的行为；(3)须触犯同一罪名。如出于对社会的同一报复心理，在一两个月内不加区别地连续杀(伤害)数人。我国司法实践，对连续犯一一罪从重处罚，无论是一般的还是严重的连续犯，都在法定刑的幅度内从重处罚。② 设想该罪犯也有可能在境外延续杀(伤害)人，此时该人在国外无疑可定为杀(伤害)人罪，该人在国内毫无疑问可定为杀(伤害)人罪，那该人就会出现两罪在两国分别判刑处罚。但是假设两国就犯罪证据方面进行统筹，即互相交换证据，证明该被告是出于同一犯罪动机，那其实可以在其原籍国只定一罪，只是从重处罚而已。对被告可以采取引渡或移管的方式实现对其的处罚。

2. 继续犯

又称持续犯，指一个已经实现既遂的行为，在既遂后的相当时间内持续

---

① 马克昌主编：《犯罪通论》，武汉大学出版社2000年版，第691页。

② 马克昌主编：《犯罪通论》，武汉大学出版社2000年版，第701页。

侵犯同一或相同客体的犯罪。① 比如非法拘禁罪，一般来说，拘禁完成即实现了该罪的既遂。而如果拘禁被害人时间比较长，拘禁地点经常变化，从表面看是有数个(二级)行为或动作，但是都可以归到拘禁这一(一级)行为上来，因此只能算一个行为。尽管有比较复杂的情形，但是该罪行一直都是侵犯一个客体——人身自由权。因此该行为只能归为一罪。此为继续犯。该罪行后面的继续状态是该罪的加重情节。继续犯有别于"状态犯"。所谓"状态犯"是指犯罪完成后的一种不法状态，为该罪必不可少的后续状态。如盗窃他人财物后非法占有，非法占有是窃取行为——犯罪既遂的继续状态；反之，没有非法占有，盗窃罪还算完整吗？因此，所谓盗窃是与非法占有连为一体的。而继续犯相当于犯罪行为的累次叠加，只不过是在二级水平的叠加。

设想非法拘禁犯罪者将被拘禁人挟持到了境外，就使得非法拘禁具有了跨境因素。此时该外国是可以将犯罪者定为独立的非法拘禁罪，而在国内毫无疑问也是可以的，那也会构成两罪。同样，也须实行上述的证据统筹和司法协助，实现对罪犯的一罪定罪和国内处罚。

3. 牵连犯

牵连犯是指犯一罪，其方法或结果行为触犯其他罪名的犯罪。具体说，行为人的目的，仅意图犯一罪，实施的方法行为或结果行为另外触犯了其他不同罪名，其方法行为与目的行为，或原因行为与结果行为之间具有牵连关系，这种犯罪现象，就是牵连犯。② 如因盗窃而破坏珍贵文物、名胜古迹，实为犯有两种罪，但是后者可归为前者的结果行为，因此，可定性为牵连犯，按一重罪从重惩处。但从以上定义，很难看出牵连犯会有跨国情形，因为牵连犯罪的方法行为与目的行为或原因行为与结果行为都只可能在国内一国完成，比如盗窃时破坏珍贵文物几乎是同时发生的。但是，该定义如果植入跨国因素，比如盗窃在国内，窝赃在国外，而国外刑法又恰好有窝赃罪，则该犯罪者也会构成牵连犯的定义范畴。此时如果实行国内外证据统筹，同样可以对该罪犯只定一罪，即盗窃罪。在埃尔科克案中，就是这样，埃尔科克在德国盗窃外国货币，在美国窝赃，而美国是存在窝赃罪的，但是德国方面向美国提供了非常充分的犯罪证据，美国巡回上诉法院最后剔除了窝赃罪，为德国只定盗窃罪打下了基础。

---

① 马克昌主编：《犯罪通论》，武汉大学出版社 2000 年版，第 620 页。

② 马克昌主编：《犯罪通论》，武汉大学出版社 2000 年版，第 680 页。

4. 想象竞合犯

想象竞合犯是指一个犯罪行为而触犯数个罪名的犯罪；具体来说，是指基于一个犯意的发动，实施一个犯罪行为，侵犯数个客体，成立数个罪名的情况，例如，开一枪击毙一人、击伤一人，即是一行为而触犯杀人罪与伤害罪两个罪名。① 对于想象竞合犯的处罚，我国法学家主张从一重罪处断，其根据在于主客观两个方面，主观上仅有一个犯意，客观上仅有一个行为，从主客观统一观察，纵然外观上是数罪，应以一重罪处断；认为这样处理法理公允，裁判衡平，足以充分体现罪与刑相适应的基本原则。②

假设某人开一枪击毙境外的一人、击伤境内的一人，那么该犯罪就具有了跨境因素。排除该两个被袭击者为越境者或企图越境者，只是两国普通的公民。此时该犯罪者在国外可定为杀人罪无疑，在国内可能被定为伤害罪，但是如果两国也是实行证据统筹，同样也可以对该人只定一重罪，依照重罪处罚，即以杀人罪定罪处罚。

（四）与我国有关的案例

与埃尔科克案比较相似的涉中国案例是余某东案，虽然该案没有讨论已决案件问题。余某东在中国犯贪污和挪用公款罪，后逃往美国。2002 年被美国移民局羁押，2004 年美国内华达州地区法院以非法入境、非法移民及洗钱三项罪名判处被告人余某东 144 个月监禁。③ 同年被遣返（实为引渡）到中国，2006 年在中国以贪污、挪用罪判处有期徒刑 12 年。④ 很显然，美国的罪名与中国的罪名不同。也可能正是因为这一点，已决案件条款中“同一罪行”的问题并没有在本案进入议事日程。这算作是“同一罪行”要求的反面适用，尽管在美国只判罪而没有服刑。

与余某东案算作是姊妹案的许某凡案值得讨论。同一单位的银行行长前后出逃到美国后，2004 年余某东被遣返到中国后，许某凡选择在美国服刑。2009 年，许在美国被判洗钱、跨州转运盗窃资金、护照和签证欺诈等五项罪

① 马克昌主编：《犯罪通论》，武汉大学出版社 2000 年版，第 671 页。

② 马克昌主编：《犯罪通论》，武汉大学出版社 2000 年版，第 679 页。

③ 张春波：《巨贪潜逃：“余振东案”案情回顾》，载《中国审判新闻》（半月刊），2015 年 7 月 20 日出版，第 28 页。

④ 张春波：《巨贪潜逃：“余振东案”案情回顾》，载《中国审判新闻》（半月刊），2015 年 7 月 20 日出版，第 29 页。

名，获有期徒刑 25 年。① 2018 年被遣返回中国。② 关于许某凡回到中国后是否再会受审的问题。笔者以为，许某凡在美国所判罪行与在中国所犯罪行完全不同，不属于已决案件的“同一罪行”，因此应当在中国像余某东一样以贪污、挪用罪获刑。

黄某勇案。黄某勇在秘鲁并没有受到如同余某东、许某凡一样的与国内犯罪不同的罪名所获得的刑罚，他是因秘鲁应中国的请求对其进行羁押，罪名应该是来自中国，即走私罪，后来发生在秘鲁的羁押期间能否折抵国内刑罚的监禁期的问题。最高院最后的决定是不能折抵的，赵秉志教授认为可以折抵，理由是罪刑法定原则等。③ 笔者认为可以折抵，但理由应是因“同一罪名”的拘禁或监禁。他并没有在秘鲁根据秘鲁国内法判处如非法移民、洗钱等罪，而是根据中国当局的要求，即走私罪进行羁押，相当于根据中国的定罪在外国先行进行了羁押，因此回国后当然可以折抵国内的刑期。

三、“已作出判决”或“已终止诉讼程序”的判明

如果说前述“同一罪行”的判明问题主要是刑法问题的话，则“已作出判决”或“已终止诉讼程序”的判明则是刑事诉讼法的范畴。在条约适用过程中，如果对“同一罪行”已经判明，则应转向诉讼程序的已决或终决问题上。根据引渡条约“已决案件”条款，“已决”问题应根据被请求国法律，即主要是该国刑事诉讼法来确定。

（一）中国

中国虽然没有明确的“一事不再理”或禁止双重危险原则，但是对所谓“作出判决”和“终止刑事诉讼”的理解，一般是指由人民法院作出的已发生法律效力的处罚判决、由人民检察院作出的不起诉决定书、由公安机关作出的撤销案件的决定等终决案件情形。④ 我国法院的诉讼程序一般实行二审终审的制度，

---

① 张春波：《巨贪潜逃：“余振东案”案情回顾》，载《中国审判新闻》（半月刊），2015 年 7 月 20 日出版，第 29 页。

② 《中国银行开平支行案主犯许超凡被美国强制遣返》，2018 年 7 月 11 日，载环球网：https：//world. huanqiu. com/article/9CaKrnKaiQr，2020 年 12 月 20 日最后访问。

③ 见赵秉志：《黄海勇引渡案：中国最复杂引渡案之观察》，载《东南法学》2017 年第 1 期。

④ 黄风著：《〈中华人民共和国引渡法〉评注》，中国法制出版社 2001 年版，第 49 页。

但我国法院也实行错案必纠的制度，即对终审的案件有可能实行再审。这种再审程序在我国就是审判监督程序。它是指人民法院、人民检察院对已经发生法律效力的裁决和裁定，发现在认定事实或适用法律上确有错误，依法提起并对案件进行重新审判的一项特别审判程序。① 启动程序可以由当事人及其法定代理人、近亲属，对已经发生法律效力的判决、裁定，向法院和检察院提起申诉，也可以由检察院抗诉，也可以由法院自身发现错误而重审。

在引渡条约“已决案件”条款背景下解读上述规定，就是，如果向中国提出引渡请求，中国法院认为具有请求的犯罪已被中国司法机关确定为终决案件，则可以拒绝引渡；但是如果发现该类终决案件的决定确有错误，也可以准予引渡，由请求国法院来加以审判。

（二）英国②

英国实行禁止双重危险原则，具体做法为既决抗辩和程序滥用理论。既决抗辩的实施有两个前提条件，一是必须存在一个“有效的”有罪或无罪的判决；二是后起诉的“犯罪”与被告人已经被宣判的犯罪必须是完全相同的，作为认定构成犯罪的“事实”以及该事实所构成的“法律特征”均须前后一致。然后是程序滥用理论，它是指当被告人不可能受到公正审判时，或者虽然可能受到公正审判，但是对他审判本身就不公正时，法官有权裁定终止诉讼。说得更通俗一点就是，在以上两种情形下，是可以认定诉讼程序终决的。但在英国存在诉讼程序终决的例外，那就是当出现新证据时。1999 年 3 月 19 日，英国特设直布罗陀上诉法院维持了对被告利奥尼以拥有和进口大麻罪重新起诉的裁定，此前一阶段诉讼程序被告被法院终裁为无罪。以新证据可以提起再审的情形得到了 2003 年英国通过的《刑事司法法》的确认，该法是对禁止双重危险原则的改革。该法规定允许对判定“终审”的案件进行再审，条件是必须要有令人信服的新证据。

以上规定如果放在引渡条约“已决案件”条款中刑诉法的背景下来解读，实际上就是，在英国法院受理的引渡案件中，如果法院认为请求国据以提出请

---

① 陈光中主编：《刑事诉讼法》，北京大学出版社、高等教育出版社 2008 年版，第 381 页。具体规定见 2018 年修订后的中国《刑事诉讼法》第 252~258 条。

② 该小节主要参见李昌盛：《禁止双重危险原则在英国的发展》，载《人民检察》2006 年第 12 期(上)；张毅：《刑事诉讼中的禁止双重危险规则》，中国人民公安大学出版社 2004 年版，第 215~222 页。

求的犯罪已经在英国裁定为既决案件或终止诉讼程序案件，则法院可以作出不予引渡的裁定。但是，如果请求国有令人信服的新证据显示该犯罪可以重新起诉，被请求国也可以作出准予引渡的决定。

（三）法国①

法国发生既判力的裁判分为形式裁判和实体裁判。形式裁判是指不起诉的裁定，它必须由预审法院作出才有一事不再理的效果。实体裁判须具备"同一违法事实"的前提条件，即如《法国刑事诉讼法》第368条所规定的："任何人经依法宣告无罪不得因同一事实再行受到拘捕或者控诉，即使以不同的罪名拘捕或控诉，亦同。"意思是，如果某人被法院宣告为无罪，则后来法院不得依照同一事实的有罪罪名来推翻原判决。同理可知，如果某人被法院判定为一罪，则后来法院不得依照同一事实的另一罪名来推翻原罪名。即强调"同一事实"而不是"同一罪名"。而如果要推翻具有既判力的判决，必须向法国最高法院申诉。具体有两种途径，一是直接向最高法院申诉，二是由欧洲人权法院作出裁决后，申请人以此裁决为依据，向最高法院申诉。

在引渡的背景下来解读以上规定，则是，如果向法国提出引渡请求，法国如果认为据以请求的犯罪已经被法国认定为作出了具有既判例力的形式或实体裁决，则应拒绝引渡；但是有关人员或方面（比如代表请求方政府的当地政府）已经向法国最高法院申诉推翻了该犯罪有关的裁决，则也可以同意对该请求引渡人的引渡。

（四）德国②

德国的既判力裁决分为绝对既判力裁决和相对既判力裁决。前者包括所有法院作出的实体性裁决，后者主要是指法院作出的中止诉讼的裁定。后者是指发现新证据和新事实，或事后发现有重大违法事由需要重新启动诉讼程序的情形。在德国也会发生既判力中断的情况。但是相比法国，其不能以"同一行为"的关联行为或行为性质更重的行为主张既判力的中断。启动对既判力裁决的再审程序的理由，与法国一样，可以是：（1）对判决有主要影响的书证被证

① 该小节参见张泽涛：《禁止重复追诉研究——以大陆法系既判力理论为切入点》，载《法律科学（西北政法学院学报）》2007年第4期。

② 该小节参见张泽涛：《禁止重复追诉研究——以大陆法系既判力理论为切入点》，载《法律科学（西北政法学院学报）》2007年第4期。

明是伪造的；(2)证人或鉴定人故意或过失作虚假的证词；(3)参审的法官或陪审法官犯有与案件有关的违反职责的犯罪。

在引渡的背景下解读以上规定，则是，假设向德国政府提出引渡请求，如果德国政府认为据以请求的犯罪已经被德国法院作出具有既判力的裁决，可以作出不予引渡的决定；但是如果该犯罪属于既判力中断的情形，则可以作出准予引渡的决定。

评注 12 缺席审判条款

所谓缺席审判条款是指规定以在请求国缺席审判并定罪为由而应当拒绝引渡的条约条款。具体可见《中华人民共和国和柬埔寨王国引渡条约》第 3 条规定："有下列情形之一的，应根据本条约不予引渡：……如果请求方的判决为缺席判决，被判定有罪的人没有得到有关审判的充分通知或未得到安排辩护的机会，而且已没有机会或将没有机会使该案件在其出庭的情况下得到重新审理。"①这样的条约条款在我国所签双边引渡条约中并不多，只有与柬埔寨、突尼斯、老挝、阿拉伯联合酋长国、阿塞拜疆等国的引渡条约具有这样的条款。条款内容大同小异。该规定虽为强制性义务条款，但是也有例外情形，即在得到请求国"重新审理"的承诺的情况下依然可以准予引渡。其中"被判有罪"，应理解为完成了检察院起诉、法院质证等一整套审理程序后的最终定罪量刑，仅仅对检察院审判没收财产应不算"判定有罪"。② 仅仅律师或亲人出庭辩护应不构成"安排辩护"，因为条款明确规定是"被判定有罪的人"的"出庭辩护"。

一、立法缘由及评价

首先看积极导向。该类条款将缺席审判设定为拒绝应当事项，其立法价值观来自对正当程序和基本人权的保障，主要涉及犯罪嫌疑人的庭审在场权是否得到充分保障的问题。庭审在场权问题得到了国际公约及国内宪法等法律文件

① 见《中华人民共和国和柬埔寨王国引渡条约》第 3 条第 6 款。

② 如 2019 年 10 月 30 日至 2020 年 1 月 3 日湖南省岳阳市中级人民法院对彭某峰、贾某雨因受贿或洗钱罪而作出的没收其非法所得的裁决就不是"被判有罪"的行动，而是应检察院的申请作出的没收财产的裁决。相关内容可见《"红通人员"彭旭峰受贿、贾斯语受贿、洗钱违法所得没收申请案一审宣判》，载中央纪委国家监委网站：http：//www.ccdi.gov.cn/gzdt/gjhz/202001/t20200104_207137.html，2020 年 10 月 25 日最后访问。

的支持。根据《公民权利和政治权利国际公约》第 14 条，审判被控刑事罪时，被告一律有权平等享受最低限度之保障，包括到庭受审及亲自答辩或由其选任辩护人答辩。《美国宪法第六修正案》规定，被告人有与原告证人对质的权利，如果被告人从未出庭，则该宪法权利便无法实现。如果将缺席审判列为拒绝应当事项，实际上是对缺席审判的否定，而对庭审在场权的肯定，这从某种程度上弘扬了刑事诉讼正当程序的主导方向。且该制度设计中“重新审理”的规定是对缺席审判的补正，并让看似绝对的不引渡制度产生松动。

从国际立法来看。《联合国引渡示范条约》①《西非国家经济共同体引渡公约》②《西班牙与多米尼加共和国引渡和刑事司法协助条约》③《美国与瑞士引渡条约》④《美国与波兰引渡条约》⑤《美国与奥地利引渡条约》⑥等都有缺席审判条款。从国内法来看。《西班牙被动引渡法》⑦《中华人民共和国引渡法》⑧也有这样的条款。

但是该类条款也有其消极面。由于其对缺席审判的否定，被告有可能利用这一点，长期逃避或故意不到庭，这样会使得被告逃出国(原住国或犯罪地国)长期无法结案，影响办案效率和质量，且因为没有对其定罪，也就无法正当地没收其不法资产，并无法要求国外当局没收其在国外的不法资产，从而无法达到打击犯罪的目的。由此，我国的缺席审判制度也就应运而生了。为顺应国际追逃追赃形势的需要，我国于 2018 年在《刑事诉讼法》第五编增加一章，增设了刑事缺席审判制度。该制度(第 291 条)规定：“对于贪污贿赂等犯罪案件……犯罪嫌疑人、被告人在境外，监察机关、公安机关移送起诉，人民检察院认为犯罪事实已经查清，证据确实、充分，依法应当追究刑事责任的，可以向人民法院提起公诉。人民法院进行审查后，对于起诉书中有明确的指控犯罪

① 第 3(g)款。外交部条约法律司编：《引渡法资料选编》，世界知识出版社 1998 年版，第 639 页。

② 第 14 条。外交部条约法律司编：《引渡法资料选编》，世界知识出版社 1998 年版，第 615 页。

③ 第 11 条。外交部条约法律司编：《引渡法资料选编》，世界知识出版社 1998 年版，第 456 页。

④ Art. 7.

⑤ Art. 15.

⑥ Art. 9.

⑦ 第 2 条。外交部条约法律司编：《引渡法资料选编》，世界知识出版社 1998 年版，第 281 页。

⑧ 第 8(8)款。

事实，符合缺席审判程序适用条件的，应当决定开庭审判。”

不仅如此，缺席审判制度作为庭审在场权的例外，有其存在的合理性，特别是被告拒不到庭、客观上无法到庭的情形。① 缺席审判制度得到了国际、国内两个层面立法例和实践的支持。② 在国际层面，《纽伦堡军事法庭宪章》、《国际刑事法院罗马规约》、前南法庭《程序与证据规则》等规定有该制度。国内层面，纵观大陆法系国家缺席审判的立法例，荷兰、法国、比利时和意大利等国在立法上均有关于缺席审判的规定。③ 这些规定对引渡制度中缺席审判条款会构成一定程度的挑战或冲突。

二、意大利、法国等国家对缺席审判问题的典型适用

为理解缺席审判条款，可以看看某些国家的一些司法实践。先看我国学者在论文中引用的一个案例——埃因霍恩(Ira Einhorn)案：

> 1977 年，埃因霍恩杀害女友荷莉·麦道斯(Holly Maddux)。在其庭审即将开始之前，埃因霍恩潜逃境外。1993 年，因担心证人的遗失，费城地区检察官办公室在埃因霍恩缺席的情况下，对他提起公诉。陪审团认定埃因霍恩构成一级谋杀，判处其终身监禁不得假释。4 年后，法国警方于 1997 年 6 月 13 日成功抓获埃因霍恩，但很快就将埃因霍恩释放，理由是埃因霍恩缺席了他在美国的庭审。美国和法国之间的引渡协议签订于 1983 年，后经过多次重订和补充。最新的生效协议中未提及关于缺席判决的执行问题。由于条约未订明如何处理涉及缺席审判的引渡，法国最终依据其国内法，认为美国对缺席被告的权利保障不充分，没有赋予埃因霍恩回国后申请重审或上诉的权利，不符合公平审判要求，拒绝引渡。根据《法国刑事诉讼法典》第 379-4 条的规定：“根据第 379-3 条的规定被定罪的被告人，自行投案或在刑罚时效灭失之前被逮捕，之前的判决将视为全部不曾作出，并将按照第 269 条至第 379-1 条规定的一般程序对该案件进行重新审查。”由于法国主要通过赋予缺席被告人归案后的重审权利来保

① 参见陈卫东：《论中国特色刑事缺席审判制度》，载《中国刑事法杂志》2018 年第 3 期；James G. Starkey，Trial in Absentia，53 St. John's L. Rev. 721(1979)，p. 721.

② 参见裴显鼎、王秀梅：《全球视阈中的缺席审判研究》，载《吉林大学社会科学学报》2019 年第 6 期。

③ 参见裴显鼎、王秀梅：《全球视阈中的缺席审判研究》，载《吉林大学社会科学学报》2019 年第 6 期。

障公平审判，故此认为美国的缺席审判模式没有赋予被告人充分的公平审判权，进而拒绝引渡。为了引渡埃因霍恩回国，美国宾夕法尼亚州被迫修改了州立法，明确赋予缺席审判的被告人特定的重审权利以弥补在场权的缺失，满足法国的引渡要求。修法通过后，法国才重新协助逮捕了埃因霍恩并同意了对他的引渡。引渡决定同时附了两项条件，一是被引渡人回国后可以得到一次重新的审判，二是不对被告判处死刑。①

这是一则典型的"因缺席审判拒绝引渡，但在重新审理的承诺后可以引渡"的案例。另外，意大利塞萨尔·巴蒂斯蒂(Cesare Battisti)引渡案是因缺席审判恐怖主义犯罪而引渡成功的案例，英国齐奥塞斯库(Ceausescu)引渡案是因缺席审判腐败犯罪而最终引渡成功的案例。②

三、缺席审判条款与条约其他条款的冲突及解决：美国的做法

在司法实践中，缺席审判条款与引渡条约的其他条款可能会发生冲突，如某犯罪嫌疑人因恐怖主义犯罪在逃出国被缺席审判，在引渡司法程序中，他可以因缺席审判问题被拒绝引渡，也可以恐怖主义犯罪属于政治罪例外而列在可引渡的范围。这里其实发生了竞合性的条款适用的冲突。怎样解决这个问题？美国的做法是，对缺席审判问题(或条款)直接忽略，更多地考虑诸如是否具备合理根据等问题。而美国所谓"合理根据"原则其实是从其引渡条约的涉及"证据""证实"的条款发展而来。

案例一：

博格(Bogue)案③

嫌犯博格被控贩运毒品，违反了法国法律，在法国法院被缺席审判和定罪，并被判19年监禁。博格辩称，没有合理的根据支持可引渡的裁定，将他送回法国服刑将违反美国正当程序标准。请愿人还辩称，所判处的刑

① 郭晶：《缺席审判与引渡追逃的紧张关系及突破》，载《吉林大学社会科学学报》2019年第6期。

② 参见裴显鼎、王秀梅：《全球视阈中的缺席审判研究》，载《吉林大学社会科学学报》2019年第6期。

③ United States v. Bogue, 1998 U. S. Dist. Lexis 13208, 16784.

期已经到期，因此，他不应该被引渡。但美国法官签发了可引渡证书，并拒绝保释。对于被引渡人提出的缺席审判阻抗引渡的问题，法院提出了两点主张。一是定罪虽然是在缺席的情况下获得的，但请求国提供了充分的犯罪证据，满足了《美国法典》第 18 编第 3184 节的合理根据要求。在 Gouveia 一案中，法院认为，在引渡问题上，它不能根据人身保护令审查确定被告犯罪的证据的充分性。因此，法院没有质疑寻求引渡的国家判定被告有罪是否正确。二是美国法院不能质疑法国政府是否以缺席的罪名将被请求人定罪。在此，调查仅限于引渡裁判官对合理根据的认定是否合理。被请求人辩称，确定无疑的是，根据被告没有机会参加听证、发表意见的定罪是不合理的。然而，法院认为，确定法国政府在请愿人缺席的情况下进行审判的程序公正性问题，超出了法院的审查范围。这些问题最好留给国务卿处理，国务卿可以充分确定人道主义问题是否可以排除引渡。出于这些原因，法院不会因缺席判决而干扰治安法官对合理根据的认定。

很显然，在涉及缺席审判问题时，美国法院考虑更多的是引渡的合理根据要求，① 以及美国引渡法院固守的不调查规则(non-inquiry rule)②。该案例是在引渡条约没有缺席审判条款的情形。

案例二：

阿拉巴斯奇(Arambasic)引渡案③

2003 年 2 月 24 日，美国检察官办公室代表克罗地亚共和国政府向明尼苏达区提出申诉，要求引渡请愿人米塔尔·阿拉巴斯奇(Mitar Arambasic)。该人为前南斯拉夫塞尔维亚-黑山公民。引渡请求是根据

① Roberto Iroala, Foreign Extradition and in Absentia Convictions, 39 Seton Hall L. Rev. 843(2009), pp. 858-859.

② 所谓不调查规则，是指在引渡程序中，美国法院拒绝询问被请求国获取请求引渡的合理根据的证据和程序、在外国获得刑事定罪的手段、或引渡时关系人可能受到的刑事待遇。其理由是，法院认为，关系人(引渡人)提出的主张，即请求国普遍存在着改变条约以允许关系人引渡的动机和政策选择，是“似是而非”的。参见 M. Cherif Bassiouni, International Extradition: United States Law and Practice, six edition, Oxford Press, 2014, pp. 632-633.

③ Arambasic v. Ashcroft, 403 F. Supp. 2d 951; 2005 U. S. Dist. Lexis 31713.

1902年美国与塞尔维亚(前南斯拉夫)之间的条约提出的。引渡请求称，该嫌犯被缺席定罪，“因为犯有危害人类和国际法的罪行以及针对平民的战争罪”，并于1997年5月21日被判处20年徒刑。法庭辩论主要围绕两个问题展开：一是美国与塞尔维亚之间的引渡条约是否构成准予引渡的法律依据？二是该引渡是否被政治犯罪例外所排除？法院最后认为：“根据本案的事实，军事部队对其他战斗人员的袭击将是具有政治性质的行为。不管反对派战斗人员是在正规军中还是在武装游击队中，都是如此。但是证据表明，据称受害者是没有武装并投降的警察，而其他人则是没有武装的平民。据称对这些手无寸铁的人实施的暴行不是出于政治原因。政治冲突不是军队或其他任何人为自己的权力所希望的无力防御做任何事情的许可。阿兰巴斯奇先生应享有在中立性法庭上受审判的基本权利，在那里他有机会抗辩所提的指控。根据美国和塞尔维亚之间的引渡条约第6条，出于上述原因，人身保护令救济将被拒绝。”①即被列入可以引渡的范围。引渡之后可接受国内或国际的不偏不倚立场的中立性法庭的审判。

该案也是涉及缺席审判问题，但是本案并没有将其作为焦点问题进行辩论或分析。并最终以政治罪例外的排除情形，准予引渡。美国与前南斯拉夫的引渡条约没有缺席审判条款可能是一个原因，但是被请求人提出缺席审判问题后应被列入焦点问题进行辩论，也未尝不可。

案例三：

恩斯特(Ernst)引渡案②

恩斯特是瑞士人，后成为美国公民，据称他在20世纪70年代末和80年代初在瑞士进行了一系列欺诈性证券交易。恩斯特被指控犯有多项欺诈行为，并在公司财务记录中故意作出多项虚假记录，目的是夸大公司资产，损害股东利益。他在瑞士被缺席判决并被定罪为证券欺诈。瑞士政府通过美国政府寻求引渡这名外籍人士。其依据是两国于1997年生效的双边引渡条约(内含缺席审判条款)。法院主要围绕以下问题展开：(1)美国和请求国之间是否存在有效的引渡条约；(2)被逮捕的个人是否被通缉

① Arambasic v. Ashcroft, 403 F. Supp. 2d 951; 2005 U. S. Dist. Lexis 31713, p. 12.

② In re Extradition Ernst, 1998 U. S. Dist. Lexis 10523; 1998 WL 395267.

的个人；(3)被指控的罪行是否可引渡的；(4)是否满足了“双重犯罪”的要求；(5)是否有合理的理由相信被引渡者犯了被指控的罪行；(6)美国领事是否已提交、翻译并正式认证所需文件；(7)所有其他条约程序是否均已遵循。法院最后的结论是，美国政府(代表瑞士政府)的可引渡性证明申请被拒绝，但不影响在补充记录后六十(60)天内进行更新。

特别注意的是，该案犯被拒绝引渡并不是因为具备缺席审判条款的条件。1997年美国与瑞士的引渡条约第7条为缺席审判条款，内容与中国引渡条约中的相关条款基本相同。① 但是在该案中，法院并没有将其列入适用范围或辩论的焦点或分析的要点中，最后也是依据是否完全具备合理根据原则进行裁断。

笔者在考察缺席审判事项的多个美国引渡案例时，都会得出如上的结论，即缺席审判问题或条款被忽略，因为美国法院引渡程序的核心之一就是确定引渡的合理根据。美国解决该类冲突的方法对我国引渡条约相关条款的冲突有启示意义。

四、中国处理缺席审判引渡问题：卞仁镐案

我国唯一涉及缺席审判的案例是卞仁镐案。② 2006年大韩民国向我国请求引渡韩国国民卞仁镐。大韩民国《引渡请求书》载明：被请求引渡人卞仁镐系大韩民国籍公民，因犯违反关于特定经济犯罪从重处罚等法律，与1998年被判处有期徒刑15年，并处罚金200万韩元。韩国法院一审宣判后，卞仁镐向韩国首尔高等法院提出上诉，二审期间称病被停止执行逮捕命令，临时释放后在医院接受治疗，后趁机逃走，最终逃到中国。1999年韩国对其进行缺席审判，维持原判。被请求引渡人卞仁镐提出：其在大韩民国受到的判决是不公

---

① 该条款英文为：“If the person sought has been convicted in absentia, the Executive Authority of the United States and the competent authorities of Switzerland may refuse extradition unless the Requesting State gives such assurances as the Requested State considers sufficient to safeguard the rights of defense of the person sought.”翻译成中文为：“如果被请求引渡人被缺席定罪，美国行政当局和瑞士主管当局可拒绝引渡，除非请求国作出被请求国认为足以保障被请求引渡人辩护权的保证。”

② 见薛淑兰著：《引渡司法审查研究》，中国人民大学出版社2008年版，第504~509页。

正的；大韩民国法务部作出的承诺不具备法律效力。我国法院（辽宁省高级人民法院）认为，关于被请求引渡人卞仁镐提出的“其受到的判决不公正”的问题应由韩国根据本国法律进行审查，不属于中国法院审查范围。关于其提出的“大韩民国法务部作出的承诺不具备法律效力”的问题，经查韩国法务部的承诺是通过韩国外交部转给韩国驻华使馆的，其承诺书载明“大韩民国政府保证由中华人民共和国引渡该罪犯时，将给予其再审机会”代表了大韩民国政府。最后，高院和最高院都作出了准予引渡的裁定。

经查明，中国与韩国引渡条约中，没有缺席审判条款，中国法院“不属于中国法院审查范围”的做法，有点类似于美国引渡中的“不调查规则”，即不过问对方的司法制度和体制。况且按照引渡的基本惯例，只要请求方提出了正式的重新审判的外交承诺，则应准予引渡。所以中国在此问题上的做法应无可挑剔。正因为如此，在最高院的司法审查中，被请求引渡人再没有就此问题挑战法院。

五、条约缺席审判条款与国内法缺席审判制度的冲突及协调

正如前述，我国已在贪污贿赂等犯罪领域建立了缺席审判制度。而这与引渡条约中对缺席审判采拒绝态度是有冲突的。如何处理这种冲突呢？分两种情形来看。

第一种情形，如果我国为被动引渡国，即我国从外国引渡案犯的情形。首先，根据我国缺席审判制度的要求，一般必须达到“犯罪事实已经查清，证据确实、充分，依法应当追究刑事责任”的条件才会启动缺席审判程序。而这个条件往往也是被请求引渡准予引渡的条件，即构成该国引渡的合理根据要求（如同美国一样）。其次，我国可以作出回国后重新审理的承诺，符合缺席审判条款中的例外情形，从而可以引渡。

第二种情形，如果我国为主动引渡国，即从我国引渡出去的情形。如果我国意欲引渡该人，仍然可以要求请求国给予“重新审理”的承诺，毕竟这是缺席审判条款的例外情形，无论如何都是可以援引的，从而回应了被请求人对缺席审判条款主干原则的援引。如果我国意欲拒绝引渡该人，我国可以提出请求国提供的证据材料中事实不清、证据不足的理由，因为我国缺席审判制度的基本条件就是“事实确实、证据充分”，从而回应请求国对我国缺席审判制度的攻击。

评注 13　时效已过条款

所谓时效已过条款是指引渡条约中规定时效已过的刑事犯罪不得引渡的内容的条款。我国引渡条约大多有这样的条款。如《中华人民共和国和柬埔寨王国引渡条约》规定："有下列情形之一的，与根据本条约不予引渡：……由于任一缔约方的法律、包括有关时效的法律所规定的原因，不允许对请求引渡所针对的犯罪提起诉讼或执行刑罚。"①这是根据"任一缔约方的法律"确定时效的，还有根据"请求方法律"②或"被请求方法律"③来确定时效的规定。

一、立法缘由

时效在国内法中是比较常见的诉讼制度，无论是刑事法还是民事法，其价值在于确保正当程序和基本公平。④ 在我国，超过追诉时效是刑罚消灭的法定事由。其立法理由在于：(1)符合我国使犯罪人不再犯罪的刑罚目的；(2)有利于司法机关集中精力办理现行的刑事案件；(3)可以节省人力、物力和财力；(4)有利于社会的稳定。⑤ 而从民事法的角度来看，其价值在于：(1)督促权利行使或惩罚"权利睡眠者"；(2)避免被告举证困难(维护被告的安定权)；(3)提高诉讼效率；(4)维护经济秩序和安全。⑥ 而在构建时效制度的立法缘由的结构体系时，有学者提出，应以保护义务人为中心或枢纽，以督促权

---

① 第 3 条第 4 款。相类似的规定还有《中华人民共和国和大韩民国引渡条约》第 3 条第 3 款、《中华人民共和国和突尼斯共和国引渡条约》第 3 条第 1 款第 3 项、《中华人民共和国和巴基斯坦伊斯兰共和国引渡条约》第 3 条第 1 款第 5 项、《中华人民共和国和老挝人民民主共和国引渡条约》第 3 条第 5 款等。

② 如《中华人民共和国和南非共和国引渡条约》第 3 条第 3 款、《中华人民共和国和秘鲁共和国引渡条约》第 3 条第 4 款、《中华人民共和国和莱索托王国引渡条约》第 3 条第 3 款等。

③ 如《中华人民共和国和立陶宛共和国引渡条约》第 3 条第 5 款、《中华人民共和国和乌兹别克斯坦共和国引渡条约》第 3 条第 2 款、《中华人民共和国和乌克兰引渡条约》第 3 条第 3 款等。

④ M. Cherif Bassiouni, International Extradition: United States Law and Practice, six edition, Oxford Press, 2014, p. 779.

⑤ 高铭暄、马克昌主编：《刑法学》，北京大学出版社、高等教育出版社 2001 年版，第 321 页。

⑥ 冯恺：《诉讼时效制度研究》，山东人民出版社 2007 年版，第 44~50 页。

利人和维护秩序为外围和延伸。① 民事法上的督促说对刑事法也有启示意义，即行使案件中的权利人包括被害人及其家属以及司法机关应有一定的时间观念。在刑事诉讼时效的根据方面的体系构建，当然不能提出以保护义务人（刑事被告）为核心的目的，应该是以维护社会效益、社会秩序和安全的目的为核心。正如美国引渡案所言："刑事诉讼时效通过规定一个限度来提供可预测性，超过这个限度就有一个不可辩驳的假设，即被告获得公平审判的权利将受到损害。"②"法定诉讼时效的目的是将受到刑事起诉的时间限制在立法机关决定以刑事制裁予以惩罚的那些行为发生后的一段特定时间内。这样的限制旨在保护个人在基本事实可能因时间的推移而变得模糊时，不必为自己辩护，并尽量减少因遥远过去的行为而受到官方惩罚的危险。"③"它们主要是为了保护个人，使他们不必为那些由遥远事实支持的指控进行辩护。"④

引渡中的时效条款从根本上说是国内诉讼时效制度的一种配合或延续。引渡的目的是实现对犯罪分子的国内追诉或行刑，但是如果根据国内的时效制度，对该嫌犯的追诉时效或行刑时效已过，则不能再对其追诉或行刑，从而也就没有了引渡的必要性或合理性。

那么该类条款中"根据请求方法律""根据被请求方法律"或"根据任一缔约方的法律"来确定时效在立法效果上有无区别呢？如果根据请求国法律来确定时效，相当于将本国法律与本国事实先对接适用，是法律适用的本真状态，也即最佳效果，但对于被请求引渡国来说，在查明请求国法律方面难度要大一点。如果以被请求国法律来确定时效，是请求国追诉期限由被请求国法律拟制适用，难免有法律适用的异化感，但被请求国查明法律的难度较小，也是对被请求国的一种服从和尊重。如果根据任一缔约方的法律来确定时效，则表明缔约国在确定时效方面的自由态度，将权力完全交给被请求国自由裁量确定，被请求国将根据其方便来确定时效问题。

二、追诉期限的计算

（一）计算的基本原理及案例

一般来说，追诉期限的起算点是犯罪行为成立之日；或在连续或继续犯罪

① 霍海红：《诉讼时效根据的逻辑体系》，载《法学》2020年第6期。

② United States v. Marion，404 U. S. 307，322(1971).

③ Toussie v. United States，397 U. S. 112(1970).

④ United States v. Rivera-Ventura，72 F. 3d 277，281(2d Cir.，1995).

情形，从犯罪行为终了之日起计算。就行刑期限而言，起算点应是法院作出最终判决的那个时间点。而追诉期限终点是司法机关追诉活动开始的时间点；就行刑期限而言，是行刑机关采取刑罚措施的开始时间。两个时间点相计算，得出的差额大于诉讼时效期限，则表明诉讼时效已过。如果追诉行动开始以后，犯罪嫌疑人逃避侦查或审判的，不受追诉期限的限制。①

在引渡的情形，此类计算稍复杂一点。如果是根据“被请求方法律”确定时效的条款情形，则实际操作是，根据请求国据以提出引渡请求的犯罪行为特征及罪名，在被请求国法律找到最为相近的犯罪罪名，看该罪名的刑罚最高刑，该刑期时段往往就是诉讼时效的时段(具体看被请求国关于时效的规定)。在该时段以内请求国如果采取了追诉行动，则看作是时效未过，反之则是时效已过。前种情形可以准予引渡，后种情形则应拒绝引渡。

如果是根据“请求方法律”确定时效的条款情形，则实际操作是，被请求国考察请求国据以提出引渡的犯罪适用请求国关于诉讼时效的法律规定的结果，如果在其诉讼时效范围内，则可以准予引渡；如果未过诉讼时效，则可以拒绝引渡。

如果是“任一缔约方的法律”确定诉讼时效的条款情形，则意味着可以任一缔约方诉讼时效的法律来确定据以寻求引渡的犯罪是否在诉讼时效范围内，从而由被请求国确定是否应予引渡。但也可以这样：则先算出在请求国的追诉期限，再计算该犯罪在被请求国的追诉期限，然后分别以请求国和被请求国的追诉期限来作比较，根据善意原则，法院可允许被告选择其中一个对其有利的期限为其使用。

案例一：

博内利(Bonelli)案②：“被请求方法律”情形

1957年，美国根据1899年的引渡条约要求从墨西哥引渡威廉·博内利，他在加利福尼亚州被指控犯有受贿罪。在引渡听证会上，博内利辩称，根据1899年条约第3条，③ 由于时效已过，应禁止引渡他。墨西哥

① 高铭暄、马克昌主编：《刑法学》，北京大学出版社、高等教育出版社2001年版，第325页。

② Bluebook 21st ed. Statute of Limitations, 6 Dig. Int'l L. 860(1968).

③ 该第3条的内容是：“当法律诉讼或对被请求人所犯罪行的处罚的执行根据被请求国的法律受到时效限制而被禁止时，应不准予引渡。”该规定与中国有关引渡条约中的有关规定相类同。

政府同意引渡法官拒绝引渡的结论。《墨西哥刑法典》第 118 条规定，对犯罪行为的刑事诉讼时效为“刑罚规定时间的算术平均数”，但根据第 105 条，“在任何情况下，上述期限不得少于 3 年”。《墨西哥刑法典》第 218 条规定对贿赂的处罚为“3 个月至 5 年监禁和最高 2000 比索的罚款”。因此，由于墨西哥对贿赂处罚的平均数是 2 年 7 个月 15 天，因此适用 3 年的时效期限。从支持引渡请求的文件来看，博内利似乎被控在 1952 年 9 月至 1953 年 2 月期间犯有贿赂罪。由于直到 1967 年 7 月 17 日在加利福尼亚州河畔县大陪审团对博内利的刑事诉讼才开始，因此，对博内利的诉讼时效已经明显超出，也因此对他的引渡被认为是予以禁止的。在“被请求方法律”情形，被请求国可将案件视为犯罪是在被请求国犯下的，并适用其自己的时效法规来确定是否禁止起诉。如果诉讼时效已过，引渡将被拒绝。在本案中，被请求方为墨西哥，墨西哥依据条约规定根据本国时效法律来适用在美国的诉讼活动，判定为诉讼时效已过，并因此而判定引渡予以拒绝。

案例二：

麦克唐纳(MacDonald)案①：“请求国法律”情形

该案涉及墨西哥向美国提出引渡请求且美国引渡法官参考墨西哥时效法律的问题。1954 年 10 月 25 日，美国检察官办公室向美国专员提出申诉，指控埃丝特·麦克唐纳(Esther Race MacDonald)为墨西哥逃犯，并指控其犯有伪造文件和使用伪造文件的罪行。该逃犯被逮捕并被保释释放。1954 年 12 月 1 日以及 1955 年 2 月 18 日和 2 月 25 日在引渡专员处举行了引渡听证会。美国政府(逮捕墨西哥政府)提供的证据包括从墨西哥转发来的文件，并指出，指控麦克唐纳所犯罪行已于 1950 年 9 月 25 日前后左右实施，决不晚于 1950 年 10 月 1 日。根据《墨西哥刑法典》第 105 条，对麦克唐纳被指控的罪行的时效(在墨西哥称为“禁令”)为 3 年。因此，除非该诉讼时效法规受到其他形式的影响，否则追诉行动将在 1953 年 10 月 1 日截止。根据法律专家证人斯特恩先生的证词，麦克唐纳被指控的罪行在 1953 年 10 月 1 日开始消灭，除非：(1)墨西哥官员在罪行发生之日起 18 个月内(时效期限的一多半)启动了诉讼活动；(2)该被告在执行 3 年

① Bluebook 21st ed. Statute of Limitations, 6 Dig. Int'l L. (1968), pp. 862-863.

时效规约之前已被逮捕。即被告必须在 1953 年 10 月 1 日之前被逮捕，以规避诉讼时效。实际上，逃犯直到 1953 年 11 月 1 日才被首次逮捕。同时，斯特恩先生作证说，墨西哥法律没有规定由于被告人不在管辖范围内而终结时效法规的限制。1955 年 2 月 25 日，美国引渡专员拒绝引渡麦克唐纳，理由是追诉行动被墨西哥的时效法规所禁止。美国方面的记录表明，墨西哥政府向美国提出的引渡麦克唐纳的请求的日期为 1954 年 2 月 25 日，已明显超出了诉讼时效。因此，在美国提出请求之前，该罪行已被时效法规所禁止追诉。

综观此案，美国方面适用了域外的墨西哥的诉讼时效规定，最终裁定诉讼时效已过，并由此拒绝引渡逃犯麦克唐纳。适用域外法律规定的现象也使引渡带有某种程度的民事特征，而不是人们一味认为的公法特征。当然笔者却质疑该法院是否正确适用了法律，因为按照当时生效的美国与墨西哥引渡条约，即前述 1899 年条约的第 3 条，应该根据被请求国法律来判断时效问题，但是在该案中，法院却以请求国墨西哥的法律来判断时效。所以笔者也认为是美国故意拒绝引渡该被请求人，因为按照墨西哥的时效期限 3 年，而按照美国（被请求国）的时效期限为 5 年，在该案中，对被请求人的追诉期限介于 3~5 年（1954 年），按照美国法当然在时效期内，因此根据条约是应当引渡的。

（二）纯粹的逃避司法行为是否构成追诉期限的终点？

还有一个问题是，在请求国计算追诉期限时，如果说以司法机关采取司法行动为追诉期限的终点是计算终点问题的普遍做法的话，那么如果司法机关没有采取追诉活动的情况下，犯罪嫌疑人逃离请求国国境的行动（即纯粹的逃避司法的行动）算不算是该类计算中的“终点”呢？

在美国的司法实践中，第一、二、四、五、六、七、九和第十一巡回法院裁定，逃犯一方有意避免起诉，而不是仅仅逃避犯罪发生地的管辖，才有必要触发适用诉讼时效规定（或说“宣告追诉期限的终点”）。① 即强调逃避司法的动机对该类问题的确定至关重要。相反，第八巡回法院和哥伦比亚特区巡回法院裁定，逃犯逃避逮捕或起诉的意图对诉讼时效并不重要；只要逃离犯罪发生

① Roberto Iraola, Statutes of Limitations and International Extradition, 2010 Mich. St. L. Rev. (2010), p. 115.

地的管辖就触发适用时效法规。① 因此，美国的司法实践中有两种不同的观点。

例如，在吉拉德案中，美国第二巡回上诉法院裁定，“逃离司法”(fleeing from justice)一词具有常识性含义，即只有那些以逃避起诉为目的而放弃犯罪管辖权的人才会拒绝诉讼时效的好处。② 强调了“逃避司法”的动机和目的。但是，美国第八巡回法院在阿萨森(Assarsson)引渡案中得出相反的结果。③ 该案中，瑞典寻求引渡在美国的逃犯，以使其面临纵火和欺诈指控。在被认定可引渡后，该逃犯向巡回法院提出上诉，部分理由是他不能被引渡，因为美国的诉讼时效法规已经适用于他被通缉的罪行(条约同时适用于请求国和被请求国的诉讼时效法规)。第八巡回法院驳回了这一论点，而同意地区法院的意见，即嫌犯离开瑞典以规避诉讼时效的行为本身使他成为美国法意义上的逃犯。该案强调行动本身，而不是动机和目的。

笔者比较赞同吉拉德案中的法院观点及学者所作的评价。④ 在该案中，印度政府要求引渡印度海军前军法署署长伊莱贾·埃夫里阿姆·吉拉德，要求将吉拉德送回以贪污罪进行审判。作为军法署署长，吉拉德被赋予管理海军奖金基金的职责。该基金是由英国的一笔赠款设立的，这笔赠款包含了出售“二战”战利品所得收入的一部分。奖金将被分配给战争期间在海上服役的官兵。在 1959 年至 1961 年期间发生的总共 52 起交易中，据称吉拉德从基金中提取现金，然后将每次提取的全部或一部分存入他的个人账户。吉拉德的行动开始并没有引起政府的注意，从 1961 年直到 1964 年基金用尽，吉拉德一直担任这一职务。

1966 年 2 月，印度调查局开始对基金的管理进行调查。1966 年 5 月，吉拉德告诉一名调查官员说，在他的上司完全知情的情况下，该基金的所有记录都已被销毁。正是在这段时间里，该银行有关奖金的记录被传唤。1966 年 6 月，世界犹太人大会秘书长邀请吉拉德出席当年 8 月在布鲁塞尔举行的第五次全体大会。吉拉德的妻子也被邀请参加同时举行的妇女犹太复国主义组织的辅助会议。从 6 月底至 7 月初，吉拉德出售了各种个人财产，包括他的法律书

① Roberto Iraola, Statutes of Limitations and International Extradition, 2010 Mich. St. L. Rev. (2010), p. 116.

② Jhirad v. Ferrandin, 486 F. 2d 444(2d Cir., 1973).

③ In re Assarsson, 687 F. 2d 1157(8th Cir.), 1982 U. S. App. Lexis 16272.

④ John Simon & Charles G. Dawes, Extradition: The Statute of Limitations is Tolled By Constructive Flight, 10 Case W. Res. J. Int'l L. (1978), pp. 529-535.

籍，并将他的未决案件推迟到10月份，留下一名初级助理负责。7月2日，该局正式登记了对吉拉德的投诉。然而，7月19日，吉拉德从他的上级那里获得了参加布鲁塞尔会议的许可。7月26日，吉拉德离开印度。参加完会议后，他去了瑞士，在那里一直待到1967年。他后来前往以色列，并于1972年作为永久外国居民进入美国。与此同时，印度政府于1968年正式对他提出指控，即在他离开司法管辖区两年后，也就是在大多数指控其贪污行为发生约5年后。然而，直到1972年他才在纽约被捕，并以贪污罪理由被请求引渡。

根据英国(印度继承英国的条约地位)与美国引渡条约第5条，不论根据请求国还是被请求国的法律，诉讼时效到期则拒绝引渡。而根据《美国法典》第18篇第3290条，只有当罪犯被认为"逃避司法"时，才可触发适用诉讼时效。吉拉德所犯罪行发生在1959—1961年期间，1966年7月离开印度。法院裁定，被请求引渡人(吉拉德)仅仅因为1966年不在印度本身就构成"逃避司法"，因此触发适用美国的诉讼时效(即在5年诉讼时效以内)。但是吉拉德坚持认为他的离开不足以触发适用诉讼时效。吉拉德声称，当他离开印度时，他并没有"逃避司法"，因为他公开请求允许他离开印度司法管辖区。巡回法院认为，根据第3290条的通常语言和立法目的……要触发适用诉讼时效，政府方(代表印度政府)必须表明被请求人逃避起诉或逮捕的意图。因此要求地区法院重审"意图"问题。地方法官还押时发现，吉拉德在离开印度时并没有形成逃跑的意图。然而，当他在假期结束后未能返回印度时，这一意图就成熟了。吉拉德逃避起诉的意图可以通过审查他在本可以返回印度后在瑞士、以色列和美国居住这么长时间的原因来确定。逃避起诉的意图实际上只是一种逃避犯罪惩罚的愿望，可以在任何时候形成。当一个人由于害怕可能被起诉而不返回管辖区时，他就逃避了司法。希望通过最初离开管辖区或在获悉可能的潜在威胁后不返回管辖区来避免起诉，就构成了"逃避司法"。①

学者认为，最初离开的决定和后来不回来的决定背后的原因是一样的；希望通过刑法来避免国家对公民行为的控制。② 离开管辖区的最初决定是"逃跑"，随后未能返回也是逃跑，但这是"建设性的逃跑"("constructive flight")。审查任何不在管辖范围内的原因是发现是否存在"逃避司法"的一个重要因素。机械的"纯粹离开"标准(即不强调意图和动机)是不可靠的，因为它没有考虑到离开背后的非常重要的原因和法定时效要达到的目的。必须禁止一切蓄意逃

① 以上为法院观点。

② 该段为学者观点。

避司法的行为。在现代世界，每个国家的公民都可能会离开他们的出生地，国际旅行和在外国长期居住是经常发生的事情。只有在为了避免刑事起诉而决定不返回的情况下，才可以将离开视为逃跑。诉讼时效的目的不是为了保护罪犯为他们的故意逃避找理由，也不是为了扰乱那些无辜地离开一个司法管辖区而无意逃避惩罚或由于同样无辜的原因而未能返回的人的生活。

笔者以为，综观吉拉德案，如果吉拉德逃离国境的行为构成美国法下追诉期限的终点的话，则其离境的那年正好是时效规定的 5 年期内，因此时效未过，按照条约规定，是可以引渡的。根据法院最后的认定，吉拉德“有意”逃避司法，可以触发适用美国的诉讼时效规定，且在时效范围内。其最终结果可想而知。学者将吉拉德的逃离命名为“建设性逃离”，即有意的逃离，有别于普通人自然地离境，是很有意义和必要的。而如果不是以“逃避司法”为追诉期限的终点，而是以 1968 年印度的正式起诉为终点，则 5 年诉讼时效已过(离吉拉德最后犯罪时间 1961 年已过了 7 年)，按照条约规定则不能引渡。另外，该案中的“逃避司法”显然不是中国刑法语境下的“逃避司法”，后者是指司法机关受理案件后案犯逃避司法，而前者不是。

(三)联邦国家期限计算的法律选择

正如前述，引渡条约一般规定诉讼时效由国内法来确定。如果涉及联邦国家时，到底是根据该国联邦法还是州法来确定诉讼时效呢？美国法院一贯适用联邦诉讼时效法规，推理为“美国是条约的缔约方，而不是各州”。① 正如美国第五巡回上诉法院在加西亚·吉列恩诉美国案中所指出的，条约是两个国家之间的协定，如果罪行没有根据联邦诉讼时效法规规定，美国各州的诉讼时效法规不应用来干涉条约规定的义务。②

在与我国所签双边引渡条约的伙伴国中，有较多的联邦国家，如俄罗斯、白俄罗斯、巴西、阿拉伯联合酋长国、埃塞俄比亚、澳大利亚、西班牙等。这些国家可以采取如同美国法院的做法，即在判断诉讼时效时以联邦法为准。

三、若干国家的时效制度

根据引渡条约的相关规定，时效主要根据被请求国或请求国的法律来作出

① Roberto Iraola, Statutes of Limitations and International Extradition, 2010 Mich. St. L. Rev. (2010), pp. 108-109.

② Roberto Iraola, Statutes of Limitations and International Extradition, 2010 Mich. St. L. Rev. (2010), pp. 108-109.

判断，因此，考察缔约国的时效制度非常重要。

根据菲律宾刑法第 90 条，其追诉时效期限分别为 2 个月、6 个月、1 年、10 年、15 年和 20 年。① 根据其第 91 条，犯罪分子不在菲律宾群岛期间，不计算追诉期限。② 意思是，回到菲律宾群岛后再继续计算。没有规定犯罪分子离开菲律宾群岛触发适用诉讼时效问题。

根据蒙古刑法第 72 条，其诉讼时效期分别为 1 年、5 年、20 年和 30 年，危害人类安全与和平之罪的，不适用追诉时效的规定。③ 根据罗马尼亚刑法，犯罪时效期限分别为 3 年、5 年、10 年、15 年、20 年和 25 年，犯罪时未成年的，诉讼时效期间减半。④

根据意大利刑法，在相当于最高法定刑期的时间经过之后，时效使犯罪消灭；在任何情况下，对于重罪在不少于 6 年的时间经过之后，对于违警罪在不少于 4 年的时间之后，即使对这些犯罪已单处罚金刑，时效使犯罪消灭。⑤

根据西班牙刑法，期诉讼时效期限为 1 年、3 年、5 年、10 年、15 年和 20 年，过失犯罪的追诉时效为 6 个月，复合罪可以适用其刑法最高刑的规定，种族灭绝罪不受追诉时效期限的限制。⑥ 在追诉期限计算方面，对罪犯起诉则追诉时效期限中断，自诉讼停止或者决定不予判决时起重新计算。⑦

根据俄罗斯刑法，起诉讼时效期限分别为 2 年、6 年、10 年和 15 年；如果实施犯罪的人逃避侦查或审判，则时效期中止，自该人被拘捕或自首时恢复计算；对破坏人类和平和安全罪行的人，不适用时效期。⑧

根据我国《刑法》第 87 条，我国刑事诉讼时效期限分别为 5 年、10 年、15 年和 20 年；根据第 88 条，司法机关采取追诉活动后，嫌疑人逃避司法的，不受追诉期限的限制(没有“纯粹逃避司法”的概念)；被害人在追诉期间内提出

---

① 杨家庆译:《菲律宾刑法》，谢望原审校，北京大学出版社 2006 年版，第 22 页。

② 杨家庆译:《菲律宾刑法》，谢望原审校，北京大学出版社 2006 年版，第 23 页。

③ 徐留成译:《蒙古国刑法典》，谢望原等审校，北京大学出版社 2008 年版，第 19~20 页。

④ 王秀梅、邱陵译:《罗马尼亚刑法典》，中国人民公安大学出版社 2007 年版，第 44~45 页。

⑤ 黄风译注:《最新意大利刑法典》，法律出版社 2007 年版，第 56 页。

⑥ 潘灯译:《西班牙刑法典》，张明楷等审定，中国政法大学出版社 2004 年版，第 51 页。

⑦ 潘灯译:《西班牙刑法典》，张明楷等审定，中国政法大学出版社 2004 年版，第 51 页。

⑧ 黄道秀译:《俄罗斯联邦刑法典》，北京大学出版社 2008 年版，第 30~31 页。

控告，司法机关不予立案的，不受追诉期限的限制。假设将该规定放在引渡的背景下解读，以《中华人民共和国和白俄罗斯共和国引渡条约》为例。该条约规定以“被请求国的法律”来判断时效问题。假设向中国提出请求引渡可在中国判处无期徒刑的犯人，但是该犯人在犯罪后从未被请求国立案或受理或由利害相关人提出控告，到提出引渡请求的那一刻为止时间长达 20 年，由此中国可拒绝引渡该人，因为中国法律对无期徒刑的诉讼时效为 20 年。但是如果请求国检察机关在该犯罪分子犯罪后 5 年受理了利害关系人提出的控告，则诉讼时效计算终止，此后即使犯罪分子逃避侦查或审判，也属于诉讼时效未过，中国有关部门可以此为理由准予对该犯罪分子的引渡。

评注 14 赦免条款

所谓赦免条款就是指条约中根据某一缔约国的法律得到赦免的犯罪而拒绝引渡的条款。该类条款与上述时效条款一样有三种分类，即“请求国法律”“被请求国法律”“任一缔约国法律”，在我国所签双边引渡条约中都有体现。① 该类条款一般为强制性义务条款。以《中华人民共和国和突尼斯共和国引渡条约》为例，根据该法规定，被请求方收到请求时，根据缔约任何一方的法律，由于赦免不能提起诉讼或执行刑罚，则不予引渡。②

根据国外学者的观点，所谓赦免，即是如果没有其他具体法律规定的话，一般指并不消灭犯罪，而是消灭对被认为犯了罪或被判有罪的人的刑事诉讼。③ 在中国的语境中，赦免可以分为大赦和特赦。大赦的特点是既赦其罪，亦赦其刑；而特赦是指国家对特定的犯罪人免除执行全部或部分刑罚的制度。④ 但不管怎样，它们共同的依归是不能再进入刑事司法程序，与引渡条约中“不能提起诉讼或执行刑罚”的表述相一致。根据学者的分析，赦免制度的

① “请求国法律”情形如《中华人民共和国和南非共和国引渡条约》第 3 条第 3 款，“被请求国法律”情形如《中华人民共和国和乌克兰引渡条约》第 3 条第 3 款，“任一缔约方法律”情形如《中华人民共和国和巴基斯坦伊斯兰共和国引渡条约》第 3 条第 1 款第 5 项。

② 《中华人民共和国和突尼斯共和国引渡条约》第 3 条第 1 款第 3 项。

③ M. Cherif Bassiouni, International Extradition: United States Law and Practice, six edition, Oxford Press, 2014, p. 796.

④ 高铭暄、马克昌主编：《刑法学》，北京大学出版社、高等教育出版社 2001 年版，第 326 页。另见阴建峰：《现代赦免制度论衡》，中国人民公安大学出版社 2006 年版，第 224、239 页。

价值在于：(1)化解国家祸乱，缓和国内外矛盾，促进社会和解；(2)弥补法律不足，救济法治之穷，缓和刑罚严苛；(3)纠正司法误判，维护公民权益；(4)鼓励犯人自新，促成刑罚目的；(5)彰显国家德政，昭示与民更始；(6)疏解监狱囚犯，节约司法资源。① 笔者以为，赦免毫无疑问是严明法律的一种例外和宽容，是社会不可缺少的调适器，但是赦免应加入忏悔的环节，让犯罪分子承认自己的罪行，② 表示悔过自新的决心，并有较充分证据表明这些人不再危害社会。可以设想，如果让毫无悔改之意的犯罪分子重新流入社会，会是怎样的场景。

我国引渡条约作出因赦免而拒绝引渡的规定，与已决案件条款，特别是终止刑事诉讼条款的立法缘由相类似，而如果让认定为已经获得赦免的人遭受引渡后的审讯，则意味着让该人再一次陷入了危险中，与诉讼竞合带来的消极后果大同小异。

在根据请求国法律来认定犯罪人赦免的情形，其立法缘由在于：既然本国已经赦免案犯之罪，引渡回去受审其实已经没有必要了，也有违禁止反言原则，因此，拒绝引渡有其合理性；而以请求国的法律来确定赦免，是对犯罪事实的直接适用，但对被请求国来说在查明法律方面可能难度稍大一点。在根据被请求国法律来认定犯罪人赦免的情形，其立法缘由在于：如果根据被请求国法律认定在相似情形下的犯罪可以获得赦免，可以想象这种犯罪在请求国也是可以赦免的，因为赦免无非是基于政治或人道的考虑，各国具有相同性，此时也没有必要引渡出去；而以被请求国的法律来确定赦免，在查明法律方面的难度更小一点，也是对被请求国政治立场和法律的一种尊重。如果根据任一缔约方的法律来确定赦免，则表明缔约国在确定赦免方面的自由态度，将权力完全交给被请求国自由裁量确定，被请求国将根据其方便来确定赦免问题。

有一个问题就是：经国际法庭或国际条约认定赦免的犯罪分子能否归入引渡条约中“拒绝引渡”的范畴？笔者以为，国际法庭的判决对缔约国是具有拘束力的，承认该判决即意味着将判决已经转化为其国内法，即构成引渡条约中的“缔约国法律”范畴，从而作出相关判断。而国际条约方面，经条约认定的

① 阴建峰：《现代赦免制度论衡》，中国人民公安大学出版社 2006 年版，第 168~181 页。

② 胡城军：《论国际人道法在非国际武装冲突中适用的几个关键问题》，载《法学评论》2011 年第 5 期。

情形一般会采取一致同意的方式来认定赦免问题，因为只有这样才能使冲突的各方顺利解决纷争。因此缔约方的“认同”也构成所谓的“缔约方的法律”，并由此作出相关的判断。如确有个别不同意条约的少数派国家，则可认定为根据其“缔约国法律”不同意赦免，从而拒绝相关的引渡。

我国没有非常完整的赦免制度。但在我国宪法中提及“特赦令”，即根据《宪法》第 80 条的规定，中华人们共和国主席根据全国人民代表大会的决定和全国人民代表大会常务委员会的决定，发布特赦令。在我国《刑法》第 65、66 条涉及“累犯”条款时提及“赦免”，即在赦免之后再犯罪的，以累犯论处。这表明我国赦免概念没有大赦的意思，因为累犯的构成必有前罪或者罪的叠加。我国从中华人民共和国成立到目前为止已经发布九次特赦令，最近的一次是 2019 年 6 月 29 日。我国特赦令前六次特别强调“改恶从善”的条件，在后两次特赦令中特别强调恶性犯罪分子不能特赦。

法国现行的赦免制度包括特赦、大赦、复权等不同形式。① 特赦的适用范围较广，经普通法法院或专门法院宣告的所有主刑或附加刑，政治性刑罚或普通法上的刑罚，无论它们的轻重如何，都适用特赦。特赦包括无条件特赦和有条件特赦；后者主要指向被害者支付损害赔偿。大赦是溯及既往地使“获得大赦的犯罪行为”不再具有违法性质，这有别于特赦的“只赦其刑，不赦其罪”。

韩国于 1948 年颁布了《赦免法》，以具体规定赦免、减刑及恢复权利的相关事项。② 行赦免制度包括一般赦免、特别赦免、减刑和复权。一般赦免是指通过指定犯罪的种类，以犯该罪的所有犯罪人为对象，消灭其刑的宣告效果的全部或者一部，或者对尚未被宣告刑者，消灭其控诉权。特别赦免是对宣告刑的特定人免除其刑的执行的制度。减刑是指以被宣告刑者为对象减轻其刑或者将其刑的执行减轻的制度。复权是对于刑罚已经执行完毕的人，或者已经被免除执行的人，恢复其权利的制度。韩国像我国一样也没有大赦的概念。

根据《俄罗斯刑法典》第 84 条，大赦由俄罗斯联邦联邦会议国家杜马对非个别确定范围的人宣布；对实施犯罪的人，大赦令可以免除其刑事责任，对因

① 该段参见阴建峰：《现代赦免制度论衡》，中国人民公安大学出版社 2006 年版，第 82~87 页。

② 该段参见阴建峰：《现代赦免制度论衡》，中国人民公安大学出版社 2006 年版，第 96~97 页。

实施犯罪而被判刑的人，可以免除刑罚，对他们所判处的刑罚或者可以缩减或改判较轻的刑种，或者可以免除附加刑；对刑满人员大赦令可以撤销其前科。① 根据第 85 条，特赦由俄罗斯联邦总统对个别特定的人实行；特赦令可以免除因犯罪而被判刑的人继续服刑，或者缩减对他所判处的刑罚或改判较轻的刑种；对刑满人员特赦令可以撤销其前科。② 由此看来，俄罗斯的大赦针对的是范围较广人群，突出其“大”字，而特赦主要针对特定人，突出其“特”字，没有我们通常理解的“罪”与“罚”方面的明显区别。

根据《最新意大利刑法典》第 151 条，大赦使犯罪消灭；如果已经宣告处罚判决，不再执行处罚判决和附加刑；大赦可以附加条件或者义务；大赦不适用于累犯情况，也不适用于惯犯、职业犯和倾向犯等。③ 根据第 174 条，特赦和恩赦免除已科处的全部或部分刑罚，或者将其改变为法律规定的其他种类的刑罚。④ 值得关注的是，对于意大利“大赦使犯罪消灭”的规定，其最高法院判决为违宪，因为它没有规定被告人有权放弃大赦的适用而要求对案件进行审判，从而通过这种审判获得关于自己完全无罪的认定。⑤ 看来该类规定虽然存有很大的善意，但仍然有改进的余地，比如加上“被赦免者可放弃大赦，由审判来证明自己完全无罪”的规定。

根据《罗马尼亚刑法典》第 137 条，大赦免除犯罪的刑事责任；如果在判决后获得大赦，也可以免于服刑和免除其他定罪后果；大赦不能免除保安处分、教育处分，也不影响被害人的权利。⑥ 根据蒙古国刑法，按照其《蒙古赦免法》的规定，可以赦免犯罪人的刑事责任和罪犯的刑罚，或者将其余刑易科处较轻的刑罚，或者只定罪但免除刑罚。⑦ 根据菲律宾刑法，可以特赦的方式完全消灭刑事责任；可以有条件地赦免部分以消灭刑事责任。⑧

---

① 黄道秀译：《俄罗斯联邦刑法典》，北京大学出版社 2008 年版，第 36 页。

② 黄道秀译：《俄罗斯联邦刑法典》，北京大学出版社 2008 年版，第 36 页。

③ 黄风译注：《最新意大利刑法典》，法律出版社 2007 年版，第 54 页。

④ 黄风译注：《最新意大利刑法典》，法律出版社 2007 年版，第 66 页。

⑤ 黄风译注：《最新意大利刑法典》，法律出版社 2007 年版，第 54 页注释①。

⑥ 王秀梅、邱陵译：《罗马尼亚刑法典》，中国人民公安大学出版社 2007 年版，第 44 页。

⑦ 徐留成译：《蒙古国刑法典》，谢望原等审校，北京大学出版社 2008 年版，第 22 页。

⑧ 杨家庆译：《菲律宾刑法》，谢望原审校，北京大学出版社 2006 年版，第 22~23 页。

评注 15 不告不理条款

所谓不告不理条款是指在我国所签双边引渡条约中，规定受害者告诉才受理的刑事案件拒绝引渡的条款。我国引渡条约中有两类这样的条款，包括“根据缔约一方的法律”和“根据请求方的法律”的情形。具体如与俄罗斯引渡条约第 3 条，规定，根据缔约一方的法律，受害者告诉才受理的刑事案件不予引渡。又如与秘鲁的条约第 3 条，规定，根据请求方的法律，引渡请求所涉及的案件属于受害者告诉才处理的案件应当拒绝引渡。这些都是强制义务性条款。但根据《中华人民共和国和吉尔吉斯共和国引渡条约》第 4 条第 4 款，告诉才处理的引渡属于任意性范畴，即可以引渡范畴。

受害者告诉才受理的犯罪类型在我国刑法中有四类(五种)。第一类是第 246 条规定的侮辱罪和诽谤罪，即以暴力或者其他方法公然侮辱他人或者捏造事实诽谤他人，情节严重的，处 3 年以下有期徒刑、拘役、管制或剥夺政治权利。第二类是第 257 条规定的暴力干涉婚姻自由罪，即以暴力干涉他人婚姻自由的，处 2 年以下有期徒刑或者拘役。第三类是第 260 条规定的虐待罪，即虐待家庭成员，情节恶劣的，处 2 年以下有期徒刑、拘役或者管制。第四类是第 270 条规定的侵占罪，即将代为保管的他人财物非法占为己有，数额较大，拒不退还的，处 2 年有期徒刑、拘役或者罚金；数额较大或者有其他严重情节的，处 2 年以上 5 年以下有期徒刑，并处罚金。

综上所述，虽然上述犯罪类型的处罚并不是很重，但最高刑罚已经超过引渡中双重犯罪原则规定的一年期时间要求，因此具备引渡的基本条件。但是该类犯罪的处罚明显较轻，加上该类犯罪以告诉为追诉的必要条件且可随时撤诉，使得“犯罪”的因素基本归零，从这个角度来说，双重犯罪原则随时面临挑战和威胁，所以该类情况一般为拒绝引渡的结果。但中国与个别国家条约对该种情形下的任意性规定也可理解为：被请求国如果认为犯罪影响比较恶劣，且告诉人没有任何撤诉的余地，也可以考虑准予引渡。

评注 16 未决诉讼条款

所谓未决诉讼条款是指在我国所签双边引渡条约中规定案件正在诉讼可以拒绝引渡的条款，也称为“正在诉讼条款”。比较典型的，如《中华人民共和国和泰王国引渡条约》第 4 条的规定，依照其规定，被请求方正在对被请求引渡人就同一犯罪进行诉讼的，可拒绝予以引渡。我国所签引渡条约中有较多这类规定，如与俄罗斯、白俄罗斯、蒙古、吉尔吉斯斯坦、乌克兰、柬埔寨、韩国、罗马尼亚、保加利亚、哈萨克斯坦、秘鲁、突尼斯等的条约中都有这样的规定。这些条约的该类规定基本属于任意性条款。

上述因未决诉讼而产生的拒绝引渡的规定来源于当前国际诉讼中的未决原则；而其中任意性的规定则来源于该原则的不确定性。所谓"未决原则"是指这样的情形，即第一个诉讼程序已经启动但是还没有产生裁决时，可以事实上禁止相同当事方就相同事件在不同司法机构重新提起诉讼。① 该原则与"已决原则"是相似的，即禁止重复诉讼和重复判决，以带来对相关当事人的双重或多重诉讼负担或责任负担。但是"已决原则"毕竟针对的是终局性决定，且被证明是确定无疑的一般法律原则，② 其禁止重复追诉的态度是比较决绝的，而未决原则则未必。而禁止双重追诉就在于防止双重危险的出现。假设用百分比描述"一重危险"为100%，"另一重危险"也为100%。"已决案件"就是出现两个100%的情况。而在"未决案件"中当事人遭受的"一重危险"可能还仅为30%，因为在诉讼中还没有出现处罚结果，即使此时不移交诉讼权（不予引渡）而出现再次审判情形，当事人再遭受的"另一重危险"也只有30%，相对于"已决案件"的重复追诉，危险系数相对较小，因此在此禁止重复追诉的态度上相对较软。

同时，"未决原则"的不确定性来自碎片化的国际诉讼法律中较大可能的平行诉讼③机会以及多种多样的莫衷一是的解决方法。

第一种方法，对平行诉讼的容忍。法院可能容忍未决案件的平行诉讼，并通过适用既判力规则（已决原则），将任何相互冲突的判决问题留在判决执行阶段处理。④ 对莱克航空公司案的威尔基（Wilkey）法官来说，在大多数情况下，这是更好的路径。他认为："并行管辖权的必然结果通常必须得到尊重：

---

① 朱明新：《"已决诉讼"和"未决诉讼"与国际投资平行诉讼预防》，载《东方法学》2013年第1期。

② 参见尤瓦·沙尼著：《国际法院与法庭的竞合管辖权》，韩秀丽译，法律出版社2012年版，第34、311~313页。文中使用了"既判力规则是……最为普遍接受的"以及"一般法律原则"的措辞。

③ 平行诉讼（parallel proceedings），又称为"诉讼竞合""双重诉讼"，是指相同当事人就同一争议基于相同事实以及相同目的同时在两个或两个以上的法院进行诉讼的现象。

④ Campbell McLachlan, *Lis Pendens* in International Litigation, Martinus Nijhoff Publishers, 2009, p. 60.

同一个人提出的诉求的并行程序通常应被允许同时进行，至少在一方作出判决并在另一方被认定为既判案件之前是如此。"①这样肯定导致诉讼竞合。

第二种方法，优先权原则。强调在先启动的程序为优先。《纽约公约》第 2 条第 3 款规定了关于优先权的一般规则，其规定是："缔约国一方法院在审理双方当事人已就其达成本条意义上的协议的事项的诉讼时，应根据一方当事人的请求，将双方当事人提交仲裁，除非法院认定上述协议无效、无法操作或不能履行。"《布鲁塞尔一号条例》第 27 条第 132 款规定了欧洲联盟成员国司法程序之间的一般优先权。其规则是："如在不同成员国的法院提起涉及相同诉讼事由和相同当事人之间的诉讼，第一受理法院以外的任何法院应主动中止其诉讼，直至第一受理法院的管辖权确定为止。"②世贸组织成员国同意在《DSU 协定》第 23 条中就贸易争端规定一项强有力的优先权规则，该规定基本内容为："1. 当成员寻求纠正违反义务的行为时……根据所涵盖的协议……他们应求助并遵守本谅解的规则和程序。2. 在这种情况下，各成员应：(a)不作出违反已经发生的决定……除非根据本谅解的规则和程序诉诸争端解决……"③该规定设置了专属于 DSU 的管辖权。《瑞士国际私法法案》第 9 条规定："如果同一外国当事方之间已经就同一事项提起诉讼，瑞士法院如果预期外国法院将在适当时间内作出一项在瑞士可以得到承认的裁决，则将中止该案。"④很显然，这些方法是可以解决诉讼竞合问题的。

第三种方法，相关程序的合并。《布鲁塞尔一号条例》第 6 条反映了欧洲内部对合并针对若干被告的诉请的一项强有力的政策，该款规定，"如果权利要求之间的联系如此紧密，那么最好将它们一起审理和裁定，以便避免因单独诉讼而导致判决不可调和的风险。"⑤《北美自由贸易协定》第 1126 条第 2 款考虑设立一个特别合并法庭，"如果它确信已根据《北美自由贸易协定》第 1120 条[提交仲裁的一般条款]提交仲裁的诉求具有共同的法律或事实问题，为了

① Laker Airways Ltd. v. Sabena, Belgian World Airlines, 731 F.2d 909 (DC Cir., 1984), pp. 926-927.

② 2001 年 12 月 22 日《关于民事和商事管辖权及判决的承认和执行的理事会(欧共体)第 44/2001 号条例》(2001 年 1 月 16 日通过)，第 27 条。

③ 《建立世界贸易组织的马拉喀什协定》附件 2(1994 年 4 月 15 日签署，1995 年 1 月 1 日生效)，第 23 条"加强多边体系"。

④ Loi edérale sur le Droit International Privé(18 December 1987), RS 291.

⑤ 2001 年 12 月 22 日《关于民事和商事管辖权及判决的承认和执行的理事会(欧共体)第 44/2001 号条例》(2001 年 1 月 16 日通过)，第 6 条。

公平有效地解决诉求，仲裁庭在听取争议各方的意见后，可下令：(a)对所有或部分诉求行使管辖权，并一起进行审理和裁决；或(b)对一项或多项权利主张行使管辖权，并审理和裁定这些权利主张，其裁定将有助于其他权利主张的解决”。① 这些也是可以解决诉讼竞合问题的。

第四种方法，当事人意思自治、选择和放弃。(1)支持选择法院条款的诉讼中止。国际私法中排他性法院选择条款附带着中止违反该条款提起的平行诉讼的权利。然而，这种条款不是自动执行的。行动自由是当事人意思自治的实质，也意味着责任。如果诉讼与根据该条款在另一个法院进行仲裁或诉讼的事项重叠，希望从该条款中获益的一方必须申请中止。(2)选择适合的诉讼途径。在多样的诉讼途径中只能选择一种。《智利双边投资条约范本》第 8 条第 3 款规定：“一旦投资者将争议提交投资所在缔约方的主管法庭或国际仲裁，该选择即为最终决定。”②《能源宪章条约》允许成员国选择让投资者事先选择国内补救办法，从而避免提交国际仲裁。《欧洲人权公约》禁止法院处理“已经提交另一国际调查或解决程序且不包含任何相关新信息”的任何个别申请。③(3)放弃。不可撤销的选择仍可放弃，以让路于另一程序。《北美自由贸易协定》第 1121 条“向仲裁提交诉求的先决条件”规定：“1. 有争议的投资者可以提出诉求……只有在下列情况下才提交仲裁：……(b)投资者和……企业放弃根据任何一方的法律或其他争端解决程序向任何行政法庭或法院提起或继续进行任何有关下列被指控违约的争议方的措施的诉讼的权利……除了不涉及损害赔偿的禁令、宣告性或其他特殊救济的诉讼。”④这些也是避免导致诉讼竞合的方法。

第五种方法，拒绝管辖权或控制平行诉讼的自由裁量权。这种方法在英美法系和大陆法系国家都有运用。(1)不方便法院原则。该原则规定，如果英格兰是一个不适当的法庭，但那里还存在一个有管辖权的法院，显然更适合于诉

---

① 《北美自由贸易协定》(1992 年 12 月 17 日通过，1994 年 1 月 1 日生效)，第 1126 条第 2 款。

② Chile Model BIT Reprinted in UNCTAD, International Investment Instruments: A Compendium(1996), Vol. III, pp. 143, 147.

③ 《欧洲保护人权与基本自由公约》(1950 年 11 月 4 日签署，1953 年 9 月 3 日生效)，经第 11 号议定书修正(1994 年 5 月 11 日签署，1998 年 11 月 1 日生效)，第 35 条第 2(b)款。

④ 《北美自由贸易协定》(1992 年 12 月 17 日通过，1994 年 1 月 1 日生效)，第 1121 条第 1(b)款。

讼的审判，并且剥夺原告在英格兰的审判权利是公正的，则英国法院有中止诉讼的一般权力。这一原则已经为其他法域所接受。(2)密切相关的程序。《布鲁塞尔一号条例》第 28 条规定：“(1)如果密切相关的诉讼在不同成员国的法院悬而未决，除最初受理的法院外，任何其他法院均可中止其诉讼程序。(2)如果这些诉讼在一审中悬而未决，除了最初受理的法院之外，如果最初受理的法院对有关诉讼拥有管辖权，并且其法律允许合并，则任何法院也可以根据一方当事人的申请拒绝管辖权。(3)就本条而言，如果与诉讼密切相关，宜一起审理和裁决，以避免因单独诉讼而导致判决不可调和的风险，则诉讼被视为密切相关。”①所谓密切相关是指主体、客体或对象等密切相关联的诉讼。这类诉讼可合并审理，并以最初审理的法院为优先受理。(3)禁诉令(anti-suit injunction)。现已被普通法法院广泛应用于跨国案件，以防止诉讼当事人无理取闹和压制性地选择法庭，这些可能构成对程序的滥用。所谓禁诉令，是指一国法院对系属该国法院管辖的当事人发出的，阻止它在外国法院提起或继续进行已提起的、与在该国法院未决的相同或相似的诉讼的限制性命令。② 这些也是避免导致诉讼竞合的方法。

综上所述，对于未决诉讼，绝大部分的处理方法是将其视为已决问题，尽量避免诉讼竞合，但也有极个别的对诉讼竞合的容忍态度。与此紧密相关的引渡的处理也与上述态势基本吻合，即在大多数情况下应该是拒绝引渡，但也不排除引渡出去的可能性。毕竟未决原则没有成为像已决原则一样确定无疑的、获得广泛认可的基本原则。如果将正在诉讼的案件当事人引渡到请求国受审，很显然该当事人同时受到了两个法庭的起诉和审判，只要前一个法庭不宣布结案的话，就会出现两个审判结果。当然，话说回来，如果此时前一法庭明确宣布终止案件，就不是未决问题了，而是转化成已决问题了。

以上笔者列举的都是国际经济方面的案例和现象，似乎与引渡(刑事问题)没有关联，或不能进行类比，但笔者认为，国际经济关系与引渡关系其实具有很大程度的相似性。国际经济关系一方面调整国家之间的关系，但也涉及私人主体——公司；引渡关系也是首先调整国家之间的关系，但也涉及私人主体——被请求引渡人，因此二者尽管在调整的事项方面不同，但在主体特征上具有极大的相似性，因此可以采取类比的方法进行研究。

---

① 2001 年 12 月 22 日《关于民事和商事管辖权及判决的承认和执行的理事会(欧共体)第 44/2001 号条例》(2001 年 1 月 16 日通过)，第 28 条。

② 欧福永：《国际民事诉讼中的禁诉令》，北京大学出版社 2007 年版，第 15 页。

来看看上文所述卞仁镐案。① 2006 年韩国申请引渡其公民卞仁镐时，中国法院也正在对该罪犯进行起诉和审判。该犯律师提出"卞仁镐的犯罪依两国法律是否均构成犯罪值得研究；中华人民共和国司法机关正在对卞仁镐进行刑事诉讼，应暂缓引渡"的意见。中国法院认为，对其是否暂缓引渡，有待作出引渡裁定后由国务院作出决定。法院裁定准予引渡。其法律依据主要是《中华人民共和国和大韩民国引渡条约》第 4 条第 2 款，即未决诉讼(正在诉讼)条款。该条款为任意性条款，可以作出准予引渡的决定。但经查明，本案事实与该条款适用的条件事实不符，该条款适用的条款事实是：被请求方正在对被请求引渡人就引渡请求所针对的犯罪(即在韩国的犯罪)进行追诉；而该案的事实是：被请求方正在对被请求引渡人就引渡请求所针对的犯罪以外的犯罪(即在中国的犯罪)进行追诉。针对该案的事实，应该适用中韩引渡条约第 14 条，即暂缓引渡的规定(见下文)。

评注 17　被请求国管辖权条款

该类条款有两种情形：一种是被请求国有管辖权情形；一种是被请求国无管辖权情形。在我国双边引渡条约中，这两种情形下都是"可以拒绝引渡"的范畴，即任意性拒绝范畴。

先看第一种情形：被请求国有管辖权。该种情形也称为管辖权竞合，因为作为申请引渡的请求国肯定具有对引渡犯罪的管辖权，而此时如果被请求国也有对该犯罪的管辖权，则称为管辖权竞合。

一、条款类型

该类条款又可以细分为三个类别。

(1)以《中华人民共和国和保加利亚共和国引渡条约》为例，根据其第 4 条，被请求国根据其本国法律，对引渡请求所依据的犯罪具有管辖权，则可拒绝引渡。这样的条约还有中国与蒙古、乌克兰、阿尔巴尼亚、立陶宛等国家的引渡条约。

(2)以《中华人民共和国和泰王国引渡条约》为例，依据其第 4 条，根据被请求方法律，该方对引渡请求所涉及的犯罪具有管辖权，并应对被请求引渡人

① 见本书"评注 12"中的中国案例，又见薛淑兰著：《引渡司法审查研究》，中国人民公安大学出版社 2008 年版，第 504~509 页。

提起诉讼，则可以拒绝予以引渡。这样的条约还有与白俄罗斯、俄罗斯、哈萨克斯坦、吉尔吉斯斯坦等国家的引渡条约。

(3)以《中华人民共和国和罗马尼亚引渡条约》为例，其第 4 条第 1 款规定，根据被请求国法律，引渡请求所涉及的犯罪全部或部分发生在其境内或发生在被认为是其境内的地方，则可以拒绝引渡。这样的条约还有与韩国、突尼斯等国家的引渡条约。

以上规定均为任意性拒绝引渡范畴，且该规定与我国《引渡法》的规定一致。

二、根据被请求国的法律确立管辖权的可能情形

(一)如果被请求引渡人为外国人

(1)该外国人在被请求国犯罪，被请求国根据行为发生地原则确立管辖权。

(2)该外国人在被请求国外犯罪，但有一犯罪因素在被请求国，或结果或效果到达被请求国境内，被请求国根据客观属地原则或效果原则确立管辖权。

(二)如果被请求引渡人为本国人

(1)该人在外国犯罪(比如在请求国)，被请求国根据属人原则(国籍原则)确立管辖权。

(2)该人在本国犯罪，被请求国根据属地和属人双重管辖原则进行管辖。

(三)关于国家刑事管辖权的类型

在国际公法的教科书中，一般标出了四项国家(刑事)管辖权，即属地管辖权、属人管辖权、保护性管辖权和普遍管辖权。这四项原则在国家的刑法典中也可以找到。如中国的《刑法》规定有属地管辖权、属人管辖权、保护性管辖权和普遍管辖权。①《罗马尼亚刑法典》也规定有属地管辖权、属人管辖权和普遍管辖权。② 在我国的国际公法教科书中，表达了属人管辖权受到属地管

① 分别为我国《刑法》第 6、7、8、9 条。我国《刑法》第 9 条为“公约”犯罪，其中规定了很多普遍管辖的犯罪类别。

② 分别为其《罗马尼亚刑法典》第 10、11、13 条。见王秀梅、邱陵译：《罗马尼亚刑法典》，中国人民公安大学出版社 2007 年版，第 3~4 页。

辖权限制的观点。① 表明属地管辖权优先。这种观点与领土神圣原则相符合，因为属地原则就是领土主权原则的具体表现。一国能够对其领土上的事务进行立法，并对其领土上实施的行为提起诉讼，这是“一个由主权国家构成的世界秩序合乎逻辑的现象……而且，这更是非常方便的，因为在实践中，犯罪的证人总是位于该国境内，而且犯罪嫌疑人时常也是在该国境内。”②

除此之外，正如上文已述，还有客观属地原则和效果原则。所谓客观属地原则，根据国际法委员会的报告，是指当试图管辖之行为的一个组成因素发生在领土国境内时，一国可对其领土外的人、财产或行为行使管辖权。③ 而所谓效果原则，是指根据外国国民于一国领土外发生的行为在该领土上产生重大效果而主张管辖权。④ 在 1926 年的“荷花号案”中，船舶在公海上发生碰撞，最后碰撞船舶及船员到达土耳其，土耳其行使了管辖权，这可能是结果/效果发生地原则的肇始。也难怪该案法院在阐述领土主权神圣的同时也指出：“刑法的属地性不是国际法的一个绝对的原则，也并不是与领土主权完全一致的。”⑤

三、被请求国极大可能拒绝引渡的情形

被请求国拒绝引渡考虑的参数大概为：被请求人为其本国人、犯罪发生地/结果地/效果地国为其本国、犯罪因素与其本国有关、属地管辖优越于属人管辖等。这些因素累加后数量越多者越有可能产生拒绝引渡的效果。粗略评估后，大概有以下拒绝引渡情形(可能性程度从高到低排列)：

(1)被请求引渡人为本国人在其本国犯罪，即上文“二(二)(2)”所述情形。此时被请求国行使属地和属人的双重管辖，管辖依据的强度很大；相比较而言，请求国仅可行使保护性管辖权，管辖力度较弱。因此，此时被请求国行使管辖权的可能性更大。

---

① 参见曾令良、周忠海主编：《国际公法学》，高等教育出版社 2016 年版，第 153 页。另见邵津主编：《国际法》，北京大学出版社、高等教育出版社 2014 年版，第 39 页。

② [英]马尔科姆·N. 肖著：《国际法》(第六版)，白桂梅等译，北京大学出版社 2011 年版，第 511 页。

③ 国际法委员会报告，载联合国大会第 61 届会议(2006)正式记录补编第 10 号(A/61/10)，第 393 页。

④ 国际法委员会报告，载联合国大会第 61 届会议(2006)正式记录补编第 10 号(A/61/10)，第 393 页。

⑤ [英]马尔科姆·N. 肖著：《国际法》(第六版)，白桂梅等译，北京大学出版社 2011 年版，第 514 页。

(2)被请求引渡人为外国人但在被请求国内犯罪，即上文"二(一)(1)"所述情形。此时被请求国行使属地管辖权，请求国行使属人管辖权，而属地管辖权优越于属人管辖权，这是一个基本刑法原理，主要是基于领土主权神圣原则、犯罪证据的易得、结案效率等方面的考虑。因此，此时被请求国决定不予引渡，而由其自己管辖有较大合理性。

(3)被请求国根据客观属地或效果原则确立的管辖权情形，即上文"二(一)(2)"所述情形。根据客观属地原则，有一项犯罪要素在被请求国；而根据效果原则，犯罪发生地在外国，但效果或结果到达被请求国，因此综合两项，被请求国完全可以对此犯罪实行管辖权而拒绝引渡。

(4)被请求国人在外国犯罪，即上文"二(二)(1)"所述情形。被请求国可以本国人为由拒绝引渡，尽管拒绝理由还是比较牵强。

四、尽管有上述拒绝情形，但仍有可能准予引渡的情形

被请求国可能准予引渡的参数为：被请求引渡人为其外国人、犯罪发生地/结果地/效果地国在外国、有一犯罪因素在外国、属地原则优越于属人管辖等。这些因素累加后数量越多者越有可能产生准予引渡的效果。粗略评估后，大概有以下准予引渡情形(可能性程度从高到低排列)：

(1)被请求国根据客观属地确立的管辖权情形，即上文"二(一)(2)"所述情形。根据客观属地原则，首先是有犯罪要素在请求国；再加上被请求人为请求国国籍，因此，请求国对此犯罪有较大程度的管辖权，此时，被请求国可以同意引渡请求。在被请求国的自由裁量方面，如果犯罪事实或证据等主要在请求国，也可以决定将逃犯引渡到请求国加以审判。①

(2)被请求引渡人为其本国人在外国犯罪，即上文"二(二)(1)"所述情形。本国人在外国犯罪，犯罪证据主要在外国，后又逃回本国，犯罪地国提出引渡请求，此时只要不触碰本国人不引渡的原则，被请求国可以准予引渡该人到请求国受审。因为该情形可能受到条约或国内法中本国人不引渡原则以及刑法中犯罪地原则的抵抗，相对上述情形，引渡可能性稍低一点。

(3)请求国国民在被请求国犯罪，即上文"二(一)(1)"所述情形。如果该犯罪对请求国造成了结果或效果，则可以准予引渡，否则根据犯罪发生地原则一般由被请求国管辖。如外国人在中国贩毒，一般由中国刑法处置，很少有引

① 参见黄风著：《〈中华人民共和国引渡法〉评注》，中国法制出版社 2001 年版，第 65~66 页。

渡到外国受审的情况。但假设在中国购买毒品，贩卖到其母国，中国可考虑引渡到其母国。

(4)被请求国国民在其本国犯罪，即上文“二(二)(2)”所述情形。同样，如果该罪行对请求国造成了主要的结果或效果，则可以准予引渡，否则一般也由被请求国管辖。我国在2012年从老挝引渡缅甸人糯康到中国受审，并接受中国法律的惩罚，是因为以糯康为首的贩毒集团对中国13名船工的加害行为。但是在大多数情况下，这种请求国的保护性管辖权很难实现。

五、评沙宾科夫案①

2005年1月11日俄罗斯人沙宾科夫涉嫌在位于我国领海的圣文森特和格林纳丁斯国籍“领袖”号货船上实施故意伤害致人死亡；第二天，应俄罗斯驻上海总领事馆要求，被上海市公安局立案侦查并羁押，羁押于上海市第一看守所。2006年2月，俄罗斯正式向我国提出引渡该人。在该案的管辖权方面，根据《联合国海洋法公约》第27条第1款，领海沿海国可以“罪行属于扰乱当地安宁或领海的良好秩序”以及“经船长或船旗国外交代表或领事官员请求”为由，对该案行使管辖。我国作为该公约当事国，当然可以管辖，且为属地管辖。而根据《俄罗斯刑法典》第12条，俄罗斯联邦公民在俄罗斯境外实施犯罪侵害该法典所保护的利益的，如果外国法院未对该人该罪作出判决，则应依照该法典承担刑事责任。② 因此，俄罗斯对该案也有管辖权，但应为属人管辖。根据上文的分析，从管辖权等级的角度来看，该案如果在中国管辖和受理应最为合理；且中国《引渡法》(第9条第1款)及《中华人民共和国和俄罗斯联邦引渡条约》(第4条第1款)都将这种情形列为“可以拒绝引渡”范畴。而我国法院竟作出“(该案)司法管辖权归属问题不构成应当或者可以拒绝引渡的条件”的裁定意见，③ 引用法律明显错误。我国法院如果根据“可以拒绝引渡”规定，作出准予引渡的决定，没有原则性适法错误，但却是下下策。但该案是否受到外交政策的影响也未可知，因为毕竟当前中俄之间的友好程度是很高的。但是笔者以为，外交政策方面的因素可以交由外交部或国务院来决定也是恰当的。

① 见薛淑兰著：《引渡司法审查研究》，中国人民大学出版社2008年版，第498~502页。

② 见黄道秀译：《俄罗斯联邦刑法典》，北京大学出版社2008年版，第4页。

③ 见《中华人民共和国上海市高级人民法院引渡裁定书》(2006)沪高刑引字第1号。引自薛淑兰著：《引渡司法审查研究》，中国人民大学出版社2008年版，第500页。

再看第二种情形：被请求国无管辖权。如中国与罗马尼亚、韩国、澳大利亚的引渡条约。根据《中华人民共和国和罗马尼亚引渡条约》第 4 条第 2 款规定，犯罪发生在请求国境外，并且被请求方的法律不允许对其境内的这种犯罪进行刑事诉讼，则可以拒绝引渡。根据《中华人民共和国和大韩民国引渡条约》第 4 条第 3 款，如果引渡请求所针对的犯罪发生在请求方领土外，而被请求方在相似情形下没有对此种犯罪规定管辖权，则可以拒绝引渡。与《中华人民共和国和澳大利亚引渡条约》第 4 条第 5 款则说“双方境外”。

关于该类规定的立法缘由，笔者以为，既然被请求国在相似情形下对该犯罪没有管辖权，不能进行刑事诉讼，则可认定为不符合引渡的双重犯罪原则，当然不可引渡。但笔者同时感到疑惑的是，既然被请求国没有管辖权却又不引渡该犯罪人，意味着被请求国本国不能行使管辖权对该人起诉、审判和惩罚，而不引渡的结果是请求国也不能行使相似的职能，那么此时该犯罪人岂不是可以逍遥法外？因此，笔者不得不质疑该类规定的精准程度。

当然也可以作这样的理解：既然该类条款为任意性条款，如果被请求国没有管辖权，则很有可能导致引渡的结果。或者从公正的角度来说，该类规定的最终结果就应是使被请求引渡人引渡出去，而不是拒绝引渡，让有管辖权的国家进行起诉和审判。而提出引渡的国家可以默认为就是有管辖权的国家，否则也不会轻易提起引渡这一繁冗程序。

评注 18 人道主义考虑条款

所谓人道主义考虑条款是指引渡条约中因为人道主义的原因而可以拒绝引渡的条款。该类条款在我国引渡条约中一般为任意性条款。如《中华人民共和国和俄罗斯联邦引渡条约》第 5 条规定：“有下列情形之一的，可以拒绝引渡：……(二)被请求的缔约一方虽然考虑到犯罪的性质和请求的缔约一方的利益，但认为在该刑事案件中，由于被请求引渡人的年龄、健康或者其他个人情况，引渡不符合人道主义原则……”①我国所签双边引渡条约大多有该类规定。这类规定也较普遍地存在于其他引渡公约、条约或国内法中。②

人道与人权比较起来更显示出人在危险的境遇下的一种底线思考，即人作

① 见《中华人民共和国和俄罗斯联邦引渡条约》第 5 条第 2 款。

② 如《西非国家经济共同体引渡公约》第 6 条、《联合国引渡示范条约》第 4 条 h 款、《韩国和澳大利亚引渡条约》第 4 条第 2、5 款、中国《引渡法》第 9 条第 2 款等。

为人，而不是动物，人有作为人的基本尊严和价值。战争或武装冲突以人的生命为直接目标，但是武装冲突法主张不应采取过分杀伤性武器或其他残忍的手段让人不体面地死去，以至于武装冲突法干脆被称为“国际人道法”。① 我国刑法对未成年人的刑事责任的减免、对怀孕的罪犯不得适用死刑、对老年罪犯的赦免等以及刑事诉讼法中严重疾病可以保外就医、怀孕或正在哺乳的妇女及生活不能自理的犯人可以在监狱外执行刑罚等都体现了人道主义的特征。在引渡的情形(刑事领域范畴)，即使逃犯的犯罪性质和特征非常适合引渡到请求国，但是逃犯的年龄或健康状况等不适合时也可以拒绝引渡；反之，即使逃犯的犯罪性质和特征非常适合在被请求国审判，但是由于逃犯的健康或年龄不适合也可以被引渡到请求国。

案例一：

皮诺切特(Pinochet)案②

应西班牙法官加尔松等人的要求，智利前总统皮诺切特于 1998 年 10 月在伦敦就医时被英国警方扣留，加尔松指责皮诺切特在军政府期间杀害了数百名西班牙人，拟将其引渡到西班牙受审。智利弗雷政府多次与英国和西班牙交涉，并利用出席联合国大会等国际会议机会表明智利维护国家司法主权、反对外来干涉的坚定立场，要求英国释放皮诺切特回国并由智利司法机关审理皮诺切特案。在 1999 年 10 月下令引渡他之后，皮诺切特遭受了一系列打击，引发了他是否“不适合受审”的问题。英国内政大臣杰克·斯特劳根据“有争议的医疗证据”对这一问题作出了肯定的回答，引渡被拒绝。皮诺切特于 2000 年 3 月还是被遣返回了智利。2003 年《英国引渡法》第 91 条是对皮诺切特案的一个回应。根据该条，如果法官认为被请求人的身体或精神状况使得对其进行引渡是“不公正或压迫性的”，法官必须下令释放该人，或暂停引渡，直到他/她认为不再满足这一条件为止。③

① 参见曾令良、周忠海主编：《国际公法学》，高等教育出版社 2016 年版，第 495 页。

② 参见周忠海主编：《皮诺切特案析》，中国政法大学出版社 1999 年版。

③ Miguel João Costa, Extradition Law: Reviewing Grounds for Refusal from the Classic Paradigm to Mutual Recognition and Beyond, BRILL NIJHOFF, 2019, p. 268.

该案前部分涉及引渡与国际犯罪、国家豁免(政治犯罪)、国家主权等的关系问题，后部分涉及人道问题。人道问题前期是拒绝引渡，后期才考虑病情和年老因素而准予引渡到智利受审。

案例二：

莫雷诺(Moreno)案①——政治机关决定人道主义例外问题

2006年8月23日，美国代表墨西哥向本国法院正式提出引渡莫雷诺-瓦兹奎("莫雷诺")的请求。此前，墨西哥以面临贩运未成年人和伪造公共文件的刑事指控要求引渡莫雷诺。根据对莫雷诺发出的逮捕令，莫雷诺的前夫卡斯蒂略声称莫雷诺在2003年10月告诉他，她想带孩子们去美国，因为她嫁给了一个她在网上认识的男人。卡斯蒂略拒绝允许她把小孩带出这个国家。卡斯蒂略声称，莫雷诺随后在孩子们的护照申请上伪造了他的签名和数字指纹，以便她和孩子们可以去美国与她的新丈夫罗纳德·库恩利在阿拉巴马州生活。调查显示，2004年2月17日两个孩子被发放了护照，莫雷诺和孩子们于2004年2月27日从墨西哥飞往佐治亚州亚特兰大。莫雷诺、库恩利和孩子们之后居住在阿拉巴马州中部的塞勒姆。法院最后认为，有足够的证据支持《墨西哥刑法典》下关于被请求人贩运未成年人的指控，批准予以引渡，但是虽然法院同情莫雷诺的困境，但从法律角度来看，人道主义考虑属于行政部门的专属领域，不属于法院的权限范围。

在中国所签双边引渡条约中，没有明确规定法院与行政机关的职责分工，也暂时没有现成的案例可循，在未来的条约实施行动中，可参照美国的做法，法院只审查引渡的法律问题，如证据、构罪等，行政机关确定法律之外的人道主义问题。

案例三：

马尔丹·米歇尔案②——以请求国作出人道主义的承诺为引渡条件

2001年6月1日，法国向中国请求引渡涉嫌强奸罪的法国公民马尔

① In Re Moreno-Vazquez, 2008 U. S. Dist. Lexis 64546, 2008 WL 3926427.

② 见薛淑兰著：《引渡司法审查研究》，中国人民大学出版社2008年版，第213~214、492页。

丹·米歇尔。马尔丹·米歇尔认为其是合法入境，并与中国公民奚某生有一女，对其基本权益应予维护，请求不予引渡。所谓“其基本权益”是指如其被引渡回国，会造成其与中国“妻子”及女儿无法团聚，会损害他们的合法权益。中国最高人民法院审查此案时对此问题高度关注，向请求国提出，根据人道主义原则，这一问题能否解决可能影响到是否予以引渡，并要求法国方面反馈意见。法国方面积极配合，为马尔丹·米歇尔的女儿作了公证，证明其为法国公民，并承诺会尽一切可能创造能够使他们全家团聚的条件。随后最高院作出了准予引渡马尔丹·米歇尔的裁定。

评注 19 特设法庭条款

所谓特别法庭条款是指引渡条约中规定以受过特设法庭审判或将要受到特设法庭审判的理由拒绝引渡的条款。我国所签双边引渡条约中有两个涉及该类问题。一是《中华人民共和国和巴西联邦共和国引渡条约》，其第 3 条规定：“一、有下列情形之一的，应当拒绝引渡：……(八)被请求引渡人受到或将受到请求方特设法庭的审判。”该条款为强制性条款。另一个是《中华人民共和国和柬埔寨王国引渡条约》，其第 4 条规定：“有下列情形之一的，可根据本条约拒绝引渡：……(四)被请求引渡人已在请求方境内被特别或临时法院或法庭判刑，或可能受到特别或临时法院或法庭的审判或判刑。”该条款为任意性条款。

特设法庭的建立具有临时的特征，往往是政治运动的产物，因此，可能有失公正，且不能经得起历史的检验。以(国民党)特种刑事法庭为例。中华人民共和国成立前，国民党政府为迫害共产党人和进步人士而特设刑事审判机关。按照 1948 年 4 月国民党政府公布的《特种刑事法庭组织条例》和《特种刑事法庭审判条例》规定，中央特种刑事法庭设于南京，高等特种刑事法庭分设各大城市。“审判”秘密进行，“裁判”不许上诉或抗告，被告人应有的诉讼权利全被剥夺。特刑庭滥施非刑，任意判处，杀害了无数共产党人、爱国民主人士和劳动群众。

因此，这样的法庭审判结论在国外也难以得到承认，以此提出的引渡请求也有可能被拒绝。当然，在此情形，如果得到请求国的外交保证，承诺对被请求人公平、公开和公正的审判，也可以准予引渡请求人。

评注 20　被请求国地位条款

被请求国地位条款分为被请求国优先条款和被请求国国内法剩余条款两种类型。

先看第一种类型：被请求国优先条款。所谓被请求国本位条款是指引渡条约中以被请求国的根本利益、法律基本原则为优先考虑引渡因素的条款。该类条款往往作为拒绝引渡条款的兜底条款，即使依据其他条款准予引渡的犯罪，但如果违反该类条款，仍可拒绝引渡。该类条款强调了被请求国相对于请求国，国内法相对于条约的主导性，毕竟案犯在引渡成功以前是在被请求国控制中，其有行使属地管辖的优先权利。在我国引渡条约中，该类条款又可再细分为以下三类：

一是被请求国根本利益优先条款。可见中国与意大利和波黑的引渡条约。如根据《中华人民共和国和意大利共和国引渡条约》第 3 条第 7 款规定，如果准予引渡可能会损害被请求国的主权、安全、公共秩序或其他重大利益，可以拒绝引渡。国家主权一般是指国家具有独立自主地处理自己内外事务，管理自己国家的最高权力，而其前提是国家之领土完整及政治独立不受侵犯。① 国家安全是指国家政权、主权、统一和领土完整、人民福祉、经济社会可持续发展和国家其他重大利益相对处于没有危险和不受内外威胁的状态，以及保障持续安全状态的能力。② 公共秩序概念常见于国际私法中，是指一个国家(法院国)的重大利益、基本政策、基本道德观念或法律的基本原则等。③ “其他重大利益”也基本涉及前述因素的国家核心利益。比如毒品犯罪一般会列入准予引渡的范畴，但是被请求国如果考虑到被请求引渡人的高度危险性和狡猾容易逃脱的特点，从而对本国安全构成威胁，也可以拒绝请求国的引渡请求，由本国进行监管和审讯。

二是被请求国引渡法规定优先条款。如中国与俄罗斯、保加利亚和立陶宛的引渡条约。它们是这样规定的，即根据被请求的缔约一方的法律规定不予引

① 参见邵津主编：《国际法》，北京大学出版社、高等教育出版社 2014 年版，第 28 页。

② 见《中华人民共和国安全法》(2015 年 7 月 1 日施行)第 2 条。

③ 参见李双元主编：《国际私法》，北京大学出版社 2007 年版，第 131 页。

渡的，应当拒绝引渡。① 这为强制性条款。言外之意，根据被请求的缔约一方的法律规定不予引渡的，即使条约规定可以引渡，也应拒绝引渡。这是非常典型的国内引渡法优先条款，在性质上属于由条约规定的处理条约与国内法关系的冲突条款。该类条款是调整条约与国内法冲突的特别条款，不是针对所有引渡条约的调整此类冲突的一般性冲突条款。

假设上述三个国家从中国引渡案犯。首先将中俄引渡条约与中国《引渡法》作比对，发现没有完全冲突的条约规定，且两个法律文件中任意性拒绝条款是相同的。强制性拒绝条款方面，除相同条款有国民条款、时效条款、已决案件条款和政治犯条款外，“条约无规定—国内法有规定”的条款是有关歧视性追诉条款、酷刑条款、军事犯罪条款和缺席审判条款，没有直接相冲突条款。对于后一情形，虽然不是直接相冲突特征，但也应根据上述国内法优先的原则精神处理，即以国内法的规定为准。其次，将中保引渡条约与中国《引渡法》对比后发现：也没有直接相冲突条款，但“条约无规定—国内法有规定”的条款是酷刑条款、缺席审判条款和政治犯罪条款等。此时也应以保加利亚国内法为准。最后将中宛引渡条约与中国《引渡法》相比对后发现的情况与保加利亚的情况一模一样。

三是尊重被请求国国内法一般规定条款。如与巴西、秘鲁、罗马尼亚、南非的引渡条约，强调与被请求国法律的基本原则或法律体系要相符。与秘鲁条约规定：只有在不违反被请求国法律体系时，才能进行引渡。② 与巴西、罗马尼亚和南非的条约规定：如果请求方对被请求引渡人可能判处的刑罚与被请求方法律的基本原则相抵触，则应当（可以）拒绝引渡。③ 该类条款在适用中不是关注被请求国的具体法律制度，而是它的法律基本原则或法律体系。而一国法律基本原则或法律体系首先规定在宪法中，其次会有部门法中的基本法律原则。因此根据该类条款，首先引渡可能判处的刑罚不得违背引渡国的宪法，其次应不得违反主要是该国刑法或刑事诉讼法中的一些基本原则。否则，被请求国应当（或可以）拒绝引渡。这相当于是对被请求国主权的一种尊重，以此作为被请求国放弃属地管辖权的一种代价。

---

① 见中国与俄罗斯、保加利亚和立陶宛的引渡条约，分别为第 3 条第 6 款、第 3 条第 7 款和第 3 条第 7 款。

② 见《中华人民共和国和秘鲁共和国引渡条约》第 5 条。

③ 见中国与巴西、罗马尼亚和南非的条约分别为第 3 条第 1 款第 9 项、第 4 条第 3 款和第 4 条第 2 款。

黄某勇案就是一个典型案例。当时黄某勇以回国存在死刑和酷刑的风险为由抗拒引渡。① 而死刑或酷刑条款在中国与秘鲁的引渡条约中并不存在，因此他的依据应该来自该条约第 5 条，即“尊重国内法条款”。依该条款，可以根据被请求国——秘鲁的法律体系的规定来设定引渡的屏障。而秘鲁已经对普通犯罪废止了死刑，除了对战争背景下的叛国罪保留了死刑，从 1970 年以来也一直没有执行过死刑。② 且秘鲁作为美洲人权法院的成员国，人权在其法律体系中也是不可或缺的内容。因此，黄犯及其律师可能利用了条约中的如上相关规定。以至于后来的程序中，秘鲁政府根据国际惯例，要求我国就黄某勇引渡回国以后将不会被判处死刑作出正式的承诺。在美洲人权法院的程序中，要求我国就酷刑方面的风险进行作证。而我国扎实地做好了这两方面的工作，终于将黄犯引渡回国。

再看第二种情形：被请求国国内法剩余条款。该类条款主要见于《中华人民共和国和罗马尼亚引渡条约》第 20 条，其规定，除本条约另有规定外，被请求方根据其本国法处理与引渡有关的请求。其意思是：如果条约有规定的，按照条约规定办理；条约没有规定的，按照被请求国国内(引渡)法办理；条约与国内法有冲突的，应以条约为准。因此，该类条款适用的结果(条约优先)与前述尊重国内法的结果是不太一样的，或说方向是相反的。区别在于前述是针对国内法的基本原则或法律体系而言，而现该条款是针对国内法的具体规定而言，尽管它们都存在于同一条约中(即中罗引渡条约)。

(1)假设中国请求从罗马尼亚引渡案犯。将中罗引渡条约与《罗马尼亚引渡法》③做比对，发现：在该条约中规定可引渡犯罪的最低刑为 1 年有期徒刑，而《罗马尼亚引渡法》为 2 年；条约中执行刑期最低为 6 个月，《罗马尼亚引渡法》为 1 年。此时应以条约“1 年”或“6 个月”的规定为准。在强制性拒绝引渡的情形，“条约无规定—国内法有规定”的条款是告诉才处理的条款、无国籍人不得引渡条款等，此时应以罗国内法为准。

(2)假设罗马尼亚请求从中国引渡案犯。将中罗引渡条约与中国《引渡法》相比对，发现：条约规定补充材料的时间为 60 天，再加 15 天的延长期，而中

① 见赵秉志：《黄海勇引渡案：中国最复杂引渡案之观察》，载《东南法学》2017 年第 1 期。

② 见赵秉志：《黄海勇引渡案：中国最复杂引渡案之观察》，载《东南法学》2017 年第 1 期。

③ 参见外交部条约法律司编：《引渡法资料选编》，世界知识出版社 1998 年版，第 225~231 页。

国《引渡法》补充材料的时间为 30 天。此时应优先条约适用以条约规定的“60+15 天”为准。在强制性拒绝引渡的情形，“条约无规定—国内法有规定”的条款是告诉才处理的条款、缺席审判条款、酷刑条款等，此时应根据国内法剩余条款规则以中国《引渡法》为准。

第三篇　程　　序

评注 21　联系途径条款

所谓联系途径条款是指条约中规定对外联系引渡问题的法定机关的条款。我国引渡条约除极个别没有该类条款外，大多设置有该类条款。该类条款又具体再可细分为三类。一类是标明“为实施本条约的目的”字眼的条款，一类是标明“为本条约的目的”字眼的条款，一类是具体指明联系机关的条款。第一类条约条款可见于《中华人民共和国和泰王国引渡条约》第 6 条，其规定：“为实施本条约的目的，缔约双方应通过外交途径相互联系，但本条约另有规定者除外。”第二类条约条款可见于《中华人民共和国和大韩民国引渡条约》第 6 条，其规定：“为本条约的目的，双方应当通过外交途径相互联系，但本条约另有规定的除外。”第三类可见于《中华人民共和国和突尼斯共和国引渡条约》第 10 条，其规定：“一、引渡请求和答复文件应通过外交途径或直接通过缔约双方指定的机关递交；二、本条第一款所指的机关，在中华人民共和国是随后通过交换函件指定的机关，在突尼斯共和国是司法部。”

一、联系机关即为条约实施或执行机关

“为实施本条约”和“为本条约的目的”的表述，表明后续的联系机关即为实施或执行条约的机关。第三类条款虽然没有“条约实施”或“为条约目的”等字眼，但将外交途径置于联系途径的首位，这种以国家代表进行联系与条约的执行主体就是国家的结论相吻合，因此也可以作前述同样的理解。引渡条约尽管部分条款可以自执行，但是条约总体须由国家来实施，因为毕竟条约是由国家出面缔结并且负责遵守和履行。当然，第三类条款毕竟没有“条约实施”等的限制，有极个别条约条款规定可以由国际组织（国际刑警组织）来实施，比如临时逮捕程序，因为国际刑警组织本身就具有跨境抓捕职能，且是国家所赋予的。正因为如此，有极个别的我国引渡条约的条款中，也出现了国际刑警组

织作为联系机关的规定，比如中国与南非、莱索托和纳米比亚的引渡条约。① 根据我国双边引渡条约，外交机关尽管不是引渡的最终决定机关，但是起着引渡活动的中心枢纽的作用，与国务院共同担负引渡条约实施的任务。因此，可以说，引渡条约联系机关即为条约实施或执行机关。

但是，不能反过来说，条约实施机关就是联系机关。只能说，前者包含了后者，因为前者的职能范围更广，除外部联系外，还包括引渡的最终决定，除非两种职能统一于外交部（比如美国）。但是一般这两种职能是分开的。比如在加拿大，引渡决定机关是司法部。在最近的孟晚舟引渡案的加拿大判决意见中，法庭认为，根据加拿大的“价值观”，司法部长的决定必须考虑到根据外国法律起诉是否会导致不公正或压迫性的结果；特殊情况下，如果引渡“在顾及所有有关情况后，将是不公正或压迫性的”，可以由司法部部长根据相关规定适当地行使酌处权，拒绝引渡。② 我国对引渡的最终决定机关则是国务院。

二、联系机关的职能

这类机关一般在引渡的外部事务中充当传导、沟通和协调的角色，具体来说包括：提出和接收引渡申请、临时逮捕请求、对引渡申请进行形式审查并通知审查结果、转交国内司法机关引渡材料、协调引渡内外部事务、通知最终引渡决定等引渡职能。这类机关分为发出机关和接收机关，一国为发出机关，另一国则为接收机关。

根据中国《引渡法》，我国外交部在引渡方面的具体职能为：接收引渡或临时逮捕申请（第 16 条）、对引渡申请进行形式审查（第 16 条）、将审查合格的材料转交最高人民法院和最高人民检察院（第 19 条）、通知请求国被请求引渡人在本国的基本情况（第 20 条）、通知请求国补充材料（第 27 条）、通知请求国临时拘留被请求引渡人的情况（第 30 条）、通知请求国（最终）不引渡决定（第 29 条）、将最高人民法院准予引渡的裁定书转交国务院批准（第 29 条）、将国务院准予引渡的决定通知本国公安部及请求国并通知请求国与本国公安部联系引渡的具体事宜（第 38 条）等。可见中国《引渡法》是对条约“外交途径”的进一步具体化，且没有直接相冲突的地方。

---

① 具体规定可见于中国与南非、莱索托和纳米比亚引渡条约第 6 条。如《中华人民共和国和南非共和国引渡条约》第 6 条规定：“……临时羁押的请求应按本款第（一）项的规定进行联系，或通过国际刑事警察组织以及缔约双方同意的其他途径进行联系。”

② United States v. Meng，2020（May，27）BCSC 785，para. 86.

三、联系机关的类别

我国引渡条约中大多规定“外交途径”为引渡联系的主要方式。“外交”是指国家之间的对外交往，因此，除非特别指明，“外交途径”一般主要指通过两国的外交部，其次是大使馆进行联系，即外交部或大使馆为“外交途径”的当然机关。关于大使馆能否作为引渡申请的接收机关的问题，有学者认为我国还没有这样的规定和做法，因为“我国《引渡法》规定的一些期限是从设在北京的我国外交部收到相关材料开始计算的”。① 但是在条约的背景下，我国引渡条约中“双方同意的其他途径进行联系”“中华人民共和国经由外交途径通知的指定机关”的表述可以理解为我国存在使领馆接收引渡申请的可能性。况且，《维也纳外交关系公约》中规定大使馆就具有在外代表国家的职务。另外，2010 年生效的《欧盟与美国引渡协议》明确规定可以大使馆作为接收引渡申请的机关。② 因此，大使馆可以作为条约背景下的“外交途径”。但是大使馆的“联系”相对于外交部来说，应放在次要的地位。因为如果大使馆作为引渡申请的接收机关的话，大使馆还是需要费时日将该申请汇总传达到国内的外交部，由外交部来解决引渡问题，毕竟引渡机关和有关嫌犯事项都在国内，但这样可能会影响到引渡的效率，因此如果能够直接把对方外交部作为引渡申请的接收机关，可能在效率方面更高。当然可以大使馆作为引渡申请的发出机关，向驻在国外交部递交本国的引渡申请，这样引渡效率还是比较高一点。但总体而言，大使馆为“外交途径”的中间环节，能省则省，如果实在不能省，也是权宜可用的方式。在我国引渡条约中，一国外交部与另一国“指定机关”的联系，不叫“外交途径(联系)”，而是“直接联系”。③

除外交部或大使馆为主要和天然联系机关外，有的条约还规定了其他国家机关为联系机关。哈萨克斯坦指定了司法部和总检察长④，立陶宛为该国司法部和总检察院⑤，突尼斯为该国的司法部⑥，南非为该国司法和宪法部长⑦，

① 参见黄风著：《〈中华人民共和国引渡法〉评注》，中国法制出版社 2001 年版，第 70 页。

② 见胡城军：《〈欧盟与美国引渡协议〉研究》，载《武大国际法评论》2019 年第 5 期。

③ 见《中华人民共和国和意大利共和国引渡条约》第 6 条。

④ 见《中华人民共和国和哈萨克斯坦共和国引渡条约》第 6 条。

⑤ 分别见中国和哈萨克斯坦与立陶宛的引渡条约，都在第 6 条。

⑥ 分别见中国和突尼斯与巴西的引渡条约第 10 条和第 6 条。

⑦ 见《中华人民共和国和南非共和国引渡条约》第 6 条。

意大利为司法部①，越南为公安部②，巴巴多斯仅为总检察长③，埃塞俄比亚为司法部④，巴西为司法部⑤，安哥拉为司法部⑥，葡萄牙为共和国总检察院⑦。

根据《巴西引渡法》的规定(1980年)，⑧ 引渡请求通过外交途径提出，如请求国无“外交代表”，可在政府间直接提出(第80条)；外交部将引渡请求书转交司法部，由司法部命令对被引渡者实行监禁，并交联邦最高法院处理(第81条)；在紧急情况下，只要请求引渡国的有关当局、外交或领事代表，通过适当方式，不论以何种联络手段提出请求，即可下令对引渡者进行预防性逮捕(第82条)；同意引渡后，应通过外交部将情况通知请求引渡国的外交机构(第86条)；被请求引渡者在移交给请求国后，逃避司法诉讼并潜居在巴西或过境巴西的，可通过外交途径直接提出要求，将其拘捕，无须另外手续即可将其重新交送(第93条)。即不再需要联邦最高法院的裁决。这些规定与条约规定的“外交途径”联系方式比相符，与条约规定中央机关实施条约的职能基本相符。

下面再对“联系途径”条款进一步细分的几种条款类别进行简要评析：

一、为实施本条约的目的，缔约双方应通过外交途径进行联系，但本条约另有规定者除外。⑨ 这类规定，主要是要求双方在其外交部或大使馆之间进行联系引渡事宜。

二、除本条约另有规定者外，为实施本条约，缔约双方应通过其指定的主管机关进行联系。在各自指定主管机关前，缔约双方应通过外交途径

① 见《中华人民共和国和意大利共和国引渡条约》第6条。

② 见《中华人民共和国和越南社会主义共和国引渡条约》第6条。

③ 见《中华人民共和国和巴巴多斯引渡条约》第6条。

④ 见《中华人民共和国和埃塞俄比亚联邦民主共和国引渡条约》第5条。

⑤ 见《中华人民共和国和巴西联邦共和国引渡条约》第6条。

⑥ 见《中华人民共和国和安哥拉共和国引渡条约》第6条。

⑦ 见《中华人民共和国和葡萄牙共和国引渡条约》第6条。

⑧ 外交部条约法律司编：《引渡法资料选编》，世界知识出版社1998年版，第83~85页。

⑨ 见中国和泰国、罗马尼亚、柬埔寨、韩国引渡条约第6条，和菲律宾引渡条约第7条。

进行联系。① 鉴于实施条约的主体为国家，因此“指定的联系主管机关”一般为外交部及其授权的中央机关，或大使馆，其中必有一方是外交机关以外的中央机关。“外交途径”一般指两国外交部或大使馆之间的联系。可先通过外交途径进行联系。

三、为实施本条约，缔约双方应通过各自根据本国法律指定的机关进行联系，亦可通过外交途径联系。② 指定机关和外交途径任选，没有先后分别。“指定机关”的联系模式为：一方外交部—另一方外交部以外的中央机关；或双方都是外交部以外的中央机关之间的联系。“外交途径”一般指两国外交部或大使馆之间的联系。

四、为实施本条约，缔约双方应通过中华人民共和国经由外交途径通知的指定机关和哈萨克斯坦共和国司法部和总检察长进行联系；亦可通过外交途径进行联系。③ 该款前部明确指出中国由外交部，哈国由其司法部和总检察长代表该国进行联系，一方为发出机关，另一方则为接收机关。该款后部“外交途径”一般指两国外交部或大使馆之间的联系。两种方式任选，没有先后分别。

五、“一、引渡请求和答复文件应通过外交途径或直接通过缔约双方指定的机关递交；二、本条第一款所指的机关，在中华人民共和国是随后通过交换函件指定的机关，在突尼斯共和国是司法部。”④“随后通过交换函件指定的机关”一般是指外交函件交换后双方认可的机关，一般为外交部以外的中央机关，如最高人民检察院、最高人民法院或公安部等。“指定机关”的联系模式为：中国外交部—突尼斯司法部；中国指定的机关与突尼斯司法部之间的联系。“外交途径”一般指两国外交部或大使馆之间的联系。两种方式任选，没有先后分别。

六、“一、临时羁押和引渡的请求：(一)在中华人民共和国方面，应当向外交部提出；(二)在南非共和国方面，应当向司法及宪法发展部长提出。二、(一)引渡请求应为书面形式并由本条第一款提及的缔约国机关直接联系；但不应排除通过外交途径进行的联系；(二)临时羁押的请

① 见中国和白俄罗斯、俄罗斯、吉尔吉斯斯坦、乌兹别克斯坦、秘鲁、老挝等引渡条约第6条。

② 见中国与保加利亚、蒙古引渡条约第6条。

③ 见《中华人民共和国和哈萨克斯坦共和国引渡条约》第6条。

④ 见《中华人民共和国和突尼斯共和国引渡条约》第10条。

求应按本款第(一)项的规定进行联系，或通过国际刑事警察组织以及缔约双方同意的其他途径进行联系。”①双方引渡申请“直接联系”的模式为：我国外交部—南非司法及宪法发展部长。“外交途径”一般指两国外交部或大使馆之间的联系。两种方式任选，没有先后分别。双方临时逮捕的请求可采上述“直接联系”模式，或者双方通过国际刑警组织这个中间环节进行联系。两种方式任选。

七、“一、为本条约的目的，双方应通过外交途径进行联系。二、双方负责实施本条约的中央机关在巴西联邦共和国方面是司法部，在中华人民共和国方面是外交部。”②还有相类似的条款：“一、双方各自指定下列中央机关负责本条约的实施：(一)在中华人民共和国方面为外交部；(二)在安哥拉方面为司法部。二、本条第一款指定的中央机关应当通过外交途径进行联系。”③该两条款的一、二款正好颠倒，但是内容相同，意思也基本相同，都规定外交途径为唯一联系方式，实施条约的中央机关之间不能直接联系，即巴西或安哥拉的司法部应通过该两国的外交部向中国外交部提出引渡申请；中国的外交部向该两国的外交部发出引渡申请，由该两国的外交部转交其司法部。

八、“一、为本条约的目的，双方应当通过指定的机关进行联系。二、本条第一款所指的机关，在中华人民共和国方面为外交部；在葡萄牙共和国方面为共和国总检察院。”④该条就非常明确地规定了双方的联系模式：中国为其外交部，葡萄牙为其总检察院，一方为发出机关，另一方则为接收机关，没有提到“外交途径”。

评注 22　语言条款

这类条款一般这样规定的：“在执行本条约时，缔约双方应使用本国官方文字并附有对方的官方文字或英文文本。”⑤还有规定：“在执行本条约时，缔

① 见《中华人民共和国和南非共和国引渡条约》第 6 条。
② 见《中华人民共和国和巴西联邦共和国引渡条约》第 6 条。
③ 见《中华人民共和国和安哥拉共和国引渡条约》第 6 条。
④ 见《中华人民共和国和葡萄牙共和国引渡条约》第 6 条。
⑤ 见《中华人民共和国和罗马尼亚引渡条约》第 7 条。

约双方应使用本国的官方文字，并附有缔约另一方的官方文字或者英文或者俄文的译文。”①英文文本或俄文文本是我国引渡条约的第三方语言文本。

所谓“执行条约”就是指国家立法、行政和司法机关就条约的权利义务关系进行具体落实的行动过程。根据国家主权原则，该国首先以本国文字的条约文本为依据进行转化立法、行政执法、司法适法的工作；而从公正执法的角度，也可参考对方文字的文本。

根据《维也纳条约法公约》第 33 条的规定，② 我国引渡条约中列明的缔约双方的文字文本以及第三方的语言文字文本，在文本出现歧义或模糊表述的场合，每种文本都可以同一作准；并推定条约用语在各作准约文内意思相同；如果比较作准约文后发现意义有差别而适用通常解释方法仍然无法消除分歧时，应从条约目的和宗旨出发，采用各方都能接受的条约约文的意思。

案例一：

《夜间雇佣女工公约》的解释问题(1932 年，国际常设法院)③
——国际法和条约法的一般案例

1919 年通过的《夜间雇佣女工公约》第 3 条规定：“妇女，部分年龄，不得受雇于任何公共的或私人的工业企业从事夜间工作。”英国加入该公约后在执行该公约时遇到了困难，即雇佣女工是否仅适用于蓝领工人，而不适用白领工人(即管理阶层的工人)？国际常设法院的法官在作解释时认为，公约的法文文本或英文文本，通常用：travailleurs（workers），travailleurs salaríe（wage-earners），这些词语不排除从事非体力劳动的人，在公约关于选举国际劳工组局领导机构代表的第 393 条，英文文本用 workers，法文文本用 employés et ouvriers，都不能说明它们时专指体力劳动者。但是安齐洛蒂法官的不同意见认为，只有在了解各缔约国的意图和

① 见《中华人民共和国和哈萨克斯坦共和国引渡条约》第 7 条。

② 《维也纳条约法公约》第 33 条“以两种以上文字认证之条约解释”规定：“一、条约约文经以两种以上文字认证作准外，除依条约之规定或当事国之协议遇意义分歧时应以某种约文为依据外，每种文字之约文应同一作准……三、条约用语应推定在各作准约文内意义相同。四、除依第一项应以某种约文为根据之情形外，倘比较作准约文后发现意义有差别而非适用第三十一条及第三十二条所能消除时，应采用顾及条约目的和宗旨之最能调和各约文之意义。”

③ 见陈致中编著：《国际法案例》，法律出版社 1998 年版，第 359~362 页。

目的，才可以看出特定条文中所用的词语到底是什么意思。后来证明该法官的观点是正确的，因为在1934年的修正案文中明白规定公约中所指的妇女不包括从事监督及管理职务的妇女。

案例二：

乔瓦尼·甘比诺（Giovanni Gambino）引渡案①

美国政府代表意大利共和国，根据《美国法典》第18编第3184条寻求证明，以便根据1983年《美国与意大利引渡条约》，向意大利当局签发移交令。被请求引渡人乔瓦尼·甘比诺面临着在《意大利刑法》第71条下的贩运毒品和第75条下的毒品贩运共谋的指控。在纽约对一起敲诈勒索共谋认罪后，被请求引渡人试图根据1983年条约的禁止双重危险或"一罪不二审"原则禁止引渡。法官在审理中发现，法院所援引的条约——《美国与意大利引渡条约》在"一罪不二审"条款中针对"一罪"，英文文本和意大利文本使用了不同的术语来表达。该款英文表述为："如被要求引渡的人因要求引渡的同一行为而被要求方定罪、判无罪或赦免，或已服满刑期，则不得准予引渡。"这里使用了"同一行为"（identical acts），但是在此处，意大利文本使用了"stessi fatti"的表述，翻译成英文是"相同事实"的意思。因此出现了不一致的情况。法院随后做了如下的分析：

意大利文本使用"相同事实"一词源自《意大利刑法》第649条的规定："被宣告无罪或被判有罪并已作出最终裁决或判决的被告不得因同一行为再次受到刑事诉讼，即使在名称、程度或情节的指定上有所不同"。然而，意大利法律严格适用一事不再理规则。因此，它要求先前所犯罪行或判刑的行为"与构成引渡请求理由的事实相同。"在适用中，该规则要求法官确定事实要素，如犯罪的原则、时间和地点以及犯罪的实体目标是否一致。而根据上下文，并考虑到参议院报告和行政部门对该条款赋予的含义，英语版本中的术语"行为"支持对该术语的基于犯罪的解释，即意味着构成犯罪基础的相同的事实的实质性命题或相同的行为。假设意大利文本中的属于"相同事实"和英文文本中的"同一行为"具有相同的含义，习惯于将这些条款解释为意味着相同的事实的实质性命题，或者类似地，构成犯罪的理由或基础的基本相同的事实。即使本法院裁定1983年条约中

① In re Gambino，421 F. Supp. 2d 283，2006 U. S. Dist. Lexis 11739，pp. 15-16，23-24.

赋予这些术语的预期含义不一致，但是通过诉诸自由解释的既定原则，也可获得意思一致的相同结果。换句话说，如果本法院不能使英文本中的上述预期含义与意大利文的预期含义相一致，正如斯塔里塔(Starita)教授提出的，在引渡条约中出现两个相互冲突的术语时，以实现双方明显意图的更为宽泛的解释为准。更自由的解释通常倾向于被请求引渡人的引渡，因为引渡条约的目的是便利引渡。有佐证支持：在美国诉金宏(Kin-Hong)案中，法院认为，"引渡条约不同于刑事法规，应自由解释以利于执行，因为它们有利于正义和友好的国际关系"；在埃尔科克(Elcock)诉美国案中，法院承认适用于引渡条约的解释原则是"优先考虑促进引渡的解释"；巴西奥尼认为，"如果一项规定有两种解释，其中任何一种解释都与条约的其他条款相一致，司法机关将选择更宽松的解释，允许引渡关系人(被请求引渡人)，因为条约的目的是促进条约成员国之间的引渡"；《美国对外关系法重述》(第三次)认为，"当权威文本的比较揭示了意义的差异时……在考虑到国际协定的目标和宗旨的情况下，最好地协调文本的含义"。另外，通过适用"事实的实质性命题"原则、"相同或基本相同的事实"原则以及"政府专家指定的相同事实"原则来对"相同事实"或"同一行为"来作解释，都可以得出不妨碍"一罪不二审"原则适用的结论。即无论是适用"相同事实"或"同一行为"都可以断定，被请求引渡人所主张的意大利所据以指控的罪行与其在纽约的犯罪是两起不同的犯罪，因此根据引渡条约中"一罪不二审"的原则，是可以引渡的。

本案的判决基本根据《维也纳条约法公约》第 33 条的规定作出推理和分析。

评注 23　引渡请求及所附文件条款

该类条款一般会规定要求注明请求机关、被请求引渡人的基本特征、提交犯罪和处刑的基本资料以及文本的形式要件等足以证明引渡请求的信息和材料。下面根据条约条款具体规定，依次简评这些信息和材料提交的必要性。

一、请求机关名称。① 表明引渡请求的正式性。条约中规定纯粹"外

① 见《中华人民共和国和白俄罗斯共和国引渡条约》第 8 条第 1 款第 1 项。

交途径”联系方式的请求机关一般是外交部或大使馆。“外交途径+指定机关”联系方式的请求机关可以是外交部、大使馆或指定的中央机关。“指定机关”联系方式的请求机关，我国一直为外交部，另一方的请求机关必是外交部以外的其他中央机关。

二、被请求引渡人的姓名、性别、年龄、国籍、住所地或居所地的材料和其他关于其身份的情况，如有可能，提供其外貌特征、照片和指纹。① 这类情况越详细越好，以便被请求国有关机关对逃犯进行识别和抓捕。

三、犯罪行为和后果，包括物质损失的概述。② 这是判断犯罪的直观依据。

四、有关追诉时效或者执行刑罚时限的法律规定。③ 这是判断有无必要进一步采取司法行动的基本依据。

五、认定该行为构成犯罪的法律规定，并指出依据该法所应给予的处罚方式。④ 如果请求国的法律，且有足够证据证明逃犯在请求国构成犯罪并处刑，则可以此判断是否构成引渡中的双重犯罪原则。

六、请求方法官或其他机关签发的逮捕证的副本。⑤ 这是判断逃犯犯罪的权威间接证据，为判断双重犯罪原则作基础。

七、证明应当逮捕和羁押该人以便交付审判的证据，包括证明被请求引渡人是逮捕证所指之人的证据。⑥ 这是判断逃犯犯罪的权威间接证据，以及犯罪与其主体相统一的依据，为进一步识别和抓捕打基础。

八、请求方法院判决书的副本。⑦ 这是判断逃犯犯罪的权威间接证据，为判断双重犯罪原则作基础。

九、证明被请求引渡人是判决所指之人的证据。⑧ 这是证明犯罪与其主体相统一的依据，为进一步识别和抓捕打基础。

十、在缺席审判的情况下，应附有告知被请求引渡人有权上诉或要求

① 见《中华人民共和国和白俄罗斯共和国引渡条约》第 8 条第 1 款第 2 项。
② 见《中华人民共和国和白俄罗斯共和国引渡条约》第 8 条第 1 款第 3 项。
③ 见《中华人民共和国和吉尔吉斯共和国引渡条约》第 8 条第 1 款第 4 项。
④ 见《中华人民共和国和吉尔吉斯共和国引渡条约》第 8 条第 1 款第 5 项。
⑤ 见《中华人民共和国和柬埔寨王国引渡条约》第 7 条第 2 款第 1 项。
⑥ 见《中华人民共和国和柬埔寨王国引渡条约》第 7 条第 2 款第 2 项。
⑦ 见《中华人民共和国和柬埔寨王国引渡条约》第 7 条第 3 款第 2 项。
⑧ 见《中华人民共和国和柬埔寨王国引渡条约》第 7 条第 2 款第 2 项。

重审的通知书以及有关的法律条文。① 这是判断是否以缺席审判为由拒绝引渡的依据。

十一、如果请求引渡的目的是执行刑罚，应附有判决书或证明无误的判决书副本，如果尚未执行的刑期与判决书中的规定刑期不一致，还应附有证明尚未执行刑期的文件。② 这是判断是否构成双重犯罪原则的基本依据。

十二、负责追诉该案的主管机关签发的文件，其中包括现有证据摘要以及根据请求国法律上述证据足以证明有理由起诉该人的声明。③ 如果有足够证据证明逃犯在请求国构成犯罪并处刑，则可以此判断是否构成引渡中的双重犯罪原则。

十三、终审判决书的副本；关于已执行刑期情况的说明。④ 这是判断是否符合双重犯罪原则的依据。

十四、该文件已由请求方的法官或者其他官员签署或证明；该文件已由请求方主管机关正式盖章⑤；由被请求方派驻请求方的外交或领事官员认证⑥。签署、证明、认证或盖章等表明文件的公信力和权威性，是取证的重要依据。

十五、请求方根据本条约的规定所提交的所有文件，应经正式签署或盖章，并应附有被请求方的文字或英文的译文。⑦ 被请求方文字或英文译文的要求表明请求国与被请求国条约文本的一致性，以尽量避免解释和适用中的争端，以利于引渡的顺利进行。

总体而言，引渡请求书及其附属文件的要求是判断是否构成可引渡犯罪以及是否拒绝引渡的基本依据，如果提供的材料越翔实、充分和公正，则越有利于引渡的顺利进行。或说起码完成了引渡一半的工作，因为毕竟被请求国可能根据其本国法进一步再行判断。

对此可以参阅一下我国引渡法的相关规定：

① 见《中华人民共和国和突尼斯共和国引渡条约》第 11 条第 9 款。
② 见《中华人民共和国和突尼斯共和国引渡条约》第 11 条第 6 款。
③ 见《中华人民共和国和南非共和国引渡条约》第 7 条第 2 款第 3 项。
④ 见《中华人民共和国和保加利亚共和国引渡条约》第 8 条第 3 款第 1、2 项。
⑤ 见《中华人民共和国和大韩民国引渡条约》第 5 条第 1、2 款。
⑥ 见《中华人民共和国和菲律宾共和国引渡条约》第 8 条第 2 款第 2 项。
⑦ 见《中华人民共和国和泰王国引渡条约》第 7 条第 4 款。

第十条 请求国的引渡请求应当向中华人民共和国外交部提出。

第十一条 请求国请求引渡应当出具请求书，请求书应当载明：

（一）请求机关的名称；

（二）被请求引渡人的姓名、性别、年龄、国籍、身份证件的种类及号码、职业、外表特征、住所地和居住地以及其他有助于辨别其身份和查找该人的情况；

（三）犯罪事实，包括犯罪的时间、地点、行为、结果等；

（四）对犯罪的定罪量刑以及追诉时效方面的法律规定。

第十二条 请求国请求引渡，应当在出具请求书的同时，提供以下材料：

（一）为了提起刑事诉讼而请求引渡的，应当附有逮捕证或者其他具有同等效力的文件的副本；为了执行刑罚而请求引渡的，应当附有发生法律效力的判决书或者裁定书的副本，对于已经执行部分刑罚的，还应当附有已经执行刑期的证明；

（二）必要的犯罪证据或者证据材料。

请求国掌握被请求引渡人照片、指纹以及其他可供确认被请求引渡人的材料的，应当提供。

第十三条 请求国根据本节提交的引渡请求书或者其他有关文件，应当由请求国的主管机关正式签署或者盖章，并应当附有中文译本或者经中华人民共和国外交部同意使用的其他文字的译本。

由此也可以看出，中国《引渡法》与条约的相关规定基本相同。

案例一：

哈希亚吉案①——请求方证据支持

意大利当局指控该国外国人阿尔巴尼亚公民哈希亚吉(Haxhiaj)贩毒，但在他离开意大利进入美国之前，意大利无法逮捕他。哈希亚吉申请并获得了美国的庇护；然而，他也受到意大利当局的缺席审判，被判犯有贩毒罪，并被判处监禁12年半。当意大利当局得知该外国人居住在美国时，

① Haxhiaj v. Hackman, 528 F. 3d 282, 2008 U. S. App. Lexis 12263.

他们要求根据 1983 年 10 月 13 日《美利坚合众国政府和意大利共和国政府引渡条约》引渡哈希亚吉。美国当局根据《美国法典》第 18 编第 3184 条提起诉讼，寻求出具驱逐该人的命令。治安法官出具了对该人的驱逐令。哈希亚吉申请人身保护令，对该决定提出质疑。他辩称，向引渡法院提交的证据不足以确定他犯下毒品罪的合理根据，因此不应出具引渡证明。上诉法院认为治安法官的决定得到了证据的支持。米兰(意大利)上诉法院出具的经核证的意见副本符合条约要求的证据，并清楚地提供了合理引渡依据的基础。

案例二：

梁智峰案①——身份认证问题。重罪犯者梁智峰隐瞒身份，取得假护照更名为金某，通过与韩国人结婚的方式获得韩国国籍。2012 年 7 月，韩国首尔中央地方法院刑事七部法庭对因公共记录不实记载而被起诉的"金某"进行了审理。"金某"一直坚称自己本名金某而非梁智峰，并有其母亲出庭作证。法庭在对"金某"和中国逃亡注册表上梁智峰的照片进行认证比对后，发现二者十分相似。人脸识别系统的检测结果也表明，"金某"和逃亡注册表上的梁智峰的照片的一致度高达 62%。不仅如此，"金某"的血型检测为 AB 型，与中国常住人口登记表上梁智峰的血型记载一致，而"金某"的母亲和中国通缉者梁智峰的母亲也可以确认为同一人。韩国驻中国大使馆领事部的确认结果也显示，中国并无"金某"此人，其人力事项是伪造的。法庭因此作出审批结果，确认"金某"就是中国通缉的逃犯梁智峰。该判决结果为后面对梁智峰的引渡打下了基础。中方提供的信息在身份确认中当然起了很大作用。

评注 24　补充资料条款

这类条款一般规定："如果被请求方认为，为支持引渡请求所提供的材料不充分，可以要求在 60 天内提交补充材料。如果请求方提出要求，这一期限可以延长 15 天。如果请求方未在该期限内提交材料，应当被视为自愿放弃请

① 黄风主编：《中国境外追逃追赃经验与反思》，中国政法大学出版社 2016 年版，第 38~41 页。

求，但是不妨碍请求方就同意犯罪重新提出应当请求。”①其他条约相关条款内容大同小异。

前述哈希亚吉案的审理过程中。② 治安法官当时裁定，美国政府(代表意大利政府)未能提交足够的可能原因的证据，并拒绝证明哈希亚吉可被引渡。治安法官推断，与逃犯在场审判时的定罪证据不同，仅仅是缺席定罪的证据本身并不能支持《美国法典》第3184条(引渡条款)所要求的合理引渡根据的认定。相反，治安法官正在寻找“缺席审判时提出的”那种证据，以便对合理根据进行独立评估。治安法官认为没有这种证据，拒绝了引渡证书的请求；然而，治安法官没有驳回引渡申诉，而是允许政府补充记录。政府随后提交了意大利总检察长布鲁诺·芬奇亚(Bruno Fenzia)博士的一份声明，他是一名意大利治安法官，在意大利刑事司法系统中行使检察职能。芬奇亚的声明总结了支持哈希亚吉定罪的证据，包括一名调查人员的证词以及窃听和物理监控的结果。为了支持他的总结，芬奇亚引用了米兰上诉法院书面意见的相关部分，确认了对哈希亚吉的定罪。然而，政府没有提交调查人员证词的庭审记录或任何支持此类证词的证据，如在调查哈希亚吉及其同伙期间窃听的电话谈话记录或文件。此外，芬奇亚的陈述没有解释他对证据的总结的依据，因此不清楚芬奇亚是基于个人知识还是仅仅从上诉法院的意见或其他来源收集的信息。尽管如此，2006年8月16日，治安法官得出结论认为，鉴于政府提交的补充资料，有合理根据相信哈希亚吉犯下了意大利引渡请求中确定的罪行。因此，治安法官签发了可引渡证书。

评注25　引渡请求竞合条款

该类条款是指被请求国收到两个或更多引渡申请须择一作出引渡决定的条款。该类条款一般表述为，“缔约一方同时接到缔约另一方和第三国对同一人的也对请求时，被请求方有权自行决定向其中的任一国家引渡该人。”③被请求国收到多份引渡请求时，有充分的自由裁量权作出引渡其中一国的决定。有些条约还列出了被请求国自由裁量时考虑的一些因素④：请求是否根据条约提

① 如《中华人民共和国和巴西联邦共和国引渡条约》第8条。

② Haxhiaj v. Hackman, 528 F. 3d 282, 2008 U. S. App. Lexis 12263, p. 7.

③ 如《中华人民共和国和乌克兰引渡条约》第14条。

④ 如中国与韩国、保加利亚、蒙古、罗马尼亚、菲律宾、突尼斯、莱索托、立陶宛等的引渡条约。

出；被请求引渡人的国籍和经常居住地；各项犯罪实施的时间和地点；罪行的严重性；提出请求的日期；再引渡的可能性，等等。

一般来说，有条约要优于无条约，国籍地国要优于经常居住地国，犯罪时间在前的优先，犯罪地国优先，罪行严重地国优先，提出请求的日期在前的优先，等等。还有就是再引渡的可能性问题。对于“再引渡的可能性”的理解，可以是“被请求国再引渡的可能性”,① 也可以是“请求国再引渡的可能性”。② 对于第一种情形，是该罪犯在请求国认罪受刑后又能根据承诺返回到被请求国接受该被请求国的引渡分配。对于第二种情形，是引渡申请成功的国家对被请求引渡人作出相应惩罚后又能以另一种罪行引渡到其他国家。第二种情形又可称为“转引渡”。③ 者两种情形至少有可能，是因为引渡请求竞合毕竟是针对“同一人”而不是同一人的“同一罪”。如果是符合这样两种情况的该个申请国优先引渡。

案例一：

阿达莫夫案——以罪犯所属国优先和以犯罪行为地国优先为原则的引渡

瑞士警方2005年5月根据美国发出的逮捕令，在首都伯尔尼拘捕了因私前往瑞士的阿达莫夫。美国司法部门指控阿达莫夫在担任俄罗斯原子能部部长期间侵吞了美国能源部提供给俄罗斯用于加强核设施安全建设的资金至少900万美元。俄罗斯检察机关也以类似罪名起诉了阿达莫夫。阿达莫夫被捕后，俄罗斯和美国相继向瑞士提出引渡请求。阿达莫夫开始拒绝引渡到俄罗斯和美国，声称自己无罪，他应该以自由公民的身份回到俄罗斯，证明所有对他的不实之词。瑞士联邦司法部于2005年10月3日宣布将阿达莫夫引渡到美国，但这一决定遭到俄方的强烈反对。俄罗斯认为在美国与俄罗斯同时提出引渡请求的情况下，被请求引渡者国籍所属国的请求按照惯例将优先得到满足；而且阿达莫夫了解和掌握俄罗斯的核心机密，一旦被顺利引渡到美国，必将导致俄罗斯核心机密的泄露。11月1

① Edith Palmer(Editor), Austrian Law on Extradition and Mutual Assistance in Criminal Matters(1983), p.51.

② 外交部条约法律司编：《引渡法资料选编》，世界知识出版社1998年版，第286页。

③ 外交部条约法律司编：《引渡法资料选编》，世界知识出版社1998年版，第211页。

日，阿达莫夫不满瑞士司法部将其引渡到美国的决定，向瑞士联邦法院上诉，12 月 29 日，瑞士联邦法院（最高法院）推翻了瑞士联邦司法部的决定，宣布阿达莫夫将被引渡到俄罗斯。瑞士联邦法院认为，根据国际法，俄罗斯的引渡请求享有优先权，也可使对阿达莫夫的刑事调查能够在被指控罪行的发生地展开。①

案例二：

皮诺切特案

正如上文所述，在 1999 年 3 月由英国上议院法庭在实体上裁定准予引渡皮诺切特，但在引渡到哪国的问题未定。当时提出引渡申请的国家有西班牙、智利、法国、瑞士、比利时五个国家。西班牙是首先提出引渡的国家，也是其宣称的主要外国受害国。智利是皮诺切特的母国，也是所谓的犯罪发生地国。最后，英国内政部以皮诺切特健康不佳，不宜接受审讯为由，拒绝了西班牙及其他所谓受害国的引渡请求，准许皮诺切特返回智利。

评注 26 为引渡而羁押条款

该类条款规定了被请求国收到引渡请求后应迅速对被请求人予以羁押的内容。如《中华人民共和国和俄罗斯联邦引渡条约》第 10 条规定，“被请求的缔约一方收到引渡请求后，除根据本条约规定不得引渡的情形外，应立即采取措施羁押被请求引渡人。”与临时羁押相比，该类规定是针对已经提交引渡申请的情形，而临时羁押则是未提交正式的引渡申请。如果该人已经被临时羁押，待正式申请到达后，可以将临时羁押转为该款的正式羁押。羁押或逮捕被请求引渡人是引渡的必经程序。这样的条约包括与吉尔吉斯斯坦、乌克兰、突尼斯、巴基斯坦、立陶宛、俄罗斯、白俄罗斯、保加利亚、罗马尼亚等国的引渡条约。根据这样的条款，被请求引渡国在收到引渡请求后，首先排除不允许引渡的情形，然后初步审查是否符合引渡条件，如果符合则立即拘捕被请求引渡

① 见薛淑兰著：《引渡司法审查研究》，中国人民大学出版社 2008 年版，第 137～138 页。

人。"不允许引渡的情形"一般为条约中强制性拒绝引渡的情形。

中国《引渡法》中规定引渡强制措施有三种：引渡拘留、引渡逮捕和引渡监视居住。条约中"为引渡而羁押"的"羁押"应属于中国《引渡法》中的"逮捕"或"引渡监视居住"类别，因为中国《引渡法》的引渡拘留特指紧急情况下的羁押措施，① 而为引渡而羁押条款是指正式引渡请求收到以后的情形，而这也与中国《引渡法》的相关规定一致②。拘留从诉讼法的角度来看具有临时性，逮捕或监视居住则具有稳定性。

被请求国为引渡而羁押的主体，在我国为公安部，在其他国家可能为内政部或最高国家警察组织。在我国的具体程序为：外交部收到引渡请求后，将引渡请求材料转最高人民法院，最高人民法院转高级人民法院，由高级人民法院对引渡请求进行初步审查并对被请求引渡人作出逮捕的决定，由公安机关执行(第 32、33 条)；对于应当逮捕的被请求引渡人，如果患有严重疾病，或者是正在怀孕、哺乳自己婴儿的妇女，可以采取引渡监视居住措施(第 35 条)。

案例一：

沙宾科夫案③

2005 年 1 月 11 日俄罗斯人沙宾科夫涉嫌在位于我国领海的圣文森特和格林纳丁斯国籍"领袖"号货船上实施故意伤害致人死亡；第二天，应俄罗斯驻上海总领事馆要求，被上海市公安局立案侦查并羁押，羁押于上海市第一看守所。该犯一直羁押到 2006 年俄罗斯正式向我国提出引渡该人及我国法院作出准予引渡决定。

案例二：

林植案④

2002 年 6 月 30 日，大韩民国向中国外交部请求引渡涉嫌走私毒品罪的大韩民国公民林植、禹现植。引渡请求书及确认书载明：被请求引渡人

① 见中国《引渡法》第 30 条。

② 见中国《引渡法》第 32 条。

③ 见薛淑兰著：《引渡司法审查研究》，中国人民大学出版社 2008 年版，第 498~502 页。

④ 见薛淑兰著：《引渡司法审查研究》，中国人民大学出版社 2008 年版，第 494~497 页。

林植、禹现植于2001年12月中旬打电话给韩国的徐英祚，委托处理送往韩国的冰毒，2002年1月上旬通过他人携带9.3公斤冰毒走私到韩国让徐英祚收领。2002年中国最高人民法院向中国公安部发出《查找被请求引渡人通知书》。2003年6月，中国公安部通知中国最高人民法院，被请求引渡人林植已被抓获；被请求引渡人禹现植已不在中国境内。随后最高人民法院指示辽宁高院审查引渡事宜。

案例三：

李某波案

李某波涉嫌贪污公款9400万元，2011年1月潜逃至新加坡。案件发生后，中央反腐败协调小组组织检察、外交、公安等部门立即启动了追逃追赃工作。中方向新方提出司法协助请求，提供有力证据，由新方冻结了李某波涉案资产，对李实行了逮捕、起诉，以“不诚实接受偷窃财产罪”判处其15个月有期徒刑，并在李某波出狱当天将其遣返回国。①

在阿尔及利亚，由司法部部长对引渡的合法性进行审查，由共和国检察官决定引渡逮捕，在进行身份审讯时向其送达逮捕证；在最短的时间内将被请求引渡人押解往阿尔及尔监狱并注册。② 在巴西，外交部将引渡请求书转交司法部，由司法部命令对被请求引渡者实行监禁，并交联邦最高法院处理。③ 在法国，由司法部部长对引渡请求的合法性进行审查，共和国检察官决定逮捕，进行身份审讯，并制成审讯笔录；在最短的时间内将被请求引渡人押往拘捕地上诉法院管辖区内的拘留所进行关押。在意大利，在任何时候，均可根据司法部长的要求，对被请求引渡者采取强制措施；如果有理由认为不存在作出赞同引渡之判决所要求的条件，可以不采取强制措施和扣押；如果自采取强制措施之日起9个月内仍未结束在司法机关开展的诉讼程序，该措施则被取消；根据总检察官的要求，当需要进行特别复杂的审查时，此期限可以延长3个月。④ 在

① 百度百科：“李华波”，https：//baike.baidu.com/item/%E6%9D%8E%E5%8D%8E%E6%B3%A2/5874720？fr=aladdin，2021年3月2日最后访问。

② 外交部条约法律司编：《引渡法资料选编》，世界知识出版社1998年版，第68页。

③ 外交部条约法律司编：《引渡法资料选编》，世界知识出版社1998年版，第83页。

④ 外交部条约法律司编：《引渡法资料选编》，世界知识出版社1998年版，第140页。

泰国，内政部在接到引渡请求书及其附件后，可命令逮捕被告或向法院申请逮捕证。①

韩国。外务部将引渡材料转交法务部，法务部再转交主管检察官，并下达引渡审查申请命令。检察官就此根据引渡拘留证将罪犯拘留(实为逮捕)；但在认定罪犯住址安定，没有逃跑可能性的情况下，也可不拘留；法务部根据检察官的申请签发引渡拘留证；引渡拘留证在检察官的指挥下由司法警察官员执行；引渡拘留证在执行过程中必须向罪犯出示；检察官在移接依据引渡拘留证而被拘留的罪犯时，应在验明正身后，立即将其送往教导所、看守所或拘留证规定的其他场所羁押。②

葡萄牙。法官在接到检察官的引渡请求材料后，在 8 日内就该请求书所附资料是否足够以及请求书的可行性作出初步决定；如果符合要求，则指示将对被请求引渡人的逮捕令交给助理总检察长，以便安排执行逮捕；如有必要，且有严重迹象表明该份引渡请求书必须执行时，亦可将该人立即逮捕；如在逮捕之日起 65 天内中级法院仍未作出最终决定，应撤销对被请求引渡人的逮捕，并代之以其他强制措施；如无法采取非羁押性强制措施，则欠款规定的期限可延长 25 天，以便在该期限内务必宣布中级法院的决定；如对中级法院准许引渡的决定提出上诉，可继续羁押，但对上诉作出决定前的逮捕期限不得超过上诉之日起的 80 天。③

罗马尼亚。布加勒斯特检察院检察长认为收到的材料符合规定，可逮捕被请求引渡者，除非从这些材料中明确得出不准引渡的结论；逮捕证由检察官签发并立即通知被捕人员；如果检察官认为外国提出的引渡请求所附材料不足，亦可实行逮捕，同上应立即要求补充材料，并限定收到的期限，该期限不得超过 2 个月；一俟法院认定具备引渡条件，如检察官尚未对当事人采取逮捕措施，法院即行将其逮捕；如法院认定不具备引渡条件，法院即行将被逮捕人释放。④

---

① 外交部条约法律司编：《引渡法资料选编》，世界知识出版社 1998 年版，第 324 页。

② 外交部条约法律司编：《引渡法资料选编》，世界知识出版社 1998 年版，第 161～162 页。

③ 外交部条约法律司编：《引渡法资料选编》，世界知识出版社 1998 年版，第 216～217 页。

④ 外交部条约法律司编：《引渡法资料选编》，世界知识出版社 1998 年版，第 227～229 页。

南非。南非任一地方法官可以根据司法部部长关于其已收到将该人移交外国的请求的通知，或如果根据他可被移交外国的资料，地方法官认为可以据此签发逮捕令，则可签发对该人的逮捕令，而不论被逮捕人的下落或可疑的下落；地方法官可在互惠的基础上执行外国的逮捕令，对被请求引渡人进行逮捕；地方法官可依照引渡法的要求，对未有逮捕证而逮捕的人员作出进一步扣押的命令。①

西班牙。西班牙司法部在收到外交部转交的引渡请求材料，并知悉相关情况后，当被请求引渡人尚未被逮捕，应通知内政部对被引渡人予以逮捕；在被请求人已被送交法庭后，经审查收到的材料，法官即可以决定对其实行临时监禁；如果收到通过外交途径向西班牙外交部或直接向司法部提交的引渡请求后，在40日内未获政府关于通过司法途径继续引渡程序的同意的情况下，主审法官将撤销已发出的对被请求引渡人的临时监禁。②

评注27　临时羁押(逮捕)条款

所谓临时羁押条款是指规定请求引渡国正式提出引渡前要求被请求国临时羁押被请求引渡人及相关程序的条款。该类条款与前述为引渡而羁押条款的区别就在于，该类条款实在仅及情况下、正式引渡申请之前的活动，而为引渡而羁押条款是在正式引渡申请作出后的行动。下面根据条约相关条款具体规定，依次简评其设定的缘由。

一、在紧急情况下，请求方可以请求被请求方在其收到引渡请求前临时逮捕准备请求引渡之人。此种请求可以书面形式通过外交途径或国际刑警组织途径以任何被请求方接受的通信方式提出。③ 在我国所签引渡条约中大部分使用了“临时羁押”的表述，这里使用了“临时逮捕”的表述。临时羁押或逮捕是给予请求引渡方的一个特别权利，他可以根据自己所掌握的信息向被请求方提出羁押和控制被请求引渡人，以便于顺利引渡该人，

① 外交部条约法律司编：《引渡法资料选编》，世界知识出版社1998年版，第262页。

② 外交部条约法律司编：《引渡法资料选编》，世界知识出版社1998年版，第284~285页。

③ 见《中华人民共和国和罗马尼亚引渡条约》第11条第1款。

因为该被请求国也许正是与其有条约关系且政治关系良好的国家。请求方式可以多样，不一定非得通过外交途径，以最迅捷到达的方式即行。

二、请求书应包括：被请求引渡人的情况；已知的该人住所地和居所地；案情的简要说明；已签发羁押决定或者逮捕证的说明；或者已作出发生法律效力的判决的说明；以及即将提出引渡请求的说明。① 这些可以表明逮捕该人的基本依据，以及准确地识别和抓捕该人的信息。

三、被请求的缔约一方应将对该项请求的处理结果及时通知请求的缔约一方。② 这以便于请求方采取下一步的政治或法律行动。

四、被请求方在对被请求引渡人逮捕后 30 日内，如未收到本条约第八条所指的引渡请求及文件，可释放临时被逮捕的人。上述期限可经请求方的合理要求延长 15 日，当仅限一次。③ 这是敦促请求国及时作出引渡请求，以提高双方的办事效率，并且尽量不浪费被请求国从事公务的时间。

五、如果请求方随后提交了引渡请求及文件，则对临时被逮捕人的释放不应影响对该人的重新逮捕和引渡。④ 以此表明前次逮捕和释放是在法定日期内进行，并没有浪费被请求国过多时间；况且如果发现确有证据证明犯罪，则意味着犯罪问题仍然没有解决，让有必要重新引入司法程序。

案例一：

孟晚舟案——临时逮捕阶段

2018 年 12 月 1 日，加拿大根据美国以引渡为目的的逮捕请求，在加拿大温哥华逮捕孟晚舟。加拿大法院定于 2018 年 12 月 7 日就此事举行保释听证会。2018 年 12 月 11 日，加拿大法院作出裁决，批准华为公司首席财务官孟晚舟的保释申请。2019 年 1 月 29 日，美国正式向加拿大提出引渡孟晚舟的请求。中方敦促美方立即撤销对孟晚舟女士的逮捕令及正式引渡要求。3 月 1 日，加拿大司法部部长决定就孟晚舟案签发授权进行令。

① 见《中华人民共和国和俄罗斯联邦引渡条约》第 11 条第 2 款。
② 见《中华人民共和国和俄罗斯联邦引渡条约》第 11 条第 3 款。
③ 见《中华人民共和国和罗马尼亚引渡条约》第 11 条第 4 款。
④ 见《中华人民共和国和罗马尼亚引渡条约》第 11 条第 5 款。

孟晚舟被逮捕的依据来自1971年《美利坚合众国和加拿大引渡条约》第11条，该条规定：“(1)在紧急情况下，缔约国可在通过外交渠道提出引渡请求之前，申请临时逮捕被请求引渡人。此类申请应包括对被请求引渡人的描述、请求引渡被请求引渡人的意向说明、对该人发出逮捕令或定罪判决的声明，以及在被请求国境内实施犯罪或被请求引渡人被定罪的情况下，为证明发出逮捕令是合理的而需要的任何进一步资料。(2)在收到这种申请后，被请求国应采取必要步骤逮捕被请求引渡人。(3)如果没有收到附有第9条规定的文件的引渡请求，被逮捕的人应在根据此种申请被逮捕之日起45日期满后被释放。如果随后收到请求，这一规定不应妨碍为引渡被请求引渡人而提起相关程序。”很显然，孟晚舟被逮捕是美国刑法域外适用的结果。

案例二：

王某宝引渡案——临时逮捕阶段①

2002年2月5日，按照最高人民检察院领导指示，吉林省人民检察院外事科工作人员与俄罗斯总检察院联系，请求对方协助先行拘捕中国案犯王某宝，并将相关资料和法律文书电传给俄方。最高人民检察院外事局亲自致函俄罗斯联邦总检察院国际司法局局长，请求俄方给予协助。这一请求在第二日便得到了俄罗斯联邦总检察院驻远东联邦州管理局戈尔什涅夫的回复，表示同意承办此项要求。当地时间2002年2月8日17时30分，王某宝在扎拉里市租住地被俄罗斯内务部执勤警察抓获。2002年2月13日，应俄方要求，吉林省检察院外事科将对王某宝的逮捕决定书和逮捕证电传给俄罗斯方面。这是临时逮捕的典型案例。

案例三：

姚锦某案

2018年10月17日，保加利亚警方根据国际刑警组织发布的红色通缉令在该国首都索非亚市抓获姚锦某，并于同月19日根据我国国家监委

① 黄风主编：《中国境外追逃追赃经验与反思》，中国政法大学出版社2016年版，第48~51页。

提出的请求将其临时羁押。①

在中国《引渡法》中，紧急情况下的引渡临时羁押被称为“引渡拘留”，这是一种比较准确的表述方式。此类请求可向我国外交部或公安部提出。如果是通过外交途径提出申请的，外交部应当及时将申请转公安部；如果是向公安部提出的，公安部应当将申请的有关情况通知外交部(第 30 条)。公安机关采取引渡拘留措施 30 日内没有收到外国正式引渡请求的，应当撤销引渡拘留，经该外国请求，上述期限可延长 15 日(第 31 条)。

阿尔及利亚。先看其国内法的规定。② 在紧急情况下，驻法院检察长可以根据请求国司法机关直接提出的请求，下令将被请求引渡人给予临时拘留，但在通过邮寄或其他留有文字记载的快速传递方式转来的意见中，须说明正式请求材料的存在；应同时通过外交途径、邮寄方式、电报方式或任何留有文字记载的传递方式，向外交部提出一份正式的请求意见；检察长应将拘留事项通报司法部部长和最高法院检察长(第 712 条)。如果阿尔及利亚政府在拘留 45 日内没有收到正式文件，可将临时拘留的人释放(第 713 条)。再看中国与阿国的引渡条约，该条约规定了 30 日的临时羁押期加 15 日的延长期，与国内法的相关规定有点冲突，此时根据条约优先原则，应以条约的规定为准。

巴西。在紧急情况下，只要请求引渡国的有关当局、外交或领事代表，通过适当方式，不论以何种联络手段提出请求，即可下令对被引渡者进行预防性逮捕(第 82 条)。③ 中国与巴西引渡条约中规定了 60 日的临时羁押期加 15 日的延长期。这是对国内法的补充规定，可以适用。

法国。先看国内法的规定。④ 在紧急情况下，根据请求国司法机关的直接请求，如果通过邮寄或者其他留有文字记载的更快捷的方式所转来的意见说明正式文件的存在，共和国检察官可以下令对被请求引渡人施行临时拘留；同

① 百度百科：“姚锦旗”，https：//baike. baidu. com/item/%E5%A7%9A%E9%94%A6%E6%97%97/23184727? fr=aladdin，2021 年 3 月 1 日最后访问。

② 黄风主编：《中国境外追逃追赃经验与反思》，中国政法大学出版社 2016 年版，第 69 页。

③ 黄风主编：《中国境外追逃追赃经验与反思》，中国政法大学出版社 2016 年版，第 83 页。

④ 黄风主编：《中国境外追逃追赃经验与反思》，中国政法大学出版社 2016 年版，第 100 页。

时，应通过外交途径、邮件途径、电报方式或任何能留有文字记载的传递方式，将一份正式的请求意见转送外交部；共和国检察官应将该拘留事项通报司法部部长和总检察长(第 19 条)。如果根据领国政府的请求施行拘留后 20 日内法国政府没有接到正式文件，应将上述人员释放；上述 20 日的期限，请求国不是邻国的，延长至 1 个月，请求国不在欧洲的，延长至 3 个月(第 20 条)。而在中国与法国引渡条约中，则规定了 60 日的临时羁押期。而按照法国国内法，对中国逃犯的临时羁押期应为 3 个月。按照条约优先原则，这种羁押期应为 60 日。其他互通有无的规定可以互补适用。

意大利。先看国内法规定，主要为其第 715 条。① 上诉法院可以在收到引渡请求之前，决定临时采取强制措施。采取强制措施的条件是：(1)外国宣布对当事人已作出限制人身自由的决定或科处监禁刑的判决，并表示打算提出引渡请求；(2)外国提供了对事实的情况介绍、对犯罪的具体说明以及准确识别当事人的有关材料；(3)有逃跑的危险。临时措施的决定权依顺序属于当事人居所、居住地或住所地的上诉法院或者当事人发现地的上诉法院；如果根据以上方式不能确定这一管辖权，则由罗马上诉法院主管。再比较条约的规定。引渡条约中规定了国内法没有规定的联系途径，以及 30 日的临时羁押期加 15 日的延长期。两者可以互补适用。

韩国。先看国内法的规定。② 外务部长官收到请求国紧急引渡拘留罪犯的请求时，应将证明文件连同有关资料一并送交法务部长官(第 24 条)。法务部长官收到有关文件后，如认定紧急引渡拘留罪犯适宜，应将其文件送交检察长，并命令检察官紧急拘留罪犯；但在下列情况下，不得命令紧急引渡拘留：(1)没有相当可信的理由证明请求国已颁发含有应拘留罪犯的拘留证或已判刑时；(2)没有相当可信的理由证明请求国将请求引渡罪犯的保证时(第 25 条)。检察官在收到法务部长官紧急引渡拘留命令时，应根据紧急引渡拘留证拘留罪犯(第 26 条)。检察官收到法务部长官释放命令时，应立即将其内容通知罪犯并将其释放(第 27 条)。再比较条约的规定。联系途径方面基本相同。条约中规定了 20 日的临时羁押期加 15 日的延长期，国内法并没有规定。两者规定可以互补适用。

---

① 黄风主编：《中国境外追逃追赃经验与反思》，中国政法大学出版社 2016 年版，第 140 页。

② 黄风主编：《中国境外追逃追赃经验与反思》，中国政法大学出版社 2016 年版，第 162~163 页。

葡萄牙。先看国内法的规定。① 在请求书的真实性、规范性和可接受性得到证实后，由法官报告员通过向助理总检察长递交逮捕令，下令进行临时逮捕；应立即将临时逮捕事项通知司法部部长；如按照规定应终止临时逮捕，则签发释放令(第 64 条)。临时逮捕的期限为 15 日；如在逮捕之后 60 日内引渡请求未送至法院，则应终止对被请求引渡人的逮捕，并代之以其他诉讼强制措施(第 65 条)。再看条约的规定。除其他基本相同外，条约规定的临时羁押期为 30 日，与国内法的 60 日有冲突。此时应以条约的为准。

西班牙。先看国内法的规定。② 在紧急情况下，可以作为预防性措施先行逮捕，请求书中应说明该措施符合最终判决或逮捕令，并指明据以提出引渡的案件发生的时间、案情和地点；为便于实施逮捕，应说明此人的身份及特征材料，并提出引渡请求。预防性逮捕请求可以邮寄、电报或其他书面方式，通过外交途径或直接向司法部提出，也可以通过国际刑警组织提出；如一切必要的材料齐全，则对被请求人实行逮捕，并在 24 小时内提交初等中心法院；如认为适宜，则下令实施临时监禁；如超过 40 日，请求国仍未正式提交引渡请求，则该禁令失效。再看引渡条约的规定。联系途径方面与国内法基本相同，40 日的临时羁押期相同。但是条约中另外规定，“应请求方合理要求，上述期限可以延长 15 日”。此种情况下可依照条约的规定。

泰国。先看国内法的规定。③ 在紧急情况下，外国政府可提出暂时逮捕或拘禁被告的请求。此中请求必须清楚地说明犯罪性质，并说明逮捕证已经签发。除非政府另有决定，外交部一接到此中请求，应立即通知内务部。内务部可命令逮捕被告或向申请逮捕证。如果在发布拘禁令之日起的 2 个月之内，或法院有充足理由制定的 2 个月以上的时限内，法院未收到正式引渡请求及必要的附件，被告应予以释放。与条约的规定比对，临时逮捕的期限相同。

评注 28 为引渡请求作出决定条款

该类条款一般要求被请求国按照既定程序审查引渡请求，并将审查结果和

① 黄风主编：《中国境外追逃追赃经验与反思》，中国政法大学出版社 2016 年版，第 221~222 页。

② 黄风主编：《中国境外追逃追赃经验与反思》，中国政法大学出版社 2016 年版，第 283~284 页。

③ 黄风主编：《中国境外追逃追赃经验与反思》，中国政法大学出版社 2016 年版，第 324 页。

理由通知请求国。如《中华人民共和国和秘鲁共和国引渡条约》第 10 条规定："一、被请求方应当根据本国法律规定的程序处理引渡请求，并且迅速将决定通知请求方。二、如果全部或部分拒绝引渡请求，被请求方应当将拒绝的理由通知请求方。"该类规定一般指引适用本国国内法。根据被请求国国内法，审查引渡请求的整个程序大概包括形式审查、司法审查和行政决定三个方面。条约一般是框架性的规定，不可能设定很详细的引渡审查程序，所以该类程序规定在国内法中，作为实施条约的具体措施。将作出决定的理由告知对方是显示对请求方的尊重及决定作出的合理性和合法性。下面介绍我国及与我国缔约的国家审查引渡申请的基本程序。

一、中国

我国审查引渡申请的程序都规定在中国《引渡法》中，相关阐释可见于薛淑兰法官的著述。① (1)引渡申请的形式审查。外交部负责对引渡申请进行形式审查(第 16 条)，符合条件的，可以将其转交给最高人民法院和最高人民检察院(第 19 条)；不符合条件的，要求其在 30 日内补交材料；经请求国请求，上述期限可以延长 15 日(第 18 条)。所谓"符合条件"是指符合《引渡法》第二章第二节关于引渡请求申请的具体条件。② (2)最高人民法院指定高级人民法院对是否符合本国引渡法及引渡条约作出裁定(第 16 条)。(3)最高人民法院对高级人民法院作出的裁定进行复核(第 16 条)。(4)外交部在接到最高人民法院不引渡的裁定后，应当及时通知请求国；如果外交部接到最高人民法院准予引渡的裁定，则应当报送国务院决定是否引渡(第 29 条)。

值得注意的是，我国从高院到最高院的程序并不是一种由当事方提起的上诉程序。如果高院作出不引渡裁定，外交部则直接通知请求国，不会再到最高院。只有高院作出不引渡裁定，才会有到达最高院的程序，且是由外交部提起而不是由当事方提起。

二、老挝③

(1)外交部或中央主管当局接到引渡请求后，进行形式审查——信息是否

① 见薛淑兰著：《引渡司法审查研究》，中国人民大学出版社 2008 年版，第 254~301 页。

② 见上文"评注 23 引渡请求及其所附文件条款"中国《引渡法》的相关内容。

③ 见《老挝人民民主共和国引渡法》，来自 OUNMIXAY VIXAY(老挝人，华文名"李伟")硕士论文《老挝引渡的法律及其实践》(昆明理工大学，2018 年)的附录部分，第 45~47 页。

足够充分、与老挝的国家关系及国家利益的考虑(第 16 条)。(2)如果引渡请求信息充分，外交部则将引渡请求转交最高人民检察院；如果信息不够充分，则要求在 45 日内补充信息(第 16 条)。(3)最高人民检察院指派万象人民检察院对被请求引渡人实施逮捕(第 17 条)；逮捕后 30 日内万象人民检察院向万象人民法院提交案情摘要，万象人民法院在收到案情摘要后 30 日内进行审理(第 18 条)。审议引渡案件的法院大会由法院委员会、检察院检察长、警察、被请求人、律师、口译员、请求国大使馆或领事馆代表以及老挝其他主管当局人员组成(第 18 条)。(4)万象人民检察院建议中央人民检察院提出拒绝法院不引渡判决的建议；被请求引渡人有权对法院的引渡决定向中央人民法院提出上诉(第 20 条)。中央地区人民法院在 30 日内对提案作出决定(第 20 条)。中央人民法院的决定是终局的(第 21 条)。

因此，老挝在引渡审查方面有如同司法程序的上诉程序，且不是由政府而是由最高法院作出最终决定。

三、阿尔及利亚①

(1)阿尔及利亚外交部收到引渡请求后，对引渡文件进行核实，由外交部部长将引渡请求连同案卷一并转交给司法部部长，由司法部部长对请求的合法性进行审查(第 703 条)。(2)最高法院刑庭受理检察官的审讯笔录及其他材料，并组织开庭审理引渡案件(第 707 条)。(3)如果被请求引渡人同意引渡到请求国，法院应作出裁定，由检察长将裁定送交司法部部长，由司法部部长作出进一步的安排(第 708 条)。(4)如果当事人不同意引渡，最高法院作出的驳回引渡决定具有最终效力(第 710 条)。(5)如果最高院作出准予引渡的决定，由司法部部长建议签署引渡的命令(第 711 条)。

四、巴西②

对被引渡者进行监禁后，应将引渡请求书呈联邦最高法院(第 84 条)。收到请求书后，主审法官需确定审讯被引渡者的日期和时间；如被引渡者无法律保护人或律师，可视情为其提供；辩护意见可在自审讯之日起 10 日内提出

① 外交部条约法律司编:《引渡法资料选编》，世界知识出版社 1998 年版，第 67~69 页。

② 外交部条约法律司编:《引渡法资料选编》，世界知识出版社 1998 年版，第 83~92 页。

(第85条)。在联邦最高法院全体会议对引渡的合法性和理由作出宣判前，不得同意任何引渡；对法院的决定不得提出上诉(第83条)。根据巴西1981、1988年法令，其司法部还具有命令对被请求引渡人的监禁、最终批准引渡的权利。① 这些与阿尔及利亚相类似，即最高院作出决定后由司法部作出最终决定。

五、法国②

由外交部对引渡文件进行形式审查，审查完毕，由外交部部长将引渡请求书和案卷一起转送司法部部长，由司法部部长负责审查请求的合法性，并依法作出答复(第10条)。在逮捕被请求引渡人24小时内，共和国检察官或检察院成员就身份问题进行审讯，并制成审讯笔录(第11条)。共和国检察官审讯完毕后，应同时将引渡请求书和所附文件送交总检察长；总检察长或检察官应在同一期限内进行审讯，并制成笔录(第13条)。之后，法庭立即受理上述笔录和其他材料(第14条)。如果当事人出庭时明确表示放弃法庭审判给予的权利，并同意被移交给请求国当局，法庭应就这一请求作出决定，即简易引渡情形；总检察长应迅速将这一决定的副本转交给司法部部长(第15条)。法庭以裁决的形式就引渡请求提出意见，对该裁决不得提出上诉；法庭如果认为法定条件不具备或有明显的错误，应提出反对引渡的意见；审毕8日内应将案卷交司法部部长(第16条)。如果法庭提出的意见是驳回引渡请求，该意见具有终局效力，引渡即不得实施(第17条)。如果是裁定同意引渡情形，经司法部部长提议，由共和国总统签署准予引渡的命令(第18条)。

六、意大利③

上诉法院审理为引渡决定的必经程序(第701条)。以互惠为条件，请求国有权参与在上诉法院和最高法院进行的有关诉讼，聘请一位有资格在意大利司法机关面前进行辩护的律师作为自己的代理人(第702条)。总检察官进行身份审查并了解被请求引渡人是否同意引渡，3个月内向上诉法院提交意见书

---

① 外交部条约法律司编:《引渡法资料选编》，世界知识出版社1998年版，第86~92页。

② 外交部条约法律司编:《引渡法资料选编》，世界知识出版社1998年版，第99~100页。

③ 外交部条约法律司编:《引渡法资料选编》，世界知识出版社1998年版，第135~137页。

(第 703 条)。法院以合议判决的形式就是否具备引渡请求所需的条件作出决定(第 704 条)。当事人及其辩护人以及请求国的代理人可以对上诉法院的判决向最高法院提出申述，包括针对实质问题提出的申述(第 706 条)。司法部部长自收到同意引渡的笔录或者得知申述期已过或终审法院已作出判决后的 45 日，就引渡问题作出决定(第 708 条)。

七、韩国①

外务部长官自收到请求国对罪犯的引渡请求后，应将引渡请求书或证明有引渡请求的文件附有关材料送交法务部长官(第 11 条)。法务部长官命令主管检察官向汉城高等法院申请引渡审查(第 12 条)。检察官在收到法务部长官的命令后，应立即向法院申请引渡审查(第 13 条)。法院收到引渡审查申请后，应立即开始进行引渡审查，应在拘留之日起 6 个月内对引渡审查作出决定(第 14 条)。法院作出驳回引渡申请、拒绝引渡和同意引渡的裁决。法务部长官在引渡许可决定的情况下，应命令检察长责成检察官引渡罪犯；在不同意引渡决定的情形，法务部长官应在命令检察长责成检察官释放被拘留的罪犯的同时，将情况通知外务部长官(第 34 条)。

八、葡萄牙②

对被请求引渡人逮捕后，助理总检察长立即采取步骤，对该人进行聆讯(第 55 条)。法官报告员应在有助理检察长和被请求引渡人的辩护人或律师出席和在必要时有译员的情况下，确定被逮捕人的身份，随后告知其有权反对或同意引渡，并告知作出决定所应遵循的程序(第 56 条)。被请求引渡人可在聆讯过程中国提出初步的反对，反对理由只能是被逮捕人并非被请求引渡人、或不存在引渡的前提条件(第 57 条)。如被请求引渡人未提出书面反对意见，法官报告员须在 8 日内审核案卷，然后将其转交给助理法官进行审核；经最后审核后，案件即呈交分庭的下一次会议作出决定(第 59 条)。助理总检察长和被请求引渡人可在 8 日内对最后决定提出上诉(第 60 条)。案卷分配到最高法院刑庭后，应送交法官报告员，以便其在 10 日内拟定判决书草案，随后将草案

① 外交部条约法律司编:《引渡法资料选编》，世界知识出版社 1998 年版，第 158~160 页。

② 外交部条约法律司编:《引渡法资料选编》，世界知识出版社 1998 年版，第 218~220 页。

交给该庭的其他每位法官在5日内审核；案卷应提交给最后审核后分庭的首次会议进行审判(第61条)。

九、罗马尼亚①

逮捕被请求引渡人后，检察官应立即传讯被要求引渡的人并对其口供进行笔录(第17条)。法院在规定的期限内应秘密提审被引渡者，并根据检察官和律师的结论以决定的形式认定是否具备引渡条件(第21条)。如法院认定不具有引渡条件，法院即行将被逮捕者释放(第22条)。法院认定当事人具备引渡条件的决定具有同意引渡的性质；司法部部长会议决定接受或拒绝引渡请求(第23条)。

十、西班牙②

在决定通过司法途径审理案件后，法官应立即对其所控制的被请求人进行审问，并要求律师出庭，必要时，翻译也应出庭(第12条)。收到案卷材料后，法庭应在随后的3日内将材料通知检察官和辩护律师(第13条)。在随后的15日的审理期间，在检察官的参与下，被请求引渡人应出庭受审，翻译和律师也应出庭；在审理中，请求国的代表如事先请求，法庭应按照对等原则，同意其参加审理；被请求引渡人在审理过程中可作陈述，但法院只接受与适用法律和本法要求的条件有关的证据(第14条)。不服判决可提出上诉，这一上诉应在最高法院刑事庭得到解决，无须由最高法院再指定任何人对上诉作出判决(第15条)。如果明确决定不予引渡，法庭应立即把决定理由和报告交司法部，司法部应通报外交部，以便通知请求引渡国的外交代表(第17条)。如果法庭裁决可以引渡，应立即向司法部提交证明材料；政府(司法部)即决定移交被请求引渡人，或对引渡决定予以否决(第18条)。

十一、乌兹别克斯坦③

乌兹别克斯坦共和国总检察长根据该国法律审查引渡请求和过境请求，并

---

① 外交部条约法律司编：《引渡法资料选编》，世界知识出版社1998年版，第228~229页。

② 外交部条约法律司编：《引渡法资料选编》，世界知识出版社1998年版，第285~287页。

③ 见《乌兹别克斯坦引渡法草案》，来自DAVRON UYGUNOV(乌兹别克斯坦人，华文名“大龙”)硕士论文《乌兹别克斯坦引渡制度》(湖南师范大学，2019年)的附录部分，第52页。

将决定立即通知请求国；有相关理由的，可以完全或部分拒绝引渡请求(第 13 条)。

评注 29　权利保障条款

该类条款是指被请求引渡人在引渡前在被请求国以及引渡后在请求国享有的权利保障条款。它仅存在于《中华人民共和国和巴西联邦共和国引渡条约》中，其第 15 条规定："一、被请求引渡人在被请求方享有该国法律赋予的所有权利和保障，包括辩护权和必要的翻译协助。二、被引渡人在被请求方因引渡请求被羁押的时间应折抵被判处的刑期。"虽然该类条款的条约数量较少，但是由于国际人权条约的普遍承认和加入，该类条款被认为是引渡条约的隐含条款。① 该类条款虽然数量比较少，但却是引渡条约具有自执行特征的重要例证，因为条约具有自执行特征的依据之一就是该类条约能够实现个人诉权，而引渡条约权利保障条款正好可以达致这一点(总论已述)。

一、法律来源

被请求引渡人在引渡前在被请求国以及引渡后在请求国享有权利保障的法律依据大体来自该两国所加入的国际人权条约(公约)、有关豁免管辖的公约、国家宪法、国内人权法和刑事诉讼法等。"权利保障"无非是个人权利的保障，而不是国家权利的保障，因此这种"权利保障"其实就是人权范畴。而这种"权利"主要涉及公正审判权。

包含公正审判权的国际人权条约最主要的是《世界人权宣言》《公民权利和政治权利国际公约》《经济、社会及文化权利国际公约》以及区域性人权公约。前三项号称世界人权宪章，其他人权条约或公约都基本上是由该三项法律文件派生出来的。《公民权利和政治权利国际公约》目前成员国有 173 个，我国仍然为其签署国。② 我国双边引渡条约签约对方国有 57 个，除阿拉伯联合酋长国不是该公约缔约国外，其余皆为该公约缔约国。《经济、社会及文化权利国

---

① Paul Michell, Domestic Rights and International Responsibilities: Extradition under the Canadian Chart, 23 Yale J. Int'l L., p. 165.

② 联合国秘书长所保存的多边条约：《〈公民权利和政治权利国际公约〉缔约情况》，载联合国网站：https://treaties.un.org/Pages/ViewDetails.aspx?src=TREATY&mtdsg_no=IV-4&chapter=4&clang=_en，2021 年 1 月 10 日最后访问。

际公约》目前成员国有171个，我国为其成员国。① 我国双边引渡条约签约对方国57个，除阿拉伯联合酋长国不是该公约缔约国外，其余皆为该公约缔约国。

还有专门性的国际人权条约，如《消除一切形式种族歧视国际公约》《关于难民地位的公约》《禁止酷刑和其他残忍、不人道或有辱人格的待遇或处罚公约》等。《消除一切形式种族歧视国际公约》现有成员国182个，② 我国及我国引渡条约签约对方国共58个皆为该公约的缔约国。《禁止酷刑和其他残忍、不人道或有辱人格的待遇或处罚公约》现有成员国171个，③ 我国及我国引渡条约签约对方国共58个皆为该公约的缔约国。《关于难民地位的公约》现有成员国146个，④ 我国及我国引渡条约签约对方国共46个为该公约的缔约国。⑤

区域性人权公约主要是《欧洲人权公约》《美洲人权公约》《非洲人权与民族权宪章》等。《欧洲人权公约》目前当事方有48个(47个国家加1个国际组织欧盟)，⑥ 我国引渡条约在欧洲地区的签约国家除白俄罗斯外，其余国家俄罗斯、土耳其、西班牙、法国、乌克兰、葡萄牙、立陶宛、意大利、塞浦路斯、保加利亚、亚美尼亚、阿塞拜疆、比利时、波黑和罗马尼亚为该人权公约的当事

---

① 联合国秘书长所保存的多边条约，《〈经济、社会及文化权利国际公约〉缔约情况》，载联合国网站：https://treaties.un.org/Pages/ViewDetails.aspx? src=TREATY&mtdsg_no=IV-3&chapter=4&clang=_en，2021年1月10日最后访问。

② 联合国秘书长所保存的多边条约：《〈消除一切形式种族歧视国际公约〉缔约情况》，载联合国网站：https://treaties.un.org/Pages/ViewDetails.aspx? src=TREATY&mtdsg_no=IV-2&chapter=4&clang=_en，2021年1月10日最后访问。

③ 联合国秘书长所保存的多边条约：《〈禁止酷刑和其他残忍、不人道或有辱人格的待遇或处罚公约〉缔约情况》，载联合国网站：https://treaties.un.org/Pages/ViewDetails.aspx? src=TREATY&mtdsg_no=IV-9&chapter=4&clang=_en，2021年1月10日最后访问。

④ 联合国秘书长所保存的多边条约：《〈关于难民地位的公约〉缔约情况》，载联合国网站：https://treaties.un.org/Pages/ViewDetailsII.aspx? src=TREATY&mtdsg_no=V-2&chapter=5&Temp=mtdsg2&clang=_en，2021年1月10日最后访问。

⑤ 我国引渡条约签约对方国没有加入《关于难民地位的公约》的国家：老挝、泰国、乌兹别克斯坦、印度尼西亚、巴巴多斯、格林纳达、韩国、阿拉伯联合酋长国、巴基斯坦、斯里兰卡、越南和毛里求斯，共12国。

⑥ 见《〈欧洲人权公约〉的签署和批准》，载欧洲理事会(Council of Europe，有别于欧盟的European Council)网站：https://www.coe.int/en/web/conventions/search-on-treaties/-/conventions/chartSignature/3，2021年1月10日最后访问。

国。《美洲人权公约》目前当事方有 25 个,① 我国引渡条约在美洲地区的签约国家除了乌拉圭外，其余国家秘鲁、厄瓜多尔、格林纳达、智利、墨西哥、巴拿马、巴西、阿根廷和巴巴多斯为该人权公约当事国。

有关豁免管辖的公约主要是《维也纳外交关系公约》和《维也纳领事关系公约》。该两公约的缔约国数量分别为 192 个②和 180 个③。我国及我国引渡条约签约对方国共 58 个，除阿富汗不是《维也纳领事关系公约》的缔约国外，其余皆为该两大公约的缔约国。

国家宪法中也有公民权利的内容，比如我国宪法第二章“公民的基本权利和义务”，以及第 32 条关于外国人庇护权的规定。有些国家还有国内人权法案，比如英国 1998 年《人权法案》。④

二、具体权利范围

根据以上法律规定，结合我国引渡条约相关规定要求，被请求人引渡前在被请求国所处的不同阶段大致有不同的权利内容。

(一)引渡拘留或逮捕以前及终决之后

在这一阶段享有生命权，这一权利不得被无理剥夺，作为被请求国的外国人同样享有。享有人身自由权，除非有充分证据，不得无理逮捕或拘禁。被请求人在被请求引渡国享有自由迁徙和择居的权利。如果终决为政治犯或纯粹军事犯或政治迫害有关的引渡，或其他终决不予引渡的人员，享有不得被驱逐出境的权利，即享有被庇护的权利。⑤ 这些人的私生活、家庭、住宅或通信不受

---

① 见《〈美洲人权公约〉的签署和批准》，载美洲国家组织网站：http://www.oas.org/dil/treaties_B-32_American_Convention_on_Human_Rights_sign.htm，2021 年 1 月 10 日最后访问。

② 联合国秘书长所保存的多边条约：《〈维也纳外交关系公约〉缔约情况》，载联合国网站：https://treaties.un.org/Pages/ViewDetails.aspx?src=TREATY&mtdsg_no=III-3&chapter=3&clang=_en，2021 年 1 月 10 日最后访问。

③ 联合国秘书长所保存的多边条约：《〈维也纳领事关系公约〉缔约情况》，载联合国网站：https://treaties.un.org/Pages/ViewDetails.aspx?src=TREATY&mtdsg_no=III-6&chapter=3&clang=_en，2021 年 1 月 10 日最后访问。

④ 参见梁淑英：《英国 1998 年人权法案》，载《环球法律评论》2002 年第 3 期。

⑤ Jamil Ddamulira Mujuzi, Mauritian Courts and the Protection of the Rights of Asylum Seekers in the Absence of Dedicated Legislation, Int'l Refugee Law, 2019, 31(2-3), pp. 321-326.

非法侵扰。享有思想、良心和宗教的自由，以及自由言论的自由。享有工作权，以及有权享受公正和良好的工作条件的权利。享有最低生活保障，免于饥饿的权利。有受教育的权利。享有参加文化生活，进行科学研究和创造性活动所必不可少的自由。

（二）引渡拘留或逮捕阶段

将其拘留或逮捕时，必须向其宣读理由。享有不得施以酷刑、残忍或不人道的待遇的权利。享有随时候审条件下的保释权。① 应享有合于人道及尊重其天赋人格尊严的待遇，如妇女或儿童的单独关押。如果非法拘禁或逮捕，可以获得相关赔偿。有权要求提审，以判断拘留或逮捕是否合法；如是非法，须立即释放。获得本国领事官员探视的权利。

（三）庭审阶段

《公民权利和政治权利国际公约》第 14 条规定了公正审判权问题。它规定，人人在法院或法庭之前，悉属平等；任何人受刑事控告或因其权利义务涉讼须予判定时，应有权受独立无私之法定管辖法庭公正公开审问；受刑事控告之人，未经依法确定有罪以前，应假定其无罪；审判被控刑事罪时，被告一律有权平等享受下列最低限度之保障，诸如不得无故稽延受审、便利答辩、不得强迫认罪、亲自到庭受审等。具体来说，在引渡的情形，有以下权利：享有无罪推定的权利；到庭受审，即予以不得缺席审判的权利；享有辩护权，自行辩护或选任辩护人答辩或为其指定辩护人答辩；给予充分答辩时间；答辩时可获得翻译的权利；少年的引渡诉讼应顾及其年龄及重返社会生活的考虑；可以双重危险原则抗辩引渡请求；获得本国领事官员探视和旁听的权利。

（四）引渡到请求国后

一般是回到本国受审，或者引渡人愿意受审的国家受审，因此在权利保障方面，即上述第（一）至（三）的内容大多更方便获得。有些被引渡人担心的回国后被判死刑、受酷刑等人权问题一般会在被请求国的引渡司法审查和行政审

---

① Nathaniel A. Persily, International Extradition and the Right to Bail, 34 Stan. J Int'l L, 1998, pp. 407-418.

查程序中得到解决。[1] 有的引渡条约还特别规定，在被请求国羁押的时间可以折抵在请求国所判的刑期，以此承认外国的拘留或逮捕的正当性。

评注 30　移交程序条款

该类条款一般规定移交被请求引渡人的基本程序。引渡条约基本都有这样的规定。下面以《中华人民共和国和泰王国引渡条约》第 10 条为例，分段阐释相关内容。

"一、被请求方应通过外交途径将其对引渡请求所作出的决定立即通知请求方。"引渡是对主权的一种礼让，因此应通过外交途径即外交部的名义向请求方发出准予引渡的决定，以表示移交的正式性。这种通知应迅速而不耽搁，以体现行政和司法的效率。

"二、如果同意引渡，被请求方和请求方应协商约定执行引渡的有关事宜。"如果是从我国请求引渡，引渡由公安机关执行，对于国务院决定准予引渡的，外交部应当及时通知公安部，并通知请求国(比如泰国)与我国公安部约定移交被请求约定人的时间、地点、方式以及执行引渡有关的其他事宜。[2] 交接方式可以多样。

"三、被请求方应说明部分拒绝或全部拒绝引渡请求的理由。"如果作出拒绝引渡的决定，应向请求方说明部分拒绝或全部拒绝的理由，以示对请求方主权及国际法治的尊重。

"四、除本条第五款另有规定者外，如果请求方自约定执行引渡之日起 15 天内不接受被请求引渡人，则应被视为放弃引渡请求。被请求方应立即释放该人，并且可以拒绝就同一犯罪进行引渡。"设定移交期限是对请求方办事效率的一种督促，也是被请求方对复杂事件的一种了结。如果请求方在规定期限内不接受被请求引渡人，则被请求方可以释放该人，因为从本质上来讲被请求人的犯罪其实并没有违反被请求国的法益。且可以拒绝就同一犯罪进行引渡，以此作为对请求国的一种惩戒，并避免重复劳动。当然，后续行动是任意性的。

① Alberta Fabbricotti, The Concept of Inhuman or Degrading Treatment in International Law and its Application in Asylum Cases, Int'l Refugee Law, 1998, 10(4), pp. 637-647.

② 参见中国《引渡法》第 38 条。

“五、如果缔约一方因其无法控制的原因不能在约定执行引渡的期限内移交或接受被请求引渡人，该方应将此通知另一方。缔约双方应重新协商约定执行引渡的有关事宜，并适用本条第四款的规定。”如果是不可抗力的原因致使缔约任一方不能在执行期限内完成移交，则应得到对方的原谅，可以重新商定移交的时间，即移交时效重新起算，且第四款规定的惩戒措施可再次激活。

被请求国机场交接——王某宝移交中国案。① 2002 年 2 月下旬，俄罗斯联邦总检察院批准引渡来自中国的案犯王某宝。中方得知消息并与俄方商量后，吉林省检察院为了及时将王某宝押解回国，在短时间内成立了赴俄引渡小组，并于 4 月 23 日晚 7 时在沈阳市仙桃机场登机飞往俄罗斯。25 日下午 3 点，在俄方的协助下，引渡小组在俄罗斯伊尔库茨克州中心监狱与王某宝见面。此时的王某宝认为自己还有办法留在俄罗斯，并企图狡辩自己作为俄罗斯籍孩子的监护人，若被强行带回国属于侵犯“人权”。在被引渡小组人员拆穿后，甚至谎称自己是特情人员，试图以此要挟办案人员。4 月 30 日晚 6 点，引渡小组押着王某宝抵达沈阳。

另外，犯罪嫌疑人赵某从意大利引渡到中国也是采用这种方式。② 2016 年 2 月，意大利司法部门最终裁决将赵某引渡回中国。在我国驻意使馆大力协助下，公安部立即派出工作组赴意办理引渡交接手续。3 月 4 日凌晨 3 时 20 分许，工作组押解赵某搭乘飞机由米兰直飞北京，并于次日下午 1 时许到达北京首都国际机场，工作组将赵某顺利押解回国，当天下午 4 时 10 分许，赵某搭乘国航 CA1539 航班被押解回温州。

请求国机场交接——赖某星案。2011 年 7 月 22 日，赖某星搭乘加拿大航空公司的班机由加方警察押送回国，7 月 23 日下午，在北京首都国际机场，中加双方进行简单的交接，随后公安机关宣布逮捕令，对赖某星进行逮捕。③

① 黄风主编：《中国境外追逃追赃经验与反思》，中国政法大学出版社 2016 年版，第 51~52 页。

② 童锡基、陈培培：《我市警方首次成功引渡境外逃犯 潜逃欧洲十六载》，载《温州晚报》2016 年 3 月 6 日。

③ 黄风主编：《中国境外追逃追赃经验与反思》，中国政法大学出版社 2016 年版，第 16 页。

第三国机场交接——沈某案。① 2009 年 10 月 14 日，中国警方押解小组和使馆领事到达(意大利)机场警察局，随后沈某在阿尔巴尼亚两名武警押解下来到交接地点。交接手续完成后，沈某在两国警方押解下乘车直达飞机舷梯，乘坐意大利航班回国。

邻国边界交接——恩和巴图案。② 恩和巴图是蒙古人，2015 年 5 月 24 日在本国犯故意杀人罪后潜逃到中国。5 月 29 日被中国警方抓获。2016 年，根据《中华人民共和国和蒙古国引渡条约》，国务院作出将蒙古国公民恩和巴图引渡回蒙古国的决定。2017 年 2 月 15 日，公安部、内蒙古公安厅国合局、呼伦贝尔市公安局和满洲里市公安局相关部门人员将非法入境的蒙古国籍杀人在逃犯罪嫌疑人恩和巴图提解出看守所，并在新巴尔虎右旗阿日哈沙特边防检查站的大力协助下，于阿日哈沙特口岸与蒙古国警方进行了移交，办理了移交手续，并签订了相关备忘录，成功将蒙古国籍杀人在逃犯罪嫌疑人恩和巴图移交蒙古国警方引渡回国。

评注 31　暂缓移交条款

该类条款以《中华人民共和国和泰王国引渡条约》第 11 条为例："如果被请求方正在对被请求引渡人因引渡请求所涉及的犯罪以外的犯罪提起诉讼或执行判决，被请求方可以移交被请求引渡人，或者暂缓移交直至诉讼终结或全部或部分判决执行完毕。被请求方应将暂缓移交通知请求方。"从表述来看，这类规定为任意性规定，而非强制性规定，但是其主体内容仍然突出了暂缓移交的特色。

暂缓移交的前提是可以移交，即一般来说被请求国的司法审查是准予移交备请求人的，只是被请求人另有请求引渡的犯罪在被请求国正进行审查或执行，才出现暂缓移交情形。在暂缓移交情形，被请求国因被请求人的多项犯罪实际面临着管辖权选择问题，而其中至少有一项犯罪不是引渡请求中的犯罪，因此被请求国完全有权力对该项犯罪实行属地优先管辖，只是出于谅解和包容才会将其移交出去(即后面的临时移交)。

---

① 黄风主编：《中国境外追逃追赃经验与反思》，中国政法大学出版社 2016 年版，第 36 页。

② 记者颜爱勇、通讯员吴俊晖：《一名蒙古国在逃人员被成功引渡》，载《法制日报》2017 年 2 月 17 日。

该条款与上文"正在诉讼条款"或"未决诉讼条款"的区别在于：前者是针对不同犯罪，后(两)者是针对同一犯罪而言。据《环球时报》的报道，美国国务院于2020年10月29日批准将协助日产汽车前董事长戈恩逃亡的两名嫌犯引渡到日本受审，但在最后一刻被联邦法官叫停。① 日本共同社2020年10月30日称，两名涉案人士分别为美军特种部队前成员泰勒及其儿子彼得，他们涉嫌在2019年12月29日安排戈恩藏身一个盒子内，并将戈恩送上私人飞机由日本飞往黎巴嫩；美国政府按照日本要求，在2020年5月拘捕泰勒父子，并一直把他们扣押在马萨诸塞州监狱。他们的代表律师从来没有否认指控，但认为两人的行为并不符合日本起诉的罪行，他们不应被引渡到日本。该律师还称，在28日收到美国务院通知批准引渡的决定，因此向法院申请延迟引渡，最终获波士顿联邦法官下令暂缓执行。

如果我国作为被请求国，根据中国《引渡法》及相关阐释，我国暂缓移交的基本程序为：外交部或最高人民检察院或最高人民法院或公安部或监狱都可以将自己掌握的被请求人正在因引渡请求以外的犯罪收到追诉或服刑的信息告知正在进行引渡审查的机关(法院或国务院)，可以由法院在其引渡裁定中附上暂缓移交的说明，并最终由国务院决定是否暂缓移交(引渡)。在有关的刑事程序完毕后，请求国可凭已作出的准予引渡的决定直接与我国公安部磋商约定移交事宜；为执行被推迟的移交，诉讼地或刑罚执行地的高级人民法院应当依照《引渡法》第36条的规定，对已结束刑事诉讼或已服刑完毕的被请求人应当执行逮捕。②

卞仁镐暂缓引渡案——中国为被请求国情形。③ 韩国籍公民卞仁镐因在韩犯诈骗罪被韩法院判处15年有期徒刑后逃至中国。后因在中国境内犯合同诈骗罪于2006年被我国法院判处有期徒刑12年，并处罚金50万元人民币。2007年，应韩国请求，中国国务院决定准予将卞仁镐引渡给韩国，同时鉴于中国司法机关对卞仁镐所判刑罚尚未执行完毕，决定暂缓引渡至2018年3月其在中国境内服刑完毕。正如上文所述，该案在法院的裁定意见为准予引渡，其适用的法律依据是《中华人民共和国和大韩民国引渡条约》第4条，但是根

① 从超编辑：《美推迟引渡戈恩潜逃的"帮凶"》，载《环球时报》2020年10月31日，第2版。

② 参见黄风著：《〈中华人民共和国引渡法〉评注》，中国法制出版社2001年版，第152页。

③ 记者周斌：《中国首次向外国临时引渡外籍被判刑人》，载《法制日报》2013年12月29日。

据本案事实，应适用该条约第 14 条，因为第 14 条的适用条件是：如果被请求引渡人正在被请求方因非引渡请求所针对的犯罪提起刑事诉讼或服刑，而本案事实即是如此。因此国务院改判的决定是合理的。花絮是该案犯在 2013 年被临时引渡到韩国 7 天(见下文)。

在葡萄牙，根据其国内法，除以上条约规定的常见理由外，经医疗专家证明，被请求人患有危及生命的疾病，亦可作为推迟移交的理由。① 在巴西，如经正式的医生证明被引渡者患有重病，执行引渡会有生命危险时，也将推迟交送被引渡者。② 该类条款可视为对条约条款的一种补足。

评注 32　临时移交(引渡)条款

该类条款以《中华人民共和国和泰王国引渡条约》第 11 条为例："如果认为某人可以引渡，被请求方可以在其法律允许的范围内，根据缔约双方商定的条件，将被请求引渡人临时移交给请求方以便起诉。临时移交后返回被请求方的人，可以根据本条约的规定被最终移交给请求方，以执行判决。"但是较多的该类条款设定了临时引渡的原因，即暂缓引渡会造成追诉时效期满或妨碍对犯罪进行调查。③ 临时移交的最典型特征就是要返还被请求引渡人，以完成在被请求国的诉讼程序，完成此程序后再最终实现对被请求人的移交(引渡)。被请求国往往可以根据被请求人涉案的轻重缓急，以罪行较重、时间较急的理由临时移交给请求国处理，以体现礼让和包容的精神。与暂缓移交一样，临时移交的条件也是要求请求引渡之罪与被请求国正在追诉的罪为不同的犯罪。

由于该类条款受到"被请求国法律允许的范围"的约束，因此，被请求国的引渡国内法等规定会在条约适用过程中受到相应关注。中国《引渡法》对临时引渡(移交)是这样规定的："如果暂缓引渡可能给请求国的刑事诉讼造成严重障碍，在不妨碍中华人民共和国领域内正在进行的刑事诉讼，并且请求国保证在完成有关诉讼程序后立即无条件送回被请求引渡人的情况下，可以根据请求国的请求，临时引渡该人。"该规定特别强调了"不妨碍……正在进行的刑事诉讼"，这是对有关条约规定的进一步具体化，有利于条约的实际操作。结合

① 外交部条约法律司编：《引渡法资料选编》，世界知识出版社 1998 年版，第 210 页。

② 外交部条约法律司编：《引渡法资料选编》，世界知识出版社 1998 年版，第 84 页。

③ 如《中华人民共和国和保加利亚共和国引渡条约》第 13 条第 2 款。

中国《引渡法》的其他规定，我国如果作为被请求引渡国，临时引渡（移交）的程序可以是这样的：(1)请求国提出临时引渡的，是否准许，由国务院决定。由于在请求临时引渡之前，请求国的引渡请求是否符合引渡条件已经经过人民法院审查和裁定，因此临时引渡的决定由国务院直接作出，无须人民法院再行审查。(2)国务院决定临时引渡必须征得最高人民法院或者最高人民检察院的同意。这是因为临时引渡的适用会给我国领域内正在进行的刑事诉讼活动带来一定不便。① 临时引渡是我国为了开展国际刑事司法合作，而对自己的司法活动作出的暂时的限制，以此认定临时引渡是否给我国正在进行的刑事诉讼活动造成妨碍，应当由我国司法机关即人民法院或者人民检察院进行。国务院在决定临时引渡前，具体应征求最高人民法院还是最高人民检察院的意见，应当根据在我国领域内正在进行的该刑事诉讼活动的进程决定。如果该诉讼活动尚处于侦查、审查起诉阶段，则应当征得最高人民检察院的同意；如果该诉讼活动已经进入审判阶段，则应征得最高人民法院的同意。

陈某雄、陈某园临时引渡案——泰国为被请求国情形②。1995 年陈某雄、陈某园夫妇犯挪用公款罪潜逃到泰国。1999 年中国警方终探得其行踪。因意外在秘密押解到中国失败后，泰国于 2000 年以“非法入境、非法居留及非法持有和使用骗取的证件”的罪名拘捕两犯并判刑，分别决定执行 13 年零 10 个月和 11 年零 4 个月。但是中方认为，虽然两犯已因上述罪名接受了刑事审判，仍应对在我国涉嫌挪用公款罪的犯罪行为追究刑事责任。2000 年 12 月 8 日，我国驻泰国大使馆正式向泰国外交部发出了要求引渡陈某雄、陈某园回中国受审的照会。在强大的外交压力和劝返工作下，泰国和嫌犯都作出了让步。2002 年 11 月 15 日，泰国最高法院作出了准予引渡二陈回中国的判决。2002 年 12 月 26 日，二陈被临时引渡回国，泰国警方派特警协助押送二陈。根据中泰双方的约定，中方对被请求的犯罪的起诉期从泰方将二被告移交中方之日起不得超过 3 年，故在成功约定二陈回国后，中方司法机关迅速行动，耗费了近一年的时间进行深入调查取证，查明了二人的犯罪事实。2004 年广东省中山市人民检察院以挪用公款罪对二陈提起公诉。12 月 23 日，中山市中级人民法院作

① 王飞：《对暂缓引渡和临时引渡制度的理解》，载《博览群书·教育》2013 年第 7 期。

② 黄风主编：《中国境外追逃追赃经验与反思》，中国政法大学出版社 2016 年版，第 19~27 页。

出一审判决，以挪用公款罪判处陈某雄无期徒刑，以同样的罪名判处陈某园有期徒刑 14 年。2005 年二审维持原判。2006 年，二人依约被送回泰国服刑。2008 年 8 月，泰国法院最终裁定将“二陈”引渡回中国。这是《中华人民共和国和泰王国引渡条约》关于临时移交(引渡)条款的典型适用。

卞仁镐临时引渡案——中国为被请求国情形①。2013 年 12 月 20 日上午，中国将韩国籍被判刑人卞仁镐临时移交给韩国。这是中华人民共和国成立以来中国向外国临时引渡被判刑人的首案。移交仪式在沈阳桃仙国际机场举行。中方代表首先宣读了司法部《关于将韩国籍被判刑人卞仁镐临时移交给韩国的决定》；然后请韩方核实被判刑人卞仁镐身份、核对并交接其个人物品。核对后，中韩双方代表签署临时引渡备忘录，中方狱警押解卞仁镐至航空器悬梯下，顺利将其交韩方押解人员带离出境。在韩国暂时服刑 7 天后，12 月 26 日，卞仁镐被送回中国，中方在沈阳桃仙国际机场与韩方办理接收手续并实际接收了卞仁镐，将其武装押解回监狱继续执行原判刑罚。2013 年 9 月，韩国驻华使馆照会中国外交部，并多次拜会司法部，请求临时引渡卞仁镐。韩方称，根据韩国法律，卞仁镐在韩所判刑罚执行的时效期限至 2014 年 3 月 2 日，如在此之前不能实际到监服刑，将不能再执行该刑罚。由于卞仁镐在其国内关注度较高，为避免其逃脱韩法律制裁，韩方请求临时引渡卞仁镐到韩国服刑 7 日，以便延续时效。10 月 25 日，中国国务院批准向韩方临时引渡卞仁镐。中国外交部作为引渡事务的联系机关负责协调各部门、联系韩方等相关事宜；司法部作为监狱管理部门负责卞仁镐的体检、思想教育以及移交前和接收后的押解工作；公安部门协助为相关人员办理出入境手续以及提供移交场地。12 月 20 日的临时移交仪式由中国外交部条法司副司长陈佩洁、司法部司法协助与外事司巡视员吴求真牵头，司法部、外交部、公安部、辽宁省监狱管理局、沈阳第二监狱、辽宁省公安厅出入境管理局等部门派员参加；韩方由法务部国际刑事课课长李善旭带队，法务部、首尔中央地方检察厅、驻华使馆、驻沈阳总领馆等派员参加。中国向韩国成功临时引渡韩籍被判刑人卞仁镐，具有重大意义，不仅为今后的临时引渡实践提供了可供参考的先例，也进一步推动了中韩两国司法领域的密切合作，同时表明了中国在对外开展司法协助方面积极负责的国家形象与态度。

① 记者周斌：《中国首次向外国临时引渡外籍被判刑人》，载《法制日报》2013 年 12 月 29 日。

评注 33　简易移交条款

该类条款以《中华人民共和国和秘鲁共和国引渡条约》第 13 条为例："如果被请求引渡人同意被移交给请求方，被请求方可以在其法律允许的范围内尽快移交该人，而无需任何后续程序。"有时也称之为"同意条款"。该类条款在我国引渡条约中并不多，仅有六项。① 该类条款的明显作用就是节约司法和行政资源，免去了引渡的繁复环节，加速国际引渡合作。

正是基于这样的原因，简易引渡程序越来越受到国际社会的重视。1995 年欧盟制定了《欧盟成员国间简易引渡程序公约》，要求各成员国在被请求引渡人同意引渡且被请求国主管机关准许的情况下，无须提交引渡请求书(第 3 条 2 款)，也不适用正式的引渡程序；在被引渡人表示同意后最长 4 日内移交被引渡人。② 2000 年《联合国打击跨国有组织犯罪公约》和 2003 年《联合国反腐败公约》都呼吁各国"在符合本国法律的情况下，努力加快引渡程序并简化与之有关的证据要求"。③《美洲国家间引渡公约》第 21 条规定："在下述情形下，被请求国可同意不依正式引渡程序引渡：(一)法律不明示禁止；(二)在法官或其他主管当局告知其享有的经正式程序引渡及该程序所提供的保障的权利之后，被请求人以书面形式不可更改地表示同意引渡。"④《欧盟与美国引渡协议》第 11 条规定："假如被请求引渡人同意引渡给请求国，则被请求国可以根据其法律制度中规定的原则和程序，尽快地移交该人，而无须其他后续程序。此时被请求引渡人的同意可包括同意放弃特定性原则的保护。"⑤2010 年《欧洲引渡公约》第三约定书第 4 条也规定了简易引渡程序。⑥ 美国自 20 世纪

① 即中国和莱索托、秘鲁、南非、墨西哥、智利、巴巴多斯的引渡条约设置了简易移交条款。

② 黄风：《国际引渡合作的新发展》，载《比较法研究》2006 年第 3 期，第 42 页。

③ 该公约第 44 条第 9 款。

④ 外交部条约法律司编：《引渡法资料选编》，世界知识出版社 1998 年版，第 607 页。

⑤ 胡城军：《〈欧盟与美国引渡协议〉研究》，载《武大国际法评论》2019 年第 5 期。

⑥ 参见欧洲理事会官网：https：//www.coe.int/en/web/conventions/full-list/-/conventions/rms/090000168008482c，2020 年 10 月 5 日最后访问。

90 年代以来的条约无一例外地规定了“简易引渡”的条款。① 但是有可能该类条款会冲撞到“本国国民引渡”问题②，因此在我国的双边引渡条约中很少有这样的规定。③

在条约适用过程中，该类条款将受到其规定中“在被请求国法律允许的范围内”的检验，即意味着首先要服从被请求国法律特别是引渡法中拒绝性引渡条款等的约束。如果中国作为被请求引渡国，将会受到中国《引渡法》中八项强制性拒绝引渡理由和两项任意性拒绝引渡理由等的约束。比如，如果中国国民自愿被引渡出国受审，将会受到中国《引渡法》中本国国民不引渡的强制性规定的约束，即不会被批准对其的简易引渡。又如，假设请求引渡的犯罪涉及政治性质或军事性质，即使该人为外国人，如果他请求简易引渡，中国也不会批准。因此，尽管简易移交条款中有“无须任何后续程序”的内容，但是也须进行基本的司法审查，只不过仅是一种书面审，而不是繁复的现场审的方式。

假设韩国作为被请求国的情形。根据韩国引渡法，有五项强制性拒绝引渡理由，另五项任意性拒绝引渡理由，这些可能成为简易引渡的阻抗因素。具体来说，如果犯罪案件涉及时效已过案件、未决或已决案件、政治犯罪案件、种族宗教等人权因素案件等，即便被请求人同意简易引渡，也会被韩国当局予以拒绝。另外五项任意性理由也可能成为简易引渡的障碍。

另外，在我国引渡条约的简易移交条款中，尚无放弃特定性原则的规定，因此，仍须受到缔约国国内法中该原则的约束。

即使引渡条约中没有这样的条款或甚至没有引渡条约存在，也可以解释为自动赋予了被请求引渡人简易移交的权利。一是遵循意思自治的精神，体现对被请求人意思的尊重。二是这种意思且是“义务人”④的意思。从解释学的角度，在“权利人”和“义务人”之间的两种意思中首先会取后者的意思。如国际法学者费奥勒在“文法解释”的第 7 条说道：“词语解释在每个缔约国中各有其

① 如美国与以下这些国家签订的引渡条约：印度、格林纳达、多米尼克、玻利维亚、伯利兹、巴巴多斯、巴哈马、安提瓜和巴布达、阿根廷、津巴布韦、泰国、瑞士、圣文森特和格林纳丁斯、圣卢西亚、塞尔维亚、立陶宛、马来西亚、墨西哥、巴拉圭、秘鲁、菲律宾等。

② 即我国引渡条约和国内法把本国国民不引渡设置为比较刚性的原则。

③ 胡城军：《〈欧盟与美国引渡协议〉研究》，载《武大国际法评论》2019 年第 5 期。

④ 引渡总体而言对被请求者来说，是一种义务或一种负担，而不是一种权利。

不同意义时，应认为用于依该约负担义务的那个国家所赋予的意义。”①从当然解释——举重以明轻的角度来解释，② 也是可以的：如果“较重的”强制引渡可行，“较轻的”自愿引渡则更为可行。

沈某引渡案——从阿尔巴尼亚引渡③。2009 年 4 月沈某犯金融诈骗罪潜逃阿尔巴尼亚。沈某盗划单位资金高达 1 亿元，给银行造成了巨大的经济损失，依据当时的《刑法》规定，有被判处死刑的可能。阿尔巴尼亚警方依据我国发出的红色通缉令逮捕了沈某，并依照法律程序移交当地检察机关。沈某有意在阿国受审而逃避我国法律的追究。经我国相关人员劝说，沈某签下了自愿回国书，愿意回国自首。有此前提再加上双方作出互惠的承诺，在阿国的引渡双方审查得以顺利通过。在过境意大利时，本会遭遇死刑不引渡的阻挠，也因为有简易移交的协议书而顺利过关。当年 10 月 14 日，中国警方押解小组和使馆领事到达意大利机场警察局，随后沈某在阿尔巴尼亚两名武警押解下来到交接地点。在现场双方进行了交接签字，交接手续完成后，沈某在两国武警押解下乘坐意大利航班到达中国。这是没有引渡条约的简易移交案例。但是引渡条约中简易移交所内含的习惯法特征具有相当程度的辐射功能。

评注 34 物品移交条款

该类条款一般规定被请求国根据请求国的请求，向请求国永久移交、暂时移交或暂缓移交与引渡事项有关的财产或物品的内容。我国双边引渡条约一般都有该类条款。以《中华人民共和国和蒙古国引渡条约》第 15 条为例，其规定：“一、被请求方应在其法律允许的范围内，并在不损害第三方合法权利的情况下，根据请求方的请求，向其移交犯罪中使用的可作为证据的物品和犯罪所得的财物。即使因被引渡人死亡、逃脱或潜逃或其他原因不能执行引渡，上述物品和财物仍应予以移交。二、为审理其他未决刑事案件，被请求方可暂缓移交上述财物直到诉讼终结。三、如果根据被请求方的法律，或为保护第三方的权利，所移交的财物应退还被请求方，则在被请求方提出这一要求时，请求

① 李浩培著：《条约法概论》，法律出版社 2003 年版，第 337 页。

② 王利明著：《法律解释学导论——以民法为视角》（第 2 版），法律出版社 2017 年版，第 320~325 页。

③ 黄风主编：《中国境外追逃追赃经验与反思》，中国政法大学出版社 2016 年版，第 30~36 页。

方应当在诉讼终结后免费退还上述财物。”下面依次对条款中的重点和疑难点进行解释。

一、“在其法律允许的范围内”“作为证据的物品和犯罪所得的财物”

此处的“法律”应该既包括被请求国的国内法，也包括该国加入的条约。而在条约与国内法之间的选择中，在主张国内法优先的国家，可能首先想到的是执行国内法，而不是条约；在主张条约优先的国家，当然会首先想到条约。该款表明被请求国向请求国移交物品，仍应受到被请求国法律的约束和审查。如果说被请求引渡人引渡成功后，移交犯罪证据物品可能会比较顺利的话，移交赃款赃物的难度则要大很多。虽然对于请求国来说，被犯罪分子汇出去的赃款赃物往往是贪污、挪用或受贿所得，大部分为国家资产，理应返还。但是对于被请求国而言，通过洗钱途径入境的款项，属于黑钱范畴，一般于法应予以没收充公。况且从现实利益考虑，被请求国也不会轻易放弃到手的好处。

单就国内法而言，一般会对赃款赃物采取没收的政策。如在我国，如果涉及洗钱犯罪所得，将依照我国《刑法》第 191 条予以没收。该条规定：“为掩饰、隐瞒毒品犯罪、黑社会性质的组织犯罪、恐怖活动犯罪、走私犯罪、贪污贿赂犯罪、破坏金融管理秩序犯罪、金融诈骗犯罪的所得及其产生的收益的来源和性质，有下列行为之一的，没收实施以上犯罪的所得及其产生的收益……(一)提供资金账户的；(二)将财产转换为现金、金融票据、有价证券的；(三)通过转账或者其他支付结算方式转移资金的；(四)跨境转移资金的；(五)以其他方式掩饰、隐瞒犯罪所得及其收益的来源和性质的。”又如在蒙古，如果涉及洗钱所得，将依照其刑法第 163 条予以没收。该条规定：“(1)明知是犯罪所得的赃物而以某种业务的方式将其转入合法流通领域的，处以最低工资额 20 倍以上 50 倍以下罚金……(2)多次或结伙、利用某人的职务犯前款之罪，或者犯罪所得重大的，处以 3 年以下徒刑，并处没收财产。”①因此，如果向我国或蒙古国提出引渡请求时，同时提出请求移交相关赃款赃物，单就国内法而言，可能都有一定的困难。但是如果对于洗钱犯罪所得并不是采取没收法律的国家，如俄罗斯，② 则会在移交赃款赃物方面相对顺利一些。

但是《联合国反腐败公约》提出了腐败资产追回或返还的模式，即直接追

① 徐留成译：《蒙古国刑法典》，谢望原等审校，北京大学出版社 2008 年版，第 42 页。

② 见黄道秀译：《俄罗斯联邦刑法典》，北京大学出版社 2008 年版，第 86~87 页。

回模式(第 53 条)和间接返还模式(第 54~57 条)。根据该公约第 53 条，请求引渡国可以在被请求国提起民事诉讼，以确立对腐败资产的所有权；被请求国法院命令被请求人向请求国支付补偿或损害赔偿；在被请求国必须作出没收决定时，确立请求国提出的对腐败资产的合法所有权。一次可以直接追回相关资产。根据该公约第 54 条，被请求国可以执行请求国法院发出的没收令、冻结令和扣押令；根据第 55 条执行没收；根据第 57 条，将没收的资产返还给请求国，条件时扣除合理费用或就费用达成协议。后部费用方面的规定为目前赃款赃物分享协议的谈判和达成奠定了基础。中国目前只与加拿大在 2016 年 9 月签署了《关于分享和返还被追缴资产的协定》，但是现在还没有生效。

赃款赃物移交比较成功的案例。在闫永明引渡案中，中澳、中新之间密切合作，澳方依法冻结闫永明在澳资产，罚没款全额返还中方，且本人退还巨额赃款。在许某凡引渡案中成功追回赃款 20 多亿元人民币。在余某东案中，2003 年美国将没收的赃款 355 万美元返还给中方。据中国中央纪委的相关报道，从 2014—2016 年 12 月，追回外逃案犯 2442 人，追回赃款 85.42 亿元，而仅 2016 年，追回 908 人，追回赃款 23.12 亿元。①

二、“即使因被引渡人死亡、逃脱或潜逃或其他原因不能执行引渡，上述物品和财物仍应予以移交”

这表明引渡的目的除了人的因素占主导地位外，物的因素也不可或缺。引渡逃犯并对其进行追诉，是维护国家法律和尊严的表现，因此，引渡逃犯让其受到法律的追究，承担相关的法律责任，是引渡的应有之义。但是案犯对国家财产带来的损失也不可忽视，如仅在许某凡、许某俊和余某东案件中，就使国家损失 4.83 亿美元。因此，引渡的首要目的是让逃犯回到国内受审，但是因为客观原因(死亡、逃脱或潜逃等)不能实现引渡的结果，相关损失也应追回，且被请求国应予以配合移交。

三、“不损害第三方合法权利”

在物品移交时，除须符合“被请求国法律范围”的要求外，还应符合“不损害第三方合法权利”的要求。如果物品已由善意第三人取得，被请求国则不得

① 《追逃追赃工作取得重大成果》，2016 年 12 月 9 日发布，载中国中央纪委监察部网站：http://www.ccdi.gov.cn/special/ztzz/ztzzjxs_ztzz/201612/t20161209_90884.html，2021 年 2 月 6 日最后访问。

随意转移该物品。比如犯罪嫌疑人犯走私罪——走私文物，且潜逃到了外国，该犯还将文物卖给了不知情的第三人，被请求引渡国也不得将此物品没收并移交给请求国。

四、"被请求方可暂缓移交上述财物直到诉讼终结"

如果被请求国有未决的诉讼案件与这些物品有关，则即使该国已经同意引渡，也可以暂缓移交相关物品，直到本国的诉讼结束，才予以移交相关物品。主要考虑是，先就地解决目前案件，以免未来重复往返的移交，以此提高办事效率。

五、"请求方应当在诉讼终结后免费退还上述财物"

此种情况要具备的条件是，被请求国法律的要求或第三方权利的要求，加上被请求方的请求。正如前述，善意第三人对被移交的物品的权利不应受影响。这些物品在刑事诉讼终结后应归还被请求的缔约方，以便该方可将物品交还位于其领土内的正当权利人或所有权人。同样，如果被请求方法律有所要求也须退还相关物品，特别是当时用于证物的物品。但这里有这样一个问题，就是前面被请求方根据其法律规定移交相关物品，后又根据其法律规定应退还此相关物品，是否存在矛盾？其实也并不矛盾。因为前面这种移交是一种正常的移交，而此处的退还，是一种特殊情况，即只有这两个条件同时具备才能退还。

评注 35　重新引渡条款

该类条款以《中华人民共和国和罗马尼亚引渡条约》为例，其规定："如果被引渡人逃避刑事追诉、审判或执行刑罚，并且愿返回被请求方境内，被请求方应根据请求方的请求将其再次引渡。在这种情况下，请求方无需提交本条约第八条规定的条件。"该类规定目前在我国所签双边引渡条约中有十项。① 该类条款是指引渡决定作出后或引渡被请求引渡人到请求国后，被请求引渡人逃脱追诉，又返回到被请求国，被请求方根据请求方的请求同意引渡该人。之所以同意引渡，是因为前次引渡的最终目的——追究犯罪嫌疑人的刑事责任并没有

① 见中国和罗马尼亚、乌兹别克斯坦、突尼斯、巴巴多斯、斯里兰卡、格林纳达、伊朗、波黑、阿富汗、越南的引渡条约。

达到，即后次引渡依然是针对同一犯罪的请求，且前次引渡安排的失误并不是请求方故意所为。因此，这种不成功的引渡当然要重新进行。只是后续形式要件可以简化，原有的请求文件依然有效。

可以毒贩古斯曼的越狱案来理解这个问题。① 华金·古斯曼·洛埃拉(又译名：华金·古兹曼·洛埃拉)(Joaquín Guzmán Loera)，绰号“矮子”，世界头号通缉犯，世界上势力最强大的毒贩，资产约10亿美元(67.5亿元人民币)。2017年1月20日，墨西哥政府宣布，该国大毒枭华金·古斯曼已被引渡至美国，2019年7月，古斯曼被判处终身监禁且不得假释，外加30年刑期，并被勒令支付126亿美元罚金。1993年6月，古斯曼在危地马拉被捕，随后被押解回墨西哥。2001年，美国坚持要将他引渡到美国。在引渡前夕，他成功“出逃”。2014年2月22日，古斯曼在墨西哥再次被缉拿归案，并将被立即引渡到美国。2015年7月12日凌晨，墨西哥国家安全委员会证实，古斯曼11日晚从墨西哥的“高原”联邦监狱逃脱。2016年1月8日，墨西哥总统培尼亚在其推特账号上宣布大毒枭古斯曼再度落网。2017年1月20日，墨西哥政府宣布，该国大毒枭的华金·古兹曼已被引渡至美国——属于“本国国民的引渡”。美国官员确认，古兹曼乘坐的飞机已经从墨西哥的华雷斯城(Ciudad Juárez)飞抵纽约。该案虽然不是在引渡成功后逃脱追诉，却也是引渡决定作出后的逃脱，基本符合暂缓引渡的条件。

评注36　引渡给第三国条款

该类条款以《中华人民共和国和菲律宾共和国引渡条约》第17条为例，其规定：“一、如果某人已经由被请求方引渡给请求方，该人不应当就引渡前所犯的罪行被引渡或移交给第三国，除非存在以下情形之一：(一)被请求方同意该引渡或者移交；(二)该人有机会离开请求方，但在可自由离境的四十五天内没有离境，或者离境又返回。二、根据本条第一款第(一)项被请求给予同意的一方可以要求提交本条约提及的文件或者说明。”该类规定在我国所签

---

① 相关内容可见百度百科：“华金·古斯曼·洛埃拉”，https：//baike.baIdu.com/item/%E5%8D%8E%E9%87%91%C2%B7%E5%8F%A4%E6%96%AF%E6%9B%BC%C2%B7%E6%B4%9B%E5%9F%83%E6%8B%89/18046887? fr=aladdin，2020年12月12日最后访问。

双边引渡条约数量为十项。①

该类规定一般不允许转引渡给第三国，因为就像工程项目转承包一样，会使得法律关系变得复杂起来。在建设工程合同订立过程中，发包人往往经过慎重选择，确定与其所信任并具有相应资质条件的承包人订立合同，但如果承包人将其所承包的工程转包给他人，擅自变更合同，违背了发包人的意志，损害发包人的利益，这是法律所不允许的。在引渡过程中也是一样的道理。被请求国经过慎重考虑，层层把关，将被请求人引渡给请求国，这是对请求国高度信任或与其良好关系的表现。但是请求国将被请求人转引渡给他国，实际执行追诉的国家变成了第三国，而这个第三国可能与被请求国并不是有引渡条约关系的国家，或者在其法律范围内是不被认可为引渡的国家，这对被请求引渡国来说是一种伤害和侮辱。而转移交过程中，原请求国仅仅在其中充当了“中间人”“掮客”的角色，并没有承担应有的实际责任。因此，这种转移交是不允许的。

但是，如果被请求国同意这种转移交，则是允许的，因为这意味着被请求国对第三国的认可。或者是，被请求人到达请求国后，已被追诉且服刑完毕或宣布无罪释放，可以自由离开，则意味着因前一阶段引渡引起的法律关系已经宣布终结。如果该人在规定的日期内没有离开，则开启了下一阶段的引渡法律关系，此时原请求国则可能变成第三国的被请求国。这两种情况下转引渡是允许的。

评注 37　过境条款

该类条款一般调整请求引渡国与过境国之间的法律关系，即请求引渡国从另一国引渡成功后，经过过境国回国，过境国是否允许过境的问题。以《中华人民共和国和巴基斯坦伊斯兰共和国引渡条约》第 16 条为例，其规定：“一、在其法律允许的范围内，经另一方通过外交途径提出请求并提交相关文件，一方应当准予通过其领土的过境。二、如果使用航空运输并且未计划在过境方着陆，则无需获得上述同意。如果发生计划外着陆时，过境国可以要求提出本条第一款规定的过境请求。过境国在其法律允许的范围内，应当羁押过境的被引渡人直至过境完成。上述过境请求应当在计划外着陆后立即提出。三、遇有过

① 如中国和菲律宾、突尼斯、南非、巴基斯坦、莱索托、阿联酋、阿尔及利亚、纳米比亚、澳大利亚、法国等的条约。

境国民，不得准予过境。四、因过境产生的所有费用，概由请求方负担。”我国大多数引渡条约都有该类条款。

一、“在其法律允许的范围内”

该表述表明此种过境仍然受到过境国法律的约束和检验，特别是该国的引渡法中拒绝引渡条款的约束。这意味着虽然被请求引渡者已在第三国引渡成功，但是在过境国有可能遭遇过境引渡失败。2009 年 9 月我国成功从阿尔巴尼亚引渡金融诈骗罪犯沈某，但是要过境意大利。沈某所犯罪行按照当时我国刑法可判死刑。但按照意大利 1988 年通过的《新刑事诉讼法典》第 698 条第 2 款的规定，如果外国法律对引渡请求所针对行为规定了死刑，只有当该外国保证将不科处此种刑罚或不执行已科处的死刑，并且司法部部长和司法机关认为这一保证是充足时，才准予引渡。① 因此，沈某过境意大利必会遭遇死刑不引渡的顽强抵抗。幸好沈某与阿尔巴尼亚此前有简易引渡的协议，自愿同意回国受审，因此降低了意大利对该案的司法审查力度，顺利通过了意大利司法部门的检验。因此该犯得以顺利引渡回国。

大陆法系国家大多规定本国国民不引渡的原则，因此，如果本国国民过境，会遇到阻抗。

二、“根据本条约规定不应引渡的人，被请求方可以拒绝其过境”②

有的条约没有本国法律范围的约束和限制方面的规定，但是明确规定须遵守请求国与过境国之间的引渡条约的规定，这些规定大多为拒绝性引渡条款。比如《中华人民共和国和罗马尼亚引渡条约》就有六项强制性拒绝引渡条款和三项任意性拒绝引渡条款。这意味着如果中国请求过境罗马尼亚，或者罗马尼亚请求过境中国，都有可能受到这些条款的约束。

三、“应当准予”“应当同意”③

这说明只要基本不违反过境国法律规定或引渡条约的规定，就应放行，不得滋生法律以外的阻抗因素，且不得无理拖延或无故阻拦。即是一种强制性规

---

① 外交部条约法律司编：《引渡法资料选编》，世界知识出版社 1998 年版，第 134 页。

② 见《中华人民共和国和罗马尼亚引渡条约》第 18 条第 3 款。

③ 见《中华人民共和国和保加利亚共和国引渡条约》第 17 条第 2 款。

定，而不是一种任意性规定。且是依法进行而不是依“人治”的方式进行。这也使得过境引渡比一般的引渡程序可能更为简单和顺利。毕竟过境引渡是在别国已经批准引渡的前提下附带进行的。

四、空中过境、意外的空中过境不能（计划外着陆）和陆上过境

空中过境相当于国际航班的正常通行，不会对过境国司法环境造成不利影响，因此，无须得到过境国批准同意。但如果是陆上过境，可能会对过境国司法环境造成一定影响，因此会得到过境国的高度关注，过境国进行必要审查是必然的。此时必须向过境国提供申请书和必要的文件资料。如果本是计划空中过境，只是偶然因素导致不能进行，致使在过境国着陆，也会受到纯粹陆上过境一样的审查。

五、过境羁押

有的过境条款还有过境羁押的规定，将过境羁押被请求过境人（被引渡人）作为过境国的一种义务——“羁押过境人直至过境完成”。① 如果是计划外着陆的，则有一个提出请求羁押的时间限制，有的具体规定为 48 小时，② 有的规定为 96 小时，③ 在此时间范围内提出请求，过境国可将被请求人羁押到过境完成。时间限制是对怠于通知的敦促和警示。至于为什么需向过境国提出羁押要求，因为从司法主权和属地管辖的角度考虑，过境人的羁押权只能是过境国而不是其他国家，其他国家（包括请求国和原同意引渡国）只有配合羁押和管束的权利。

评注 38　通报结果条款

我国所签的所有引渡条约都有该类条款，且内容大同小异。以《中华人民共和国和南非共和国引渡条约》第 21 条为例，其规定：“请求国应迅速向被请求国通报有关被引渡人进行刑事诉讼、执行刑罚或者将该人再引渡给第三国的有关资料。”有的条约还有“根据被请求缔约的请求向其提供终身判决书的副

① 见《中华人民共和国和南非共和国引渡条约》第 19 条第 2 款。

② 如《中华人民共和国和莱索托王国引渡条约》第 20 条第 2 款。

③ 如《中华人民共和国和意大利共和国引渡条约》第 16 条第 3 款。

本”的规定。① 该类条款从形式上看，实现了从“引渡出去”到“知道引渡结果”的完美闭环。更主要的是，该类条款与条约前部的特定性原则条款相呼应，是对特定性原则的一种检验。

请求国向被请求国通报被请求引渡人的处置情况，是对被请求国的一种尊重，因为引渡实质上是对司法主权的一种礼让，等同于让渡了对被请求人的处置权，因此让渡人当然有权利知道最终的处置情况。是否作出该类通报直接关系到未来两国在引渡方面的进一步互惠合作。

同时，该类通报也是对请求国自己在引渡程序中所作出承诺切实履行的表现和印证。在引渡程序中，请求国可能作出了对被引渡人不判处死刑的承诺、只就引渡请求罪行审判和执行的承诺、不引渡到第三国的承诺、只向特定第三国引渡的承诺、不对被引渡人施行酷刑的承诺等。有些承诺甚至规定在移交备忘录或协议这些具有法律意义的文件中。严格遵守这些承诺，是信守约定的表现，有利于维护和增强该国的国际声誉，提高该国的国际软实力。

申言之，对于请求国而言，引渡案件的审判已经不是纯粹的国内事件，而是具有相当程度的涉外性，请求国并自愿接受外部因素的监督，履行相关方面的义务。

中国所签引渡条约绝大多数有该类条款，这也说明中国对履行国际承诺的高度重视，并力求将这一规定发展为国际惯例的决心。

评注 39　费用条款

该类条款规定被请求国和请求国就引渡过程中产生的费用施行分担的内容。以《中华人民共和国和吉尔吉斯共和国引渡条约》第 19 条为例，其规定：“被请求方承担在其境内因引渡请求涉及的任何程序所产生的费用……请求方承担从被请求方领土押解该人所产生的费用；因缔约一方从第三国引渡而在缔约另一方境内过境所产生的费用，由请求过境的缔约一方承担。”

从我国所签双边引渡条约可以看出，引渡过程中的费用大概分为三部分，一是缔约方境内产生的费用，二是移交人员和财物产生的费用，三是过境第三国产生的费用。当然还可能因意外产生的超额费用，以及其他费用。

第一，缔约方境内产生的费用。包括请求方境内产生的费用和被请求方境内引渡程序产生的费用。请求方境内启动引渡请求的费用，包括文件的制作、

① 如《中华人民共和国和白俄罗斯共和国引渡条约》第 18 条。

资料的搜集及其发送等，当然由请求方承担。被请求方境内引渡程序，包括侦查、逮捕、羁押、代表、辩护、司法审查和行政审查等产生的费用由被请求方承担，因为这是本国施行属地管辖权的表现，尽管这些事情是因“意外入境”多出来做的事情。

第二，移交人员和财物产生的费用。这部分费用由请求方承担，这意味着被请求方引渡审查结束并同意引渡后，对被请求人的管辖权发生转移，已经转给请求方，因此，请求方须承担因移交人员或财物产生的费用。这些费用包括押解小组（含两方押解人员）和被引渡人的签证费、往返飞机票、餐宿费、误工费等。

第三，过境第三国产生的费用。这部分费用当然不包括过境方司法审查和羁押的费用，因为司法审查和羁押是过境方行使属地管辖权的表现，且条约明文规定过境方有羁押的义务。因此这部分费用包括请求方、原同意引渡方或过境国押解人员费用，具体为交通费、餐宿费、误工费等。

还有条约规定的“超常费用”，由缔约双方协商分担。① 这种至高费用可能在追捕和羁押过程中产生，比如高科技犯罪、高度危险犯罪、跨国有组织犯罪等需要费时、费力、费钱去抓捕和设置安全度高的监管设施等。在技术、资金、装备等方面都有欠缺的国家可能需要请求引渡方必要的帮助。

另外，请求方也可能会有人员（尤其是大使馆或领事馆人员）在被请求方协助其引渡程序的开展，其产生的费用没有被列在引渡条约中，其当然由请求国承担。

评注 40　与其他国际条约关系条款

该类条款规定双边引渡条约不影响缔约双方单独或全体作为其他国际条约缔约方的条约实施的内容。该类条款内容大体相同，但也稍有差异。大概可分为三类。第一种表述以《中华人民共和国和泰王国引渡条约》第 18 条为例，其规定：“本条约不影响缔约双方根据多边国际公约所承担的义务和享有的权利。”该条款强调“多边国际公约”。第二种表述以《中华人民共和国和哈萨克斯坦共和国引渡条约》第 20 条为例，其规定：“本条约不影响缔约双方根据其参加的其他国际条约所享有的权利和承担的义务。”该条款强调“国际条约”和“缔约双方”。第三种表述以《中华人民共和国和俄罗斯联邦引渡

① 如《中华人民共和国和菲律宾共和国引渡条约》第 13 条第 1 款第 2 项。

条约》第 20 条为例，其规定：“本条约不影响缔约双方根据各自参加的其他国际条约所享有的权利和承担的义务。”该条款强调“国际条约”和“各自参加”。这些条款实施的情形本质上可区分为引渡条约与其缔约双方单独或全体作为其他国际条约的缔约方的条约之间的关系。它们共同的表述“不影响”可以理解为“并行不悖”的意思，即引渡条约与国际条约在各自的实施环境中运行，相互不受影响，没有冲突。下面看看本质上区分两种情形的条款的实施情况。

第一种情形——引渡条约与其缔约双方单独作为其他国际条约的缔约方的条约之间的关系。此时的“国际条约”又可以分为双边条约和多边条约。假设引渡条约甲缔约双方为 A 和 B，假设 A 又参加了另一个双边条约乙，缔约国是 A 和 C，即条约甲与条约乙就是一种“AB/AC”模式的条约关系。在这种模式中，A 国在条约甲中的权利义务与该国在条约乙中的权利义务互不相干，即使有冲突的规定也无大碍。比如 A 国在条约甲中享有强制性拒绝引渡本国国民的权利，而在条约乙中却享有允许引渡本国国民的权利，这是可行的，因为条约甲中 A 国针对的是 B 国，在条约乙中则针对的是 C 国，相当于 A 国与不同的国家做了不同的约定，那就按照不同的约定去履行。

假设 A 国又参加了一个多边条约，效果与上面分析的相同。假设中泰引渡条约的缔约国中国单独参加了《联合国反腐败公约》，泰国不是该条约的缔约方。《联合国反腐败公约》中有简易引渡的规定(第 44 条第 9 款)，但是，中泰引渡条约却没有，从“不影响”的角度来看，中国作为该项公约的缔约国可以在腐败犯罪的引渡问题上与该公约的其他缔约国施行简易引渡，但中泰在此方面的引渡关系不受影响。又如，《联合国反腐败公约》规定将腐败犯罪从政治罪行中排除出去，应列为可以引渡的犯罪(第 44 条第 4 款)，但是中泰引渡条约中也没有相关规定，仅仅排除了谋杀国家元首的罪行，而从“不影响”的角度，中国可在公约的框架下在有关腐败犯罪的问题上将该类罪行排除政治犯罪，列为可引渡的犯罪，尽管中泰之间可能不会这样做。

第二种情形——引渡条约与其缔约双方共同作为其他国际条约的缔约方的条约之间的关系。此时的“国际条约”既可以是双边条约也可以是多边条约。(1)如果“国际条约”为双边条约的情形，即相当于该两国又缔结了另一个双边条约。新双边条约可能在事项上是与原双边条约完全不同的，那么这两项条约就是完全平行没有交叉的关系。如果是新的引渡条约则完全没有必要，因为该两国通过修改原条约就可以了，此时旧的规定当然“不影响”新的规定。(2)如果“国际条约”为多边条约的情形，即是引渡条约缔约双方都是某多边条约的缔约方的情形。这种情形与《维也纳条约法公约》第30条第3款①的情形相符，应适用后法优于先法的原则。因此，如果此多边条约为后法，作为先法的引渡条约当然“不影响”作为后法的该多边条约。但是如果此多边条约为先法，那么作为后法的引渡条约还会“不影响”作为先法的此多边条约吗？此时如果该多边条约调整后条约(引渡条约)生效以前的行为还可以说得过去，而调整生效以后的行为就很难说得过去了，即使这种“不影响”条款被理解为一种冲突条款也是如此。

评注41　争端解决条款

该类条款一般规定争端解决的情形和方式。以《中华人民共和国和泰王国引渡条约》第19条为例，其规定：“因执行和解释本条约所产生的任何争议，均通过协商和谈判解决。”有的规定“通过外交途径解决”。② 有的则规定了非常具体的协商机关，③ 大概有三种类型。

一、解释和执行引渡条约的争议有哪些?

(一)解释方面的争议

一般是指条约条款中抽象、模糊的表述内容。例如：(1)可引渡的犯罪在被请求国的判定是否须违反该国实际的法益？(2)什么是政治犯罪？(3)什么是军事犯罪？(4)什么是财税犯罪？(5)如何判定既判案件的“同一罪行”概念？(6)“不引渡则起诉”中起诉对被请求国来说是否一种义务？(7)什么是人道主义概念？与人权的概念如何区分？(8)“被请求国法律的基本原则”中的“基本原则”如何理解？(9)“被请求国的公共秩序”中“公共秩序”如何理解？(10)“其他重大利益”到底包括哪些利益？(11)怎样理解酷刑？(12)外交途径到底是专指外交部之间还是包括大使馆之间的联系方式？(13)死刑是否包括死缓？(14)“本国法律允许范围”中的“本国法律”到底指哪些法律？是否包括

① 该款规定，先定条约的全体当事国也是后订条约的当事国，而先订条约依照第59条并不终止或暂停施行时，先订条约只在其规定与后订条约的规定相容的范围内适用。

② 如《中华人民共和国和巴基斯坦伊斯兰共和国引渡条约》第21条。

③ 如《中华人民共和国和大韩民国引渡条约》第20条规定，中华人民共和国的主管机关和大韩民国法务部可以就办理个案的有关事项，相互直接协商。

该国缔结的条约？

（二）执行方面的争议

这是指条约条款规定已经很明确，但是缔约国对其执行不到位或不完全到位的情况。如：(1)条约明确规定不得以引渡请求的犯罪进行追诉和处罚，但是请求国另加刑罚措施；(2)请求国不遵守外交承诺而判处被引渡者死刑；(3)请求国在未经被请求国同意的情况下，将被引渡人再引渡给第三国；(4)被请求国滥用自由裁量权，在竞争性引渡请求情形，将被引渡人引渡到无密切联系的国家；(5)将强制性条款当做任意性条款来适用；(6)不依承诺退还相关人员和物品；(7)双边引渡条约与国内法有冲突时应如何解决？(8)请求国违反特定性原则怎么处理？

二、为什么仅采取外交途径即谈判和协商方式？

到目前为止，我国在解决涉国家主权、安全等公法类的国际争端时，一般都采取谈判和协商的方式，只在涉及私法或经济法类的国际争端才开放诉讼和仲裁的方式。我国对公法类的国际公约的争端解决条款中国际诉讼和仲裁内容一般持保留态度。在具体实践中，如“不参与”常设仲裁法院主持的南海仲裁案，不将边界争端提交到国际法院，不参加国际刑事法院的审理等。个中缘由，我国对第三方裁决主权问题的争端仍然很敏感，又基于对我国国际法理论水平的担忧，不太信任第三方机构的裁决。引渡问题涉及主权——刑事管辖权让渡的问题，因此也是比较敏感的问题，我国顺理成章地以谈判协商方式来解决争端。毕竟谈判或协商的方式还是有它的优势所在，即当事国就争端事项进行协商或谈判时，以何种形式进行争执以及在什么基础上加以解决，都可自由决定。特别是对像条约与国内法的冲突等长期争论不休的问题，协商是目前最好的解决办法，而不是诉讼或仲裁。

目前在欧美地区已有在第三方机构(美洲人权法院、欧洲人权法院和联合国人权理事会)裁决引渡问题的案例。我国在引渡案犯黄某勇时，也不自觉地走入了第三方机构——美洲人权法院的大门，作为证人出现在法庭。相信未来我国也会开放这方面的相关做法。

评注 42　条约杂项条款

该类条款一般规定条约的批准、生效、修订、有效期、终止和溯及力等条约程序性事项的内容。基本上我国所签的双边引渡条约都有批准、生效和终止的规定，但是修订方面的规定则相对较少，大多为新近签订的条约。①

所有的引渡条约都有批准的内容，意味着这些条约在各国签署以后还都须经缔约国双方最高权力机关批准，才能生效，仅一方批准不能生效。目前我国已经双方批准而生效的引渡条约有 39 项，已经签署但未批准(至少有一方未批准)而没有生效的引渡条约有 18 项。这 18 项包括与澳大利亚、斯里兰卡、越南等国(见附录)。正式生效是缔约双方互换批准书之后一段时间生效，这段时间一般为 30 日。

随着形势的发展，一些条约的条款需要更新、填补和替换。比如，在我国所签双边引渡条约中，尚没有一项条约规定大使馆转交或接收引渡文件的方式。这项措施其实可以大大促进引渡的便利化，提高引渡的效率，所以建议我国增加这样的条款，我国引渡条约可以规定临时逮捕请求在总检察长或司法部部长之间提出，以此提高临时逮捕的效率。关于暂时移交条款，我国双边引渡条约与《欧美与美国引渡条约》相比，除了一般性规定相同外，我国条约大多没有规定“诉讼未决期间在请求国领土内羁押的时间可以从其在被请求国未服完的刑期中扣除”。这一规定有利于维护被请求引渡人的正当权利，所以在我国的条约中应补充类似规定。我国引渡条约很少有简易引渡的规定，且没有如同《欧美与美国引渡条约》中“被请求引渡人同意放弃特定性原则”的规定。这些新条款模式其实都值得借鉴。借鉴的结果之一就是对旧条约的修订。条约的修订程序，根据《维也纳条约法公约》第 39 条的规定，与一般的条约缔结的程序相同。

根据《维也纳条约法公约》第 54 条，缔约国可依照条约的“终止”条款退出或终止条约，我国引渡条约都有这样的“终止”条款，因此缔约国是可以随时单方面提出终止的。其后果是条约因单方面提出终止而整体失效，只是根据条约规定须在提出终止后 6 个月(如和泰国的条约)或 1 年后(如和法国的条约)失效，而不是提出当日失效。我国所签引渡条约都没有设置期限，只要缔约国不提出终止，就永远有效。另外，一般规定，在本条约终止生效前收到的引渡请求，应当继续按照本条约的规定予以处理。

我国有的引渡条约规定引渡请求不能溯及既往，引渡请求涉及的犯罪可以

---

①　具有修改内容的包括中国和下列国家的条约：意大利、阿富汗、阿根廷、波黑、伊朗、塔吉克斯坦、埃塞俄比亚、越南、智利、巴巴多斯、格林纳达、斯里兰卡、南非、巴基斯坦、莱索托等。

溯及既往。以《中华人民共和国和意大利共和国引渡条约》第 21 条第 4 款为例，其规定："本条约适用于其生效后提出的任何请求，即使有关犯罪发生于本条约生效前。"①该条款区分了罪行和请求的溯及力问题。对于罪行，引渡条约是可以溯及既往的，但是对于引渡请求，则不能溯及既往。罪行在引渡的情形下可被溯及既往，因为引渡条约并不是对行为发生时的违法行为进行定罪。②引渡条约没有创造新的犯罪罪名，也没有设定新的刑罚措施，更没有改变所需证据的性质；即引渡条约实质上是一种刑事司法协助方式，在犯罪与责任之间架起一道桥梁，但不是刑法本身。③诚然，刑法对于其主体事项——犯罪和刑罚是不能溯及既往的。④从法不溯及既往的一般原理出发，为实现法的安定性和可信赖性，法律只能对其生效后的主体事实状态有效和适用。但对于引渡条约而言，犯罪仅为其对象而非客体，⑤ 因此是可以有溯及既往的例外的。而引渡请求正是引渡条约的核心事项，即引渡条约的直接客体，因此，引渡条约只能适用于之后的引渡请求，而不是之前的。当然，对于在条约生效时尚未裁决的引渡请求，自然地延伸到条约生效之后，受到新条约的约束。这类似于合同法领域对于合同履行跨度超过了新合同法生效时间时，对合同履行的纠纷例外适用新合同法。⑥

---

① 中华人民共和国外交部条约法律司编：《司法协助类条约集》，世界知识出版社 2017 年版，第 10~11 页。

② Michael Abbell, Extradition to and from the United States, Martinus Nijhoff Publishers, 2010, p. 83.

③ 在 1843 年英—美克林顿引渡案中，公诉人认为，引渡条约并不是制造事后法，因为引渡条约并没有创造新的罪行，没有安排新的刑罚，也没有改变所要求的证据的性质；又提到英国—阿根廷巴尔福案(Balfour)，案中阿根廷法官认为，引渡条约并不是刑法，它不会创造不利于被告的犯罪，它仅仅调整引渡程序，以利于引渡的顺利进行，并使之更有效率。Peter Elman, The Retroactivity of the U. S. -Israel Extradition Treaty, Israel Law Review, 1966, pp. 359-360.

④ 当然，刑法只在很特殊的情形下才对主体事项具有溯及力，如我国刑法的从旧兼从轻原则。

⑤ 这里借用了刑法学上(犯罪的)"客体"和"对象"的说法。

⑥ 参见《最高人民法院关于适用〈中华人民共和国合同法〉的若干解释》第 2 条。

附录一　中国双边引渡条约的缔约情况一览表①

（截至 2019 年 7 月）

编号	国别	条约名称	签署时间	生效时间	本书参阅条约文本
1	泰国	中华人民共和国和泰王国引渡条约	1993 年 8 月 26 日	1999 年 3 月 7 日	是
2	白俄罗斯	中华人民共和国和白俄罗斯共和国引渡条约	1995 年 6 月 22 日	1998 年 5 月 7 日	是
3	俄罗斯	中华人民共和国和俄罗斯联邦引渡条约	1995 年 6 月 26 日	1997 年 1 月 10 日	是
4	保加利亚	中华人民共和国和保加利亚共和国引渡条约	1996 年 5 月 20 日	1997 年 7 月 3 日	是
5	罗马尼亚	中华人民共和国和罗马尼亚引渡条约	1996 年 7 月 1 日	1999 年 1 月 16 日	是
6	哈萨克斯坦	中华人民共和国和哈萨克斯坦共和国引渡条约	1996 年 7 月 5 日	1998 年 2 月 10 日	是
7	蒙古	中华人民共和国和蒙古国引渡条约	1997 年 8 月 19 日	1999 年 1 月 10 日	是
8	吉尔吉斯	中华人民共和国和吉尔吉斯共和国引渡条约	1998 年 4 月 27 日	2004 年 4 月 27 日	是
9	乌克兰	中华人民共和国和乌克兰引渡条约	1998 年 12 月 10 日	2000 年 7 月 13 日	是

① 《司法协助类条约缔约情况一览表》，载中华人民共和国外交部网站：https：//www. fmprc. gov. cn/web/ziliao_674904/tytj_674911/tyfg_674913/default_1. shtml，2021 年 2 月 20 日最后访问。

续表

编号	国别	条约名称	签署时间	生效时间	本书参阅条约文本
10	柬埔寨	中华人民共和国和柬埔寨王国引渡条约	1999年2月9日	2000年12月13日	是
11	乌兹别克斯坦	中华人民共和国和乌兹别克斯坦共和国引渡条约	1999年11月8日	2000年9月29日	是
12	韩国	中华人民共和国和大韩民国引渡条约	2000年10月18日	2002年4月12日	是
13	菲律宾	中华人民共和国和菲律宾共和国引渡条约	2001年10月30日	2006年3月12日	是
14	秘鲁	中华人民共和国和秘鲁共和国引渡条约	2001年11月5日	2003年4月5日	是
15	突尼斯	中华人民共和国和突尼斯共和国引渡条约	2001年11月19日	2005年12月29日	是
16	南非	中华人民共和国和南非共和国引渡条约	2001年12月10日	2004年11月17日	是
17	老挝	中华人民共和国和老挝人民民主共和国引渡条约	2002年2月4日	2003年8月13日	是
18	阿拉伯联合酋长国	中华人民共和国和阿拉伯联合酋长国引渡条约	2002年5月13日	2004年5月24日	是
19	立陶宛	中华人民共和国和立陶宛共和国引渡条约	2002年6月17日	2003年6月21日	是
20	巴基斯坦	中华人民共和国和巴基斯坦伊斯兰共和国引渡条约	2003年11月3日	2008年1月10日	是
21	莱索托	中华人民共和国和莱索托王国引渡条约	2003年11月6日	2005年10月30日	是
22	巴西	中华人民共和国和巴西联邦共和国引渡条约	2004年11月12日	2014年8月16日	是
23	阿塞拜疆	中华人民共和国和阿塞拜疆共和国引渡条约	2005年3月17日	2010年12月1日	是
24	西班牙	中华人民共和国和西班牙王国引渡条约	2005年11月14日	2007年4月4日	是

续表

编号	国别	条约名称	签署时间	生效时间	本书参阅条约文本
25	纳米比亚	中华人民共和国和纳米比亚共和国引渡条约	2005年12月19日	2009年9月19日	是
26	安哥拉	中华人民共和国和安哥拉共和国引渡条约	2006年6月20日	2013年10月17日	是
27	阿尔及利亚	中华人民共和国和阿尔及利亚人民民主共和国引渡条约	2006年11月6日	2009年9月22日	是
28	葡萄牙	中华人民共和国和葡萄牙共和国引渡条约	2007年1月31日	2009年7月25日	是
29	法国	中华人民共和国和法兰西共和国引渡条约	2007年3月20日	2015年7月17日	是
30	墨西哥	中华人民共和国和墨西哥合众国引渡条约	2008年7月11日	2012年7月7日	是
31	印度尼西亚	中华人民共和国和印度尼西亚共和国引渡条约	2009年7月1日	2018年1月19日	是
32	意大利	中华人民共和国和意大利共和国引渡条约	2010年10月7日	2015年12月13日	是
33	伊朗	中华人民共和国和伊朗伊斯兰共和国引渡条约	2012年9月10日	2017年1月14日	是
34	波黑	中华人民共和国和波斯尼亚和黑塞哥维那引渡条约	2012年12月20日	2014年10月12日	是
35	阿富汗	中华人民共和国和阿富汗伊斯兰共和国引渡条约	2013年9月27日	2017年5月23日	是
36	埃塞俄比亚	中华人民共和国和埃塞俄比亚联邦民主共和国引渡条约	2014年5月4日	2017年12月2日	是
37	塔吉克斯坦	中华人民共和国和塔吉克斯坦共和国引渡条约	2014年9月13日	2017年1月18日	是
38	巴巴多斯	中华人民共和国和巴巴多斯引渡条约	2016年3月23日	2018年11月7日	是
39	格林纳达	中华人民共和国和格林纳达引渡条约	2016年3月24日	2019年1月10日	是

续表

编号	国别	条约名称	签署时间	生效时间	本书参阅条约文本
40	澳大利亚	中华人民共和国和澳大利亚引渡条约	2007年9月6日	尚未生效	是
41	阿根廷	中华人民共和国和阿根廷共和国引渡条约	2013年5月10日	尚未生效	是
42	越南	中华人民共和国和越南社会主义共和国引渡条约	2015年4月7日	尚未生效	是
43	智利	中华人民共和国和智利共和国引渡条约	2015年5月25日	尚未生效	是
44	斯里兰卡	中华人民共和国和斯里兰卡民主社会主义共和国引渡条约	2016年4月7日	尚未生效	是
45	摩洛哥	中华人民共和国和摩洛哥王国引渡条约	2016年5月11日	尚未生效	否
46	刚果(布)	中华人民共和国和刚果共和国引渡条约	2016年7月5日	尚未生效	否
47	比利时	中华人民共和国和比利时王国引渡条约	2016年10月31日	尚未生效	否
48	厄瓜多尔	中华人民共和国和厄瓜多尔共和国引渡条约	2016年11月16日	尚未生效	否
49	土耳其	中华人民共和国和土耳其共和国引渡条约	2017年5月13日	尚未生效	否
50	肯尼亚	中华人民共和国和肯尼亚共和国引渡条约	2017年5月15日	尚未生效	否
51	塞浦路斯	中华人民共和国和塞浦路斯共和国引渡条约	2018年6月29日	尚未生效	否
52	塞内加尔	中华人民共和国和塞内加尔共和国引渡条约	2018年7月21日	尚未生效	否
53	毛里求斯	中华人民共和国和毛里求斯共和国引渡条约	2018年9月2日	尚未生效	否
54	津巴布韦	中华人民共和国和津巴布韦共和国引渡条约	2018年9月5日	尚未生效	否

续表

编号	国别	条约名称	签署时间	生效时间	本书参阅条约文本
55	巴拿马	中华人民共和国和巴拿马共和国引渡条约	2018 年 12 月 3 日	尚未生效	否
56	乌拉圭	中华人民共和国和乌拉圭东岸共和国引渡条约	2019 年 4 月 29 日	尚未生效	否
57	亚美尼亚	中华人民共和国和亚美尼亚共和国引渡条约	2019 年 5 月 26 日	尚未生效	否

附录二　中华人民共和国和泰王国引渡条约[①]

中华人民共和国和泰王国（以下简称“缔约双方”）在互相尊重主权和平等互利的基础上，为促进两国在惩治犯罪方面的有效合作，缔结本引渡条约，并达成协议如下：

第一条　引渡义务

缔约双方有义务根据本条约的规定，相互引渡在缔约一方境内发现、在缔约另一方境内被追诉的人，以便就可引渡的犯罪对其提起诉讼、进行审判或执行刑罚。

第二条　可引渡的犯罪

一、就本条约而言，可引渡的犯罪是指根据缔约双方法律可处一年以上监禁或其他形式的拘禁或任何更重刑罚的犯罪。

二、如果引渡请求所涉及的人因任何可引渡的犯罪被请求方法院判处监禁或其他形式拘禁，只有在该判决尚未执行的刑期至少为六个月时，方可予以引渡。

三、就本条而言，在决定某一犯罪根据缔约双方法律是否均构成犯罪时，不应因缔约双方法律是否将构成该项犯罪的行为归入同一犯罪种类或使用同一罪名而产生影响。

四、对被请求引渡人因一项可引渡犯罪予以引渡时，如果该项引渡请求还涉及其他犯罪，只要其符合除本条第一、二款规定的刑罚或其他形式拘禁的期限以外的全部条件，也可因这些犯罪引渡该人。

---

① 来自中国人大网：http：//www. npc. gov. cn/wxzl/gongbao/2000-12/28/content_5003113. htm。

第三条　应当拒绝引渡的情形

有下列情形之一的，不应根据本条约予以引渡：

（一）被请求方认为请求方提出的引渡请求所涉及的犯罪属于政治犯罪，但政治犯罪不应包括谋杀或企图谋杀国家元首、政府首脑或其家庭成员；

（二）被请求方有充分理由认为请求方提出的引渡请求旨在对被请求引渡人因其种族、宗教、国籍、政治见解等原因而提起刑事诉讼或者执行刑罚，或者被请求引渡人在司法程序中的地位将会因上述原因受到损害；

（三）引渡请求所涉及的犯罪只是请求方军事法规中所规定的犯罪，而根据该方普通刑法不构成犯罪；

（四）根据缔约任何一方法律，包括其关于时效的法律，对引渡所涉及的犯罪已不予追诉或执行刑罚；

（五）在提出引渡请求前，被请求方已对被请求引渡人就同一犯罪作出判决。

第四条　可以拒绝引渡的情形

有下列情形之一的，可拒绝根据本条约予以引渡：

（一）根据被请求方法律，该方对引渡请求所涉及的犯罪具有管辖权，并应对被请求引渡人提起诉讼；

（二）特殊情况下，在考虑犯罪的严重性及请求方利益的同时，如果被请求方认为由于被请求引渡人的个人情况，引渡不符合人道主义精神；

（三）被请求方正在对被请求引渡人就同一犯罪进行诉讼。

第五条　国民的引渡

一、缔约双方有权拒绝引渡其本国国民。

二、如果根据本条第一款不同意引渡，被请求方应根据请求方的请求，将该案提交其主管机关以便起诉。为此目的，请求方应向被请求方提交与该案有关的文件和证据。

三、尽管有本条第二款的规定，如果被请求方对该项犯罪无管辖权，被请求方不应被要求将该案提交其主管机关以便起诉。

第六条　联系途径

为实施本条约的目的，缔约双方应通过外交途径进行联系，但本条约另有规定者除外。

第七条 引渡请求及所需文件

一、引渡请求应以书面形式提出，并附有：

(一)足以表明被请求引渡人的身份及其可能所在地址的文件、说明或其他证据；

(二)关于该案事实的说明；

(三)说明引渡请求所涉及的犯罪的要件和罪名的法律规定；

(四)说明对该项犯罪所处刑罚的法律规定；

(五)说明有关该项犯罪诉讼时效或执行刑罚时限的法律。

二、旨在对被请求引渡人提起诉讼而提出的引渡请求还应附有：

(一)请求方法官或其他主管机关签发的逮捕证的副本；

(二)表明应当逮捕并羁押该人以便进行审判的证据，包括证明被请求引渡人就是逮捕证所指的人的证据。

三、对已被定罪的人提出的引渡请求，除本条第一款所要求的项目外，还应附有：

(一)请求方法院判决书的副本；

(二)证明被请求引渡人就是判决所指的人的证据；

(三)有关服刑情况的说明。

四、请求方根据本条约的规定所提交的所有文件，应经正式签署或盖章，并应附有被请求方文字或英文的译文。

第八条 补充材料

如果被请求方认为，根据本条约的规定引渡请求所附材料不足以使其同意引渡，该方可以要求请求方在指定的时间内提交补充材料。如果请求方未在该期限内提交补充材料，应视为自动放弃请求，但不妨碍请求方就同一事项再次提出请求。

第九条 临时羁押

一、在紧急情况下，缔约一方可以请求缔约另一方临时羁押被请求引渡人。此种请求可通过外交途径或国际刑警组织以书面方式提出。

二、请求书应包括：对被请求引渡人的说明；已知的该人的地址；对案情的简要说明；对该人已签发第七条所指的逮捕证或已作出第七条所指的判决的说明；以及将对被请求引渡人提出引渡请求的说明。

三、被请求方应将该项请求的处理结果立即通知请求方。

四、在羁押被请求引渡人后六十天内，如果被请求方的主管机关未收到正式引渡请求及第七条所要求的有关文件，临时羁押应予撤销。

五、如果请求方后来提交了引渡请求及第七条所要求的有关文件，则根据本条第四款对临时羁押的撤销应不影响其对被请求引渡人的引渡。

第十条　移交被请求引渡人

一、被请求方应通过外交途径将其对引渡请求所作出的决定立即通知请求方。

二、如果同意引渡，被请求方和请求方应协商约定执行引渡的有关事宜。

三、被请求方应说明部分拒绝或全部拒绝引渡请求的理由。

四、除本条第五款另有规定者外，如果请求方自约定执行引渡之日起十五天内不接受被请求引渡人，则应被视为放弃引渡请求。被请求方应立即释放该人，并且可以拒绝就同一犯罪进行引渡。

五、如果缔约一方因其无法控制的原因不能在约定执行引渡的期限内移交或接受被请求引渡人，该方应将此通知另一方。缔约双方应重新协商约定执行引渡的有关事宜，并适用本条第四款的规定。

第十一条　暂缓移交和临时移交

一、如果被请求方正在对被请求引渡人因引渡请求所涉及的犯罪以外的犯罪提起诉讼或执行判决，被请求方可以移交被请求引渡人，或者暂缓移交直至诉讼终结或全部或部分判决执行完毕。被请求方应将暂缓移交通知请求方。

二、如果认为某人可以引渡，被请求方可以在其法律允许的范围内，根据缔约双方商定的条件，将被请求引渡人临时移交给请求方以便起诉。临时移交后返回被请求方的人，可以根据本条约的规定被最终移交给请求方，以执行判决。

第十二条　数国提出的引渡请求

被请求方对缔约另一方及一个或一个以上第三国对同一人提出的引渡请求，有权决定优先接受其中任何一个国家的请求。

第十三条　特定原则

一、根据本条约被引渡的人，除引渡所涉及的犯罪外，不得在请求方境内因其他犯罪而被拘禁、审判或处罚，或者由该方引渡给第三国，但下列情况除外：

（一）该人在引渡后已离开请求方领土但又自愿返回；

（二）该人未在其可自由离开请求方之日起三十天内离开请求方领土；

（三）被请求方同意对引渡所涉及的犯罪以外的犯罪拘禁、审判或处罚该人或将其引渡给第三国。为此目的，被请求方可以要求提交第七条所述的文件和说明，包括被引渡人就有关犯罪所作的陈述。

二、此种规定不适用于引渡之后实施的犯罪行为。

第十四条　财物的移交

一、被请求方应在其法律允许的范围内，根据请求方的请求，扣押并在引渡时移交下列财物：

（一）可被作为证据的财物；

（二）作为犯罪所得的财物，以及在逮捕被请求引渡人时或在此之后发现由该人占有的财物。

二、在同意引渡后，如果因被请求引渡人死亡、失踪或脱逃而不能执行引渡，本条第一款所指的财物仍应予移交。

三、如果上述财物在被请求方境内应依法予以扣押或没收，被请求方可因未决刑事诉讼临时保留该项财物，或以返还为条件移交该项财物。

四、被请求方或任何国家或个人可能对上述财物已取得的权利，应予保留。如果存在该项权利，则应根据其请求在审判后尽快将该项财物无偿返还被请求方。

第十五条　过境

一、缔约一方从第三国引渡的人需经过缔约另一方领土时，前一缔约方应向后者提出允许过境的请求。如果使用航空运输且未计划在缔约另一方境内降落，则无需后者同意。

二、在不违反其法律的情况下，被请求方应同意缔约另一方提出的过境请求。

第十六条　结果的通报

请求方应向被请求方及时通报对被引渡人起诉、审判、执行刑罚或者再引渡给第三国的情况。

第十七条　协助和费用

一、被请求方应代表请求方出庭，进行和执行由引渡请求而产生的诉讼。
二、被请示方应承担移交被引渡人之前在其境内因引渡所产生的费用。

第十八条　与多边国际公约的关系

本条约不影响缔约双方根据多边国际公约所承担的义务和享有的权利。

第十九条　争议的解决

因执行和解释本条约所产生的任何争议，均通过协商和谈判解决。

第二十条　批准、生效和有效期

一、本条约须经批准，批准书在曼谷互换。本条约自互换批准书之日后第三十天开始生效。

二、缔约任何一方可以通过外交途径书面通知缔约另一方终止本条约。本条约自缔约另一方收到上述通知次日起六个月后失效，否则本条约无限期有效。本条约的终止不应影响任何在本条约终止前已经开始的引渡程序。

下列人员经各自国家适当授权，签署本条约，以昭信守。

本条约于 1993 年 8 月 26 日在北京签订，一式两份，每份均用中文、泰文和英文写成，三种文本同等作准。如在解释上遇有分歧，以英文本为准。

中华人民共和国代表	泰王国代表
（签字）	（签字）
钱其琛	巴颂·顺西里
（国务院副总理兼外交部部长）	（外交部部长）

附录三　中华人民共和国和法兰西共和国引渡条约[①]

中华人民共和国和法兰西共和国(以下简称双方)，在相互尊重主权和平等互利的基础上，为促进两国在打击犯罪方面的有效合作，并且希望在尊重各自宪法原则的基础上，共同规范两国引渡关系，议定以下各条：

第一条　引渡义务

双方有义务根据本条约的规定，应对方请求，相互引渡在一方境内的被另一方通缉的人员，以便就可引渡的犯罪对其进行刑事诉讼或者执行刑罚。

第二条　可引渡的犯罪

一、根据双方法律均可判处一年以上徒刑或者其他更重刑罚的犯罪为可引渡的犯罪。确定某一行为是否根据双方法律均构成犯罪时，不应考虑双方法律是否将该行为归入同一犯罪种类或者使用同一罪名。

二、此外，为执行请求方法院判处的刑罚而请求引渡的，在提出引渡请求时，尚未执行的刑期应当至少为六个月。

三、如果引渡请求涉及根据双方法律均可被判处刑罚的多项犯罪，其中至少有一项犯罪符合第一款规定的条件，被请求方亦可以针对其他犯罪同意引渡。

四、如果引渡请求系针对违反有关赋税、关税、外汇管制或者其他税务事项的法律的犯罪，被请求方不得以其法律没有规定同类的赋税或者关税，或者没有规定与请求方法律类似的赋税、关税或者外汇管制条款为理由拒绝引渡。

---

① 来自中国人大网：http：//www. npc. gov. cn/wxzl/gongbao/2008-06/03/content_1463233. htm.

第三条　应当拒绝引渡的理由

有下列情形之一的，应当拒绝引渡：

（一）被请求方认为，引渡请求所针对的犯罪是政治犯罪；

（二）被请求方有充分理由认为，请求引渡的目的是基于被请求引渡人的种族、性别、宗教、国籍、族裔或者政治见解而对该人进行刑事诉讼或者执行刑罚，或者接受这一请求会使该人的处境因为上述任何原因受到损害；

（三）被请求方已经对被请求引渡人就引渡请求所针对的犯罪作出有罪或者无罪的终审判决、大赦或者赦免；

（四）根据任何一方法律，追诉或者执行刑罚的时效已过；

（五）被请求方认为，引渡请求所针对的犯罪仅构成军事犯罪；

（六）引渡请求涉及对被请求引渡人执行缺席判决，而请求方没有保证在引渡后重新进行审理；

（七）引渡请求所针对的犯罪依照请求方的法律应当判处死刑，除非请求方作出被请求方认为足够的保证不判处死刑，或者在判处死刑的情况下不予执行。

第四条　国籍

一、如果被请求引渡人具有被请求方国籍，应当拒绝引渡。该人的国籍依引渡请求所针对的犯罪发生时确定。

二、被请求方如果仅因为国籍原因拒绝引渡被请求引渡人，则应当根据其法律和请求方提供的事实，将案件提交其主管机关，以便在必要时进行刑事诉讼。为此目的，请求方应当将一切与该犯罪有关的卷宗、文件和物证转交给被请求方。被请求方应当将处理结果告知请求方。

第五条　可以拒绝引渡的理由

一、当被请求方司法机关根据本国法律对引渡请求所针对的犯罪具有管辖权并且满足下列条件之一时，可以拒绝引渡：

（一）被请求引渡人已经由于该犯罪受到起诉；

（二）被请求方司法机关已经决定终止诉讼；

（三）被请求方承诺根据其法律和请求方提供的事实，将案件提交其主管机关，以便在必要时进行刑事诉讼。为此目的，请求方应当将一切与该犯罪有关的卷宗、文件和物证转交给被请求方。

二、有下列情形之一的，也可以拒绝引渡：

（一）第三国已经对被请求引渡人就引渡请求所针对的犯罪作出无罪或者有罪的终审判决；如果是有罪判决，被请求引渡人已经服刑完毕；

（二）出于人道主义理由，被请求方在考虑了犯罪的严重性和请求方的利益后认为，基于被请求引渡人的年龄和健康等原因，移交该人会对其带来特别严重的后果。

第六条　程序

除本条约另有规定外，被请求方应当根据本国法律规定的程序处理临时羁押、引渡和过境请求。

第七条　联系途径

为本条约的目的，除本条约另有规定外，双方应当通过外交途径进行联系。

第八条　请求和相关文件的提交

一、引渡请求应当以书面形式提出，并且包括：

（一）对于所有引渡请求：

1. 请求机关的名称；

2. 引渡请求所针对的案件事实的说明，包括说明行为发生的时间、地点、后果，该行为的定性，以及指明适用的法律条款，包括有关时效的条款；

3. 有关该项犯罪及其刑事管辖权、定罪、刑罚和时效的法律规定文本；

4. 被请求引渡人的姓名、年龄、性别、国籍、身份证件、职业、住所地或者居所地等请求方已经掌握的、可能有助于确定被请求引渡人身份和所在地点的所有资料；如有可能，有关其外表的描述、该人的照片和指纹。

（二）对于为进行刑事诉讼而提出的引渡请求：请求方主管机关签发的逮捕证的原件或者经证明的副本。如果该逮捕证不是由法院、法官或者检察院签发的，则必须附有上述机关授权逮捕的决定的经证明的副本。

（三）对于为执行刑罚而提出的引渡请求：

1. 已经发生法律效力的判决书的原件或者经证明的副本；

2. 关于所判刑期以及尚需执行的剩余刑期的说明。

二、引渡请求和所附文件应当由请求机关签字和盖章。

第九条　补充材料

如果请求方提供的材料不足以使被请求方依照本条约作出决定，被请求方应当要求提交必要的补充材料，或者通知请求方补齐所缺材料。被请求方可以要求在规定期限内收到上述补充材料。如果请求方未在该期间内提交补充材料，应当被视为自动放弃请求，但是不妨碍请求方就同一犯罪重新提出引渡请求。

第十条　语言

引渡请求和所附文件应当用请求方的官方语言撰写，并附有被请求方官方语言的译文。

第十一条　特定规则和再引渡

一、除同意引渡所针对的犯罪外，请求方不得对根据本条约被引渡的人就其在引渡前所实施的其他行为进行起诉、审判、羁押或者限制其人身自由，也不能将其引渡给第三国，但有下列情形之一的除外：

（一）被请求方已经同意。为此目的，请求方应当提出申请，并附有第八条规定的文件和载有被引渡人接受或者反对扩大引渡范围或者再引渡等陈述内容的司法笔录。

（二）被引渡人在其最终获释后三十天内可以离开请求方领土而未离开，或者在离开后又自愿返回该方领土。

二、如果引渡某人所依据的犯罪的法律定性发生变化，只有在新定性的犯罪符合以下条件时，才能对该人进行起诉或者审判：

（一）符合本条约规定的可以引渡的条件；

（二）犯罪事实与此前已经同意的引渡所针对的事实相同；

（三）对该犯罪可判处的最高刑与对此前已经同意的引渡所针对的犯罪可判处的最高刑相同或者较轻。

第十二条　临时羁押

一、在紧急情况下，请求方主管机关可以要求对被请求引渡人实施临时羁押。临时羁押请求应当以书面形式提出，并且应当包括第八条第一款第一项所列内容，说明已经备有该条第一款第二项或者第三项所列文件，并表示即将提出引渡请求。

二、临时羁押请求应当通过外交途径、国际刑警组织或者双方同意的其他途径递交给被请求方主管机关。

三、收到第一款提及的请求后，被请求方主管机关应当立即依法处理，并将处理该请求的结果通知请求方。

四、如果被请求方在羁押被请求引渡人之后的六十天内未收到引渡请求，则应当解除临时羁押。

五、如果随后收到引渡请求，第四款的规定不妨碍对被请求引渡人的再次羁押和引渡。

第十三条　引渡请求的竞合

如果一方和其他国家针对同一人就同一犯罪或者不同犯罪提出引渡请求，应当由被请求方对这些请求作出决定，并通知请求方。在作此决定时，被请求方应当考虑所有情形，尤其是是否存在相关条约或者协定、犯罪的相对严重程度、犯罪地点、各请求提出的时间、被请求引渡人的国籍以及再引渡给另一国的可能性。

第十四条　决定和移交

一、被请求方应当迅速将有关引渡的决定通知请求方。

二、全部或者部分拒绝引渡的，应当说明理由。

三、如果被请求方同意引渡被请求引渡人，双方应当商定移交的时间、地点和方式。被请求方应当将被引渡人在移交之前已经被羁押的时间告知请求方。

四、除第五款规定外，如果请求方未在商定的移交之日后二十天内接收被请求引渡人，则应将该人释放。被请求方随后可以拒绝请求方因相同犯罪提出的引渡该人的请求。

五、如果一方因不可抗力而不能移交或者接收被引渡人，应当通知另一方；双方应当另行商定移交的日期，并适用第四款的规定。

第十五条　推迟移交或者临时移交

一、如果被请求引渡人正在被请求方境内因为引渡请求所针对的犯罪之外的犯罪被提起诉讼或者服刑，被请求方可以在作出同意引渡的决定后，推迟移交该人直至诉讼终结或者服刑完毕。

二、在必要的情况下，被请求方可以向请求方临时移交其已同意引渡的人，而不推迟移交。双方应当商定临时移交的条件，并且确保继续羁押和送还该人。

三、鉴于被请求引渡人的身体状况，如果移交可能危及被请求引渡人的生命或者使其健康状况恶化，也可以推迟移交。

四、如果被请求方决定推迟移交，应当通知请求方，并且采取一切必要措施，以保证推迟移交不影响最终向请求方移交被请求引渡人。

第十六条　通报结果

应被请求方的要求，请求方应当及时向被请求方通报有关对被引渡人进行起诉、判决、执行刑罚或者将该人再引渡给第三国的情况。

第十七条　移交物品

一、应请求方的要求，被请求方应当在其法律允许的范围内，扣押以下物品和文件，并在同意引渡的情况下移交：

(一)可作为证据的物品和文件；

(二)犯罪所得或者犯罪工具。

二、在同意引渡的情况下，即使因为被请求引渡人死亡、失踪或者脱逃而无法实施引渡，第一款提到的物品仍然应当予以移交。

三、被请求方为了审理未决刑事诉讼案件，可以推迟移交上述物品，或者在这些物品将被返还的条件下予以移交。

四、被请求方或者第三人对这些物品可能已经取得的任何权利应当予以保留。在此情况下，请求方应当根据被请求方的要求，在诉讼结束之后尽快将这些物品无偿返还给被请求方。

第十八条　过境

一、一方从第三国引渡非另一方国民需经过另一方领土时，应当提出过境请求，另一方应当予以同意。该请求应当包括有关该人的身份、外表特征、国籍、案情概要和可能或者已经被判处的刑罚的说明。

二、在依据本条约可能拒绝引渡的情况下，也可以拒绝过境请求。

三、被引渡过境人在过境方领土内，应当由该方主管机关负责看管。

四、如果使用航空运输，应当遵循以下规定：

(一)如果没有在过境方降落的计划，则无需获得同意。如果在过境方领土意外降落，过境方可以要求另一方提交第一款规定的过境请求；只要在意外降落后九十六小时内收到过境请求，过境方应当羁押被引渡过境人直至过境完成；

（二）如果有飞机降落的计划，请求方应当提出正式的过境请求。

第十九条　费用

一、在被请求方境内由引渡产生的移交前的费用由被请求方承担。

二、在被请求过境的一方境内产生的过境费用由请求方承担。

三、如果在执行引渡请求过程中发现需要超常性质的费用，双方应当协商确定可以继续执行请求的条件。

第二十条　与其他协议的关系

本条约不妨碍双方根据任何其他条约、协定或者协议享有的权利和承担的义务。

第二十一条　争议的解决

由于实施或者解释本条约所产生的任何争议，应当通过外交途径协商解决。

第二十二条　时际效力

本条约适用于其生效后提出的任何引渡请求，即使有关犯罪发生于本条约生效前。

第二十三条　生效和终止

一、一方应当通过外交照会通知对方，说明已按照本国法律完成使本条约生效所需的各项程序。本条约在后一份通知发出之日后第三十日生效。

二、任何一方可以随时通知对方终止本条约。上述终止自收到通知之日起一年后生效。但在本条约终止生效前收到的引渡请求，应当继续按照本条约的规定予以处理。

本条约于二〇〇七年三月二十日订于巴黎，一式两份，每份均用中文和法文写成，两种文本同等作准。

中华人民共和国代表	法兰西共和国代表
戴秉国	克莱芒

后　　记

二十年前学习国际法的时候就对引渡问题很感兴趣，但是总感功力不够，一直难以留下这方面的文字记录。2013 年(9—12 月)在外交部交流访问期间，我听闻了较多引渡的故事，交流完毕时他们还赠送我一套刑事司法协助方面的书籍，其中就有《中国双边引渡条约集》，回校后随时翻阅。正好碰上我校申报追逃追赃方面的项目，我负责写了“引渡”这部分的申报书，申报成功后便主要就这方面开展写作。因此，本书主要为国家重大项目中子课题“引渡”而作。但本书除了主要完成课题所需之“被动引渡”的实体和程序问题外，还涉及了双边引渡条约机制下我国“主动引渡”的实体和程序问题。

我国引渡条约确实是通俗易懂，没有文字阅读方面的障碍，但是一旦往理论或实践方面深究，则显困难重重。幸好有前辈著述的指引，特别是理论界的黄风教授、马德才教授等，实务界的薛淑兰法官以及外交部条法司的干部等，当然还有国外的专家学者。本书甚至还融汇了刑法、刑事诉讼法、民法、国际法基本理论、条约法基本理论等学术领域，因此，这些方面的专家著述也具有重要指导作用。一并感谢！

感谢课题负责人蒋新苗教授给了我这个机会来参与研究这个重要问题，也感谢欧福永教授的邀请进入课题组，还有各位同仁们如王葆莳、黄文旭、何燕华、银红武等申报和撰写论文的努力。感谢武汉大学出版社胡荣编辑作出的辛勤而扎实的工作。

胡城军

2021 年 3 月 12 日于麓山脚下书斋